新视野教师教育丛书·学科课程与教学系列

小学识字写字教学指导

张学鹏　张素凤　周　予　编著

图书在版编目(CIP)数据

小学识字写字教学指导/张学鹏,张素凤,周予编著. —北京:北京大学出版社,2017.1
(新视野教师教育丛书·学科课程与教学系列)
ISBN 978-7-301-27898-7

Ⅰ.①小… Ⅱ.①张… ②张… ③周… Ⅲ.①识字课—小学—教学参考资料 Ⅳ.①G623.223

中国版本图书馆 CIP 数据核字(2016)第 325322 号

书　　名	小学识字写字教学指导
著作责任者	张学鹏　张素凤　周　予　编著
责任编辑	温丹丹　郗泽潇
标准书号	ISBN 978-7-301-27898-7
出版发行	北京大学出版社
地　　址	北京市海淀区成府路 205 号　100871
网　　址	http://www.pup.cn　新浪微博:@北京大学出版社
电子邮箱	编辑部 zyjy@pup.cn　总编室 zpup@pup.cn
电　　话	邮购部 010-62752015　发行部 010-62750672　编辑部 010-62704142
印　刷　者	北京虎彩文化传播有限公司
经　销　者	新华书店
	889 毫米×1194 毫米　16 开本　18.5 印张　520 千字
	2017 年 1 月第 1 版　2025 年 3 月第 5 次印刷
定　　价	49.00 元

未经许可,不得以任何方式复制或抄袭本书之部分或全部内容。
版权所有,侵权必究
举报电话:010-62752024　电子邮箱:fd@pup.cn
图书如有印装质量问题,请与出版部联系,电话:010-62756370

前 言

教育部《中小学书法教学指导纲要》颁布之后,各地中小学积极响应,开设课程,编写教材,组织培训,开展展览比赛等活动,使中小学书法教学呈现欣欣向荣的局面。

《中小学书法教学指导纲要》明确规定:"义务教育阶段书法教育以语文课为主。"也就是说,小学的书法教育主要由语文教师承担,而且是在语文课上完成。而笔者在 20 余年的书法教育研究中发现,小学语文教师最需要的是把识字和写字结合起来的教学方法的指导。为此,我们萌发了编写本书的想法。

本书特色如下:

一、内容突出实用性

笔者在师范院校任教多年,并且具有多年的中小学语文、书法教学经验,作为教育部"国培计划"主讲专家,多次培训省市语文、书法骨干教师,一直致力于中小学语文、书法教学研究,了解小学语文、书法教学实际情况,积累了一定的教学经验。本书选择教育部制定的《(小学)识字、写字教学基本字表》中的 300 个常用汉字,按照拼音顺序排列,逐一进行讲解。每个字的讲解都包括字理分析、书写技法、规范提示和课件参考四个部分。字理分析说明字形、字义、引申义和用法,书写技法则以简明扼要的语言讲清如何写好这个字,规范提示则提示学生在书写这个字时容易出现的不规范写法,课件参考则提供讲解这个字时的课件。这四部分内容的设置紧贴小学语文教学、书法教学实际,学了就能用,可以迅速运用到小学识字、写字教学中去。

二、识字教学突出规律性

学生按"理"识字,易于识记,印象深刻,可提高学生学习汉字的兴趣。通过分析汉字的结构理据,把汉字形体与其音义联系起来,从而说明用汉字组词造句的使用规律。例如,"元"字可以组成"元首""元帅""元勋""状元""元老""元恶""元凶""元旦""元月""元年""元素""元音""元气"等词语,但是为什么"元"可以组成这些词语,这些词语中"元"的意义是什么,可能很多人说不清楚。字理教学就是通过分析"元"的字形构意,梳理出"元"的引申脉络,从而说明"元"组词造句的理由和根据。"元"的最早字形"𠀑",像一个侧面站立的人形,突出其头部,本义就是"头"。"首"也有"头"义,于是"元""首"可以组成并列式合成词"元首",喻指国家领导人;"元"由本义"头"可以引申为"为首的""居首的",这个意义的"元"可以组成"元帅""元勋""状元""元老""元恶""元凶";由"为首的""居首的"可以进一步引申为"开始的""第一的",这个意义的"元"可以组成"元旦""元月""元年""纪元";还可以引申为"主要的""根本的",这个意义的"元"可以组成"元素""元音""元气"等。这样的梳理,不仅告诉读者"元"的意义系统,还能说明"元"字组词造句的使用原因,从而懂得汉字使用的所以然,科学准确地使用汉字。

三、字形突出规范性

就小学书法教育而言,规范的简化字楷书无疑是重中之重。所以本书在字理分析部分展示范字的甲骨文、金文、小篆、隶书、繁体字楷书和简化字楷书写法，但是在书写技法、规范提示和课件参考三个部分范字全部选择国标楷体。

四、技法突出可操作性

长期以来，小学书法教学存在标准模糊、技法模糊和可操作性弱的问题。本书力求改变这一现状，以实实在在的技法和形象直观的方式让学生掌握字的写法。科学甚至可以量化是本书书写技法的追求目标。

如"直"字第一横的长度是最后一横的 0.618，第二横的长度是第一横的 0.618，第三横的长度是第二横的 0.618。对于小学生来说，这种静态的量化分析是切切实实的技法，是追求和创造个性的不可或缺的基础。

本书还为每个字配了课件，通过辅助线等方式来讲解不易言说的书写技法。如"白"字的撇写多长，几乎无法用语言描述，但是只要给学生看了下面这张图片，可以说不用讲解，学生就知道撇应该写多长了。

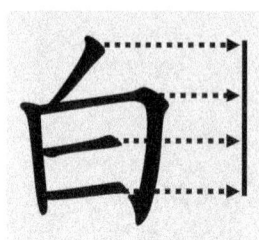

总之，科学、直观、高效是本书追求的目标。希望本书的出版对小学识字、写字教学起到切实的指导作用，同时对于小学识字、写字教学研究能够起到示范作用，吸引更多的专家、教授加入到小学语文、书法教学科学研究中来，为我国基础教育事业的扎实推进贡献力量。

限于篇幅，对于执笔、运笔等小学教师已经基本掌握的写字常识，本书不再赘述。

限于水平，书中难免有不妥之处，敬请一线小学语文、书法教师和专家学者提出宝贵意见。张学鹏教授邮箱：tstczxp@sina.com。

编　者
2016 年春

目 录

第一章 字理识字教学概说 …………… (1)
    一、什么是字理教学 ………………… (1)
    二、字理教学的优势 ………………… (1)
    三、如何分析现代汉字的字理 ……… (2)

第二章 写字教学概说 ………………… (4)
  第一节 写字教学基本环节 ………… (4)
    一、课前准备 ………………………… (4)
    二、课程讲授 ………………………… (5)
    三、课后延伸 ………………………… (5)
  第二节 楷书笔画教学指导 ………… (5)
    一、楷书笔画书写技法 ……………… (5)
    二、楷书笔画教学方法 ……………… (13)
  第三节 楷书结构教学指导 ………… (21)
    一、楷书结构技法 …………………… (21)
    二、楷书结构教学指导 ……………… (27)

第三章 常用字教学指导 ……………… (31)
  八(bā) ……………………………… (31)
  把(bǎ 或 bà) ……………………… (32)
  爸(bà) ……………………………… (33)
  白(bái) ……………………………… (33)
  百(bǎi) ……………………………… (34)
  班(bān) ……………………………… (35)
  办(bàn) ……………………………… (36)
  半(bàn) ……………………………… (37)
  包(bāo) ……………………………… (38)
  饱(bǎo) ……………………………… (39)
  北(běi) ……………………………… (40)
  贝(bèi) ……………………………… (40)
  被(bèi) ……………………………… (41)
  本(běn) ……………………………… (42)
  比(bǐ) ………………………………… (43)
  边(biān) ……………………………… (44)
  别(bié 或 biè) ……………………… (45)
  不(bù) ……………………………… (46)

  才(cái) ……………………………… (46)
  草(cǎo) ……………………………… (47)
  册(cè) ……………………………… (48)
  长(cháng 或 zhǎng) ……………… (49)
  厂(chǎng) …………………………… (50)
  吵(chǎo 或 chāo) ………………… (51)
  车(chē 或 jū) ……………………… (52)
  成(chéng) …………………………… (53)
  吃(chī) ……………………………… (54)
  尺(chǐ) ……………………………… (55)
  虫(chóng) …………………………… (55)
  出(chū) ……………………………… (56)
  穿(chuān) …………………………… (57)
  船(chuán) …………………………… (58)
  窗(chuāng) ………………………… (58)
  床(chuáng) ………………………… (59)
  春(chūn) …………………………… (60)
  次(cì) ……………………………… (60)
  从(cóng) …………………………… (61)
  打(dǎ) ……………………………… (62)
  大(dà) ……………………………… (63)
  但(dàn) ……………………………… (64)
  当(dāng 或 dàng) ………………… (65)
  刀(dāo) ……………………………… (66)
  到(dào) ……………………………… (66)
  道(dào) ……………………………… (67)
  的(dì 或 dí 或 de) ………………… (68)
  灯(dēng) …………………………… (69)
  地(dì) ……………………………… (70)
  点(diǎn) ……………………………… (71)
  电(diàn) ……………………………… (72)
  东(dōng) …………………………… (73)
  冬(dōng) …………………………… (73)
  动(dòng) …………………………… (74)
  都(dū 或 dōu) ……………………… (75)

豆(dòu) …… (76)	回(huí) …… (114)
对(duì) …… (77)	会(huì 或 kuài) …… (115)
多(duō) …… (78)	火(huǒ) …… (116)
儿(ér) …… (79)	机(jī) …… (117)
耳(ěr) …… (79)	几(jī 或 jǐ) …… (118)
二(èr) …… (80)	己(jǐ) …… (119)
发(fà 或 fā) …… (81)	加(jiā) …… (120)
反(fǎn) …… (82)	家(jiā) …… (120)
饭(fàn) …… (83)	见(jiàn 或 xiàn) …… (121)
方(fāng) …… (84)	江(jiāng) …… (122)
放(fàng) …… (85)	交(jiāo) …… (123)
飞(fēi) …… (86)	叫(jiào) …… (124)
分(fēn 或 fèn) …… (87)	姐(jiě) …… (124)
风(fēng) …… (88)	巾(jīn) …… (125)
干(gān 或 gàn) …… (89)	今(jīn) …… (126)
高(gāo) …… (90)	金(jīn) …… (127)
哥(gē) …… (91)	进(jìn) …… (128)
个(gè 或 gě) …… (92)	京(jīng) …… (128)
给(jǐ 或 gěi) …… (93)	经(jīng) …… (129)
更(gēng 或 gèng) …… (94)	九(jiǔ) …… (130)
工(gōng) …… (94)	就(jiù) …… (131)
公(gōng) …… (95)	军(jūn) …… (132)
共(gòng) …… (96)	开(kāi) …… (133)
狗(gǒu) …… (97)	看(kàn 或 kān) …… (134)
瓜(guā) …… (98)	可(kě) …… (135)
关(guān) …… (98)	课(kè) …… (135)
光(guāng) …… (99)	口(kǒu) …… (136)
广(guǎng) …… (100)	哭(kū) …… (137)
国(guó) …… (101)	快(kuài) …… (138)
果(guǒ) …… (102)	来(lái) …… (139)
过(guò 或 guō) …… (103)	老(lǎo) …… (140)
孩(hái) …… (104)	乐(yuè 或 lè) …… (141)
海(hǎi) …… (104)	里(lǐ) …… (141)
好(hǎo) …… (105)	力(lì) …… (142)
合(hé) …… (106)	立(lì) …… (143)
和(hé 或 hè 或 huó 或 huò 或 hú) …… (107)	脸(liǎn) …… (144)
河(hé) …… (108)	两(liǎng) …… (145)
很(hěn) …… (109)	亮(liàng) …… (146)
红(hóng 或 gōng) …… (109)	了(liǎo 或 le) …… (147)
后(hòu) …… (110)	林(lín) …… (147)
花(huā) …… (111)	六(liù) …… (148)
画(huà) …… (112)	妈(mā) …… (149)
话(huà) …… (113)	
还(huán 或 hái) …… (114)	

马(mǎ)	(150)
猫(māo)	(151)
毛(máo)	(151)
没(mò 或 méi)	(152)
每(měi)	(153)
美(měi)	(154)
妹(mèi)	(155)
门(mén)	(156)
们(men 或 mén)	(157)
米(mǐ)	(158)
面(miàn)	(158)
民(mín)	(159)
明(míng)	(160)
木(mù)	(161)
目(mù)	(162)
那(nà 或 nā 或 nǎ)	(163)
奶(nǎi)	(164)
你(nǐ)	(165)
年(nián)	(165)
鸟(niǎo)	(166)
牛(niú)	(167)
农(nóng)	(168)
女(nǚ)	(168)
胖(pàng 或 pán)	(169)
跑(pǎo)	(170)
朋(péng)	(171)
皮(pí)	(171)
片(piān 或 piàn)	(172)
票(piào 或 piāo)	(173)
平(píng)	(174)
七(qī)	(175)
奇(qí)	(176)
起(qǐ)	(176)
气(qì)	(177)
千(qiān)	(178)
前(qián)	(179)
青(qīng)	(180)
秋(qiū)	(181)
去(qù)	(181)
全(quán)	(182)
然(rán)	(183)
让(ràng)	(184)
人(rén)	(185)
日(rì)	(186)
三(sān)	(186)
山(shān)	(187)
上(shàng)	(188)
少(shǎo 或 shào)	(189)
舌(shé)	(190)
身(shēn)	(191)
什(shén 或 shí)	(192)
生(shēng)	(192)
声(shēng)	(193)
师(shī)	(194)
十(shí)	(195)
石(shí 或 dàn)	(196)
时(shí)	(197)
市(shì)	(197)
是(shì)	(198)
手(shǒu)	(199)
书(shū)	(200)
树(shù)	(201)
双(shuāng)	(202)
谁(shuí 或 shéi)	(203)
水(shuǐ)	(203)
说(shuō 或 shuì)	(204)
四(sì)	(205)
岁(suì)	(206)
他(tā)	(207)
她(tā)	(208)
台(tái)	(208)
太(tài)	(210)
天(tiān)	(210)
田(tián)	(211)
条(tiáo)	(212)
跳(tiào)	(213)
听(tīng)	(214)
同(tóng)	(214)
头(tóu)	(215)
土(tǔ)	(216)
外(wài)	(217)
玩(wán)	(218)
晚(wǎn)	(219)
万(wàn)	(220)
王(wáng)	(220)
网(wǎng)	(221)
为(wéi 或 wèi)	(222)
卫(wèi)	(223)
文(wén)	(224)

问(wèn) ……………………… (225)	音(yīn) ……………………… (257)
我(wǒ) ……………………… (226)	用(yòng) …………………… (258)
五(wǔ) ……………………… (227)	有(yǒu) …………………… (258)
午(wǔ) ……………………… (228)	又(yòu) …………………… (259)
西(xī) ……………………… (228)	鱼(yú) ……………………… (260)
习(xí) ……………………… (229)	羽(yǔ) ……………………… (261)
洗(xǐ 或 xiǎn) …………… (230)	雨(yǔ 或 yù) ……………… (262)
下(xià) …………………… (231)	语(yǔ) ……………………… (262)
先(xiān) …………………… (232)	元(yuán) …………………… (263)
现(xiàn) …………………… (232)	月(yuè) …………………… (264)
向(xiàng) ………………… (233)	云(yún) …………………… (265)
小(xiǎo) …………………… (234)	再(zài) …………………… (265)
校(xiào 或 jiào) ………… (235)	在(zài) …………………… (266)
笑(xiào) …………………… (236)	早(zǎo) …………………… (267)
些(xiē) …………………… (237)	站(zhàn) …………………… (268)
心(xīn) …………………… (237)	找(zhǎo) …………………… (269)
兴(xīng 或 xìng) ………… (238)	这(zhè) …………………… (269)
星(xīng) …………………… (239)	真(zhēn) …………………… (270)
行(xíng 或 háng) ………… (240)	正(zhèng 或 zhēng) ……… (271)
学(xué) …………………… (241)	知(zhī) …………………… (272)
雪(xuě) …………………… (242)	直(zhí) …………………… (273)
牙(yá) ……………………… (243)	只(zhī 或 zhǐ) …………… (274)
羊(yáng) …………………… (244)	中(zhōng 或 zhòng) ……… (275)
阳(yáng) …………………… (244)	竹(zhú) …………………… (276)
样(yàng) …………………… (245)	主(zhǔ) …………………… (277)
要(yào 或 yāo) …………… (246)	住(zhù) …………………… (278)
爷(yé) ……………………… (247)	桌(zhuō) …………………… (279)
也(yě) ……………………… (248)	着(zhuó 或 zháo 或 zhāo 或 zhe) …………………… (279)
业(yè) ……………………… (249)	子(zǐ) ……………………… (280)
叶(yè 或 xié) …………… (250)	字(zì) ……………………… (281)
页(yè) ……………………… (251)	自(zì) ……………………… (282)
一(yī) ……………………… (252)	走(zǒu) …………………… (283)
衣(yī 或 yì) ……………… (253)	作(zuò 或 zuō) …………… (284)
医(yī) ……………………… (254)	坐(zuò) …………………… (285)
以(yǐ) ……………………… (254)	做(zuò) …………………… (286)
因(yīn) …………………… (255)	
阴(yīn) …………………… (256)	

第一章 字理识字教学概说

一、什么是字理教学

字理教学是科学有效的识字教学法,学生按"理"识字,易于识记,印象深刻,可提高学生汉字学习的兴趣。那么,什么是字理教学呢?

字理教学就是不仅讲清楚某个汉字的形音义和组词造句的使用方法,还要说明白某个汉字形体为什么有那样的音义,让学生不仅知其然,而且知其所以然。一般认为,汉字具有"形、音、义"三要素,其实,"形"与"音义"并不处于同一层面。对于一个字来说,"形"就是它的外部形态,"音""义"属于它的记录职能。要弄清楚为什么某个"形"具有某个"音义",或者说,为什么某个字可以记录某个语词,还要了解汉字的"构意",即体现在汉字内部结构上的构形理据。因此,我们可以把字理教学的特点概括为,通过分析汉字的结构理据,把汉字形体与其音义联系起来,从而说明用汉字组词造句的使用规律。例如,"元"字可以组成"元首""元帅""元勋""状元""元老""元恶""元凶""元旦""元月""元年""元素""元音""元气"等词语,但是为什么"元"可以组成这些词语,这些词语中"元"的意义是什么,可能很多人说不清楚。字理教学就是通过分析"元"的字形构意,梳理出"元"的引申脉络,从而说明"元"组词造句的理由和根据。"元"的最早字形"𠂤",像一个侧面站立的人形,突出其头部,本义就是"头"。"首"也有"头"义,于是"元""首"可以组成并列式合成词"元首",喻指国家领导人;"元"由本义"头"可以引申为"为首的""居首的",这个意义的"元"可以组成"元帅""元勋""状元""元老""元恶""元凶";由"为首的""居首的"可以进一步引申为"开始的""第一的",这个意义的"元"可以组成"元旦""元月""元年""纪元";还可以引申为"主要的""根本的",这个意义的"元"可以组成"元素""元音""元气"等。这样的梳理,不仅告诉读者"元"的意义系统,还能说明"元"字组词造句的使用原因,从而懂得汉字使用的所以然,科学准确地使用汉字。

二、字理教学的优势

首先,字理教学有助于理解汉字组词造句的所以然,从而准确理解词义。如:前文对"元"的形义关系的梳理,有助于理解由"元"组成的合成词的意义。同样,成语"笑不露齿""唇齿相依""唇亡齿寒"中都有"齿"字,"齿"的甲骨文字形作"𠚪",像张口露齿之形,非常形象地说明了"齿"的本义是"门牙",而不同于"牙"(本义是大牙),从而准确理解这些成语的意义;"望尘莫及"中"尘"的繁体字"塵"说明该词本义是动物或车辆奔跑扬起的灰土,"及"的甲骨文字形"𠬝",像一只手从后边抓住前边的人,形象地说明"及"的本义是"追赶上";"门可罗雀"中"罗"的古文字形体"𦉰"也形象地表现了本义"张网捕鸟"。显然,这些形义关系的分析与梳理,有助于读者准确理解词语的意义。又如:《岳阳楼记》中"沙鸥翔集,锦鳞游泳"的"集"字意义学生理解起来很困难,如果教师通过"集"的甲骨文字形"𩾰"和小篆字形"𩾰",分析清楚其字形理据"像群鸟停歇在树上",就不难理解文中"集"的含义。

第二,字理教学有助于以简驭繁地系统掌握汉字。汉字是一个互有联系的符号系统,它们的组合有理据,有序列,有层次,有类别,只要我们掌握其中常用基础构件的意义和功能,就可以由此及彼,举一反三,从而以简驭繁,成批识读,达到事半功倍的效果。部首分析是以简驭繁的有效方法。如:"阝"是十分常见的构字部件,"阝"有时在左边,有时在右边,因此,被称为左"阝"与右"阝"。左"阝"与右"阝"是两个不同的构件。左"阝"是"𨸏"简化变形的结果:甲骨文字形作"𨸏"或"𨸏",像山阜之形,小篆字形作"𨸏",后来演变为左"阝"。以左"阝"为部首的字意义大都与山有关。如:"阳""阴""阿""隆""隅""陵""阶""除""陛""阻""限""陨""陷""降""险""陡"等。右"阝"是"邑"简化变形的结果:甲骨文字形作"𨝹",在像邑形的"口"下有一个跪坐的的人形,表示人群聚居的地方;小篆字形作"𨝹",后来演变为右"阝"。以右"阝"为部首的字大都与人群聚居的地方有关,有的地名成为姓氏,因此有的以右"阝"为部首的字成为姓氏用字。如"都""郡""郊""邦""邻""鄙""邓""邢""邯郸""郑""郝""鄄""郭""郁""郎""部"等。显然,如果把部首分析运用识字教学中,可以收到事半功倍的效果。

第三,字理教学有助于辨析形近字和纠正错别字。如:"即"和"既"形近易混,可以通过字理分析帮助学生进行辨析。"即"的甲骨文作"𠨍","既"的甲骨文作"𣪘",左边的构件相同,像盛有食物的器皿;"即"字右边的构件像人面向食器即将进食之状,"既"字右边的构件像人扭头向后准备离开食器之状,说明已经吃完饭。因此,"即"有"靠近"义,可以组成"若即若离""可望不可即";引申为"将要"和"当下,目前"义,可以组成"即将""即日""即期""成功在即"。"既"的本义是"完,尽",引申为"已经"。可以组成"既成事实""既往不咎""既得利益"等。总之,"即"的时间特点是尚未发生,往往用于将来时;"既"的时间特点是已经发生,往往用于完成时。通过字理分析,学生对这两个字的印象会比较深刻,从根本上弄清楚两个字的不同,从而有效区别其意义和组词造句的使用规律。又如:"隹"(zhuī)字与"住""佳"很相似,要将这三个字清楚地区别开来,不仅要弄清楚它们各自的形体来源及意义、功能,还要联系以之为构件的汉字系统。如"隹"的甲骨文作"𠂉",像鸟的样子,它的意义是表示鸟,隶变楷书后,写成了"隹"。作为构件的"隹",可以作义符,也可以作音符。作义符时可以造出一批字来,比如说"雅""雁""雄""雕";"隹"作音符时也可以造出一批字来,比如"谁""椎""堆""推""崔"等,韵母都是"ui"。而"住"是个形声字,构件"主"是示音构件,"主"在汉字里面通常当声旁来用,如"柱""注""炷""拄""驻""蛀""疰"等,读音都跟"主"相近,从而联系一串字。"佳"的右边是"圭"构件,通过与"蛙""挂""卦""诖"等相联系,就可以认识到"圭"在汉字构形系统中具有一定的示音功能,这样的声符,我们把它叫做类声符;"圭"作为声符还可以表示"ui"音,如"硅""桂""闺""鲑""奎""跬"等。这样系统地比较"隹""住""佳"所构成的一串字,比单独比较效果要好,印象也深刻得多。

第四,字理教学有助于掌握多音多义字。多音多义字是识字教学的难点,字理分析是帮助学生掌握纷繁复杂的多音多义字的有效方法。如:"发"承担了繁体字"髮"和"發"的职能,也就是它有两个来源,这是"发"字多音多义的内在原因。同样,"斗"承担了原来"斗"和"鬥"的记录职能,"几"承担了原来"几"和"幾"的记录职能,"丑"承担了原来"丑"和"醜"的记录职能,"后"承担了原来"后"和"後"的记录职能,等等。显然,汉字简化过程中,用一个字记录原来多个字的记录职能是这类多音多义字的成因。而"长""弹"等字的多音多义则是词义引申后改变读音的结果,也就是同源派生的结果。了解了多音多义字的成因和字理,正确使用多音多义字就不再是难事。

三、如何分析现代汉字的字理

汉字已经过了几千年的发展演变,很多现代汉字的理据已经丧失、改变或隐含。因此,在分析现代汉字的字理时,要具体情况具体分析。

1. 构形理据一目了然的,可直接依照现代字形讲解

汉字到楷书已丧失了象形功能,但是,很多合体字的组成构件并没有改变,发生变化的是构

件本身。因此,对于组成构件没有变化的会意字或形声字,可以直接依照现代字形进行讲解。如"明"由"日""月"两个构件会意合成,"林""森"分别由两个"木"构件、三个"木"构件合成。"芬""芳"分别是从艹分声、从艹方声的形声字。"管""馆""机""杆""权""材""村""盯""盹""眠""眩""盆""饲""浇"等形声字,都可以直接按照现代字形讲解。还有的新造象形字,象形意味很明显,也可以按照现代字形讲解,如"凹""凸""伞"等。

2. 构形理据不太清楚或没有把握的,联系现代的相关字形统一考虑,要在共时系统的约束下寻求类别理据

"棵"和"颗"都是常用量词,前者以"木"为部首,常用作草木类名词的量词;后者常用作"珍珠""纽扣"等小而圆的事物的量词。为什么会这样呢?就要弄清楚"颗"的理据,关键是了解部首"页"的理据。根据以"页"为部首的字"顶""项""领""颈""须""颅""额""颠""颧""颊""颔"等,可以推知"页"在汉字系统中表示的意义常常与"头"有关,进而进一步判断"题""颜""颗""硕""顾""顿""颇""烦"的本义都与头有关,因此确定"颗"的本义是"小头",具有小而圆的特点,因此,只能用作小而圆的事物的量词。这样,联系汉字系统,找出部首在汉字系统中的类别意义,从而弄清楚汉字的理据,以简驭繁地掌握汉字。

3. 现代字形本身理据不明,共时系统也无法提供理据线索的,才求助于字源和形体演变的考察

有的汉字形体已经发生了很大变化,且其变化无规律可循,也就是说现代汉字系统无法为其提供理据线索,这时候,就要求助于字源和形体演变的考察。如前文提到的"元"字,现代汉字形体已看不出理据,只能根据其古文字形说明其字形理据。又如:"后"的甲骨文字形作" "" "" "等,取像女人生小孩的情景,后来演变为"后",本义是"母权社会中女性酋长";进入父系社会后,引申为男性最高权力拥有者;后来转指"女性中地位权力最高的人",如"皇后""太后";现代又指影视歌界有重大影响的女演员,如"歌后""影后""天后"。

有的汉字形体变化后,理据发生重构,对于这些字,要按照与现代字形相切合的重构义进行说解。如:"折"的甲骨文字形本取象于斧头砍草之形,后来取象草形的构件演变为形近的"手",字形理据变为"手拿斧头"。在字理教学中,可以根据现代楷书字形,把"折"字说解为手拿斧头砍断东西,而不必再去说解它的字源和字形演变过程。"枪炮"的"炮"字本来写作"砲",而"炮"本义是一种烹饪方法;火药发明后,逐渐改用"炮"字记录"枪炮"的"炮";显然,现代汉字"炮"与其现代特点更切合,因此,可直接根据现代楷书字形进行说解。

4. 字源理据不清或形体来源不明者存疑,不要胡拆乱讲

有的字形体来源不明,如"匝",很难推究其字形来源,当然更难说清楚其字形理据,对这样的字,干脆存疑不讲;有的字形体来源清晰,但古文字构意不明,学术界对其字形理据还没有一个公认的定论,如"夬""预""幻""匹""余""失"等字,对于这样的字,也要存疑,而不能胡拆乱讲。总之,在字理教学中,对于字形理据不清楚的字,要阙疑。

第二章 写字教学概说

对于小学写字教学而言,要抓住这样几个重点:一是书体以楷书为主,二是笔种以硬笔为主,三是风格以规范为主,四是教法以直观为主。在教学过程中,教师要充分考虑学生的知识背景和接受能力,力求以通俗简洁的语言、直观易懂的图示揭示出规律,让学生迅速掌握汉字的写法。

第一节 写字教学基本环节

写字教学主要包括课前准备、课程讲授和课后延伸三个部分。

一、课前准备

课前准备主要包括根据大纲确定教学内容,设计教法,设计师生互动环节,制作课件等。

教学内容要详略得当,重点突出。

在教学过程中要设计一些师生互动环节,以调节课堂气氛,调动学生学习的积极性。比如在讲"二"字时,我强调这个字的两横弯度相反,这样两个横相互吸引,结构内紧外松。然后我就问学生,"二"字加一笔可以组成什么字?学生争先恐后地回答,有"三""工""干""土""于""亏"等字。我再问:加两笔可以组成什么字?学生又答,有"丰""王""井""开""夫""天""无""元""专""云""五""车""互""午""牛""手""仁"等很多字,而这些字中的两个横都是上边的横短,下边的横长,上下两横的弯度相反。这种互动不仅活跃了课堂气氛,开阔了学生的思路,也讲清了笔画组合的规律。

写字教学容易陷入枯燥,如何激发学生的兴趣,需要我们不断去寻找技巧。比如在选择例字时可以有意识地选择学生姓名中的字进行讲解,学生会非常感兴趣。比如在讲解"辶"时,我选择了一个叫陈五达的学生的名字中的"达"字,这个字很常用,又包含了一个字一般不允许有两个捺的结构规律。讲完后我特意提问陈五达,你知道你名字的含义吗?学生说不知道。我就解释,五达谓之康,是通达五方的大道,也有昌盛的意思。所以这个名字寄寓了家长对于孩子的美好祝愿,希望你努力学习,去创造美好光明的未来。陈五达听了非常佩服老师的学问,也非常以自己的名字为荣,而且在以后的学习中更加努力了。

在讲课过程中要有意识地进行知识扩充,把学生引向文化。如在讲短斜撇的时候,我选择的例字是"向",讲完了写法我就问学生:中国地处南北哪个半球?学生回答:北半球。我再继续问:阳光从哪个方向照过来?学生答:南边。我继续追问:早期古人的房屋为了牢固和保暖只有一门一窗,门朝哪边?窗户朝哪边?学生往往答不上来。答案是门朝南,冬天开门时不至于太冷。为了通风,窗户就朝北。所以"向"的本义是北窗户,因为固定朝北,所以引申为方向。《诗经》中有"塞向墐户"之语,意思就是冬天里把窗户堵上,把门缝塞严,以此保暖。这样学生对于地理知识、古代建筑以及《诗经》都有了一点了解。在讲竖折时我选择的例字是"区",讲完"区"字的书写技法后我就提问:以"区"为部件的字有"驱""岖"和"躯",但是为什么"欧""鸥""殴""瓯""呕""怄""沤""抠""讴"等字也以"区"为部件,但是读音和"驱"和"躯"不同?多数学生答不上来。这时我就告诉学生,这个字是多音字,既念 qū,又念 ōu,念 ōu 时是个姓氏。这样学生就能更加深刻地理解形声字了。我还会布置课后作业,阅读《童区寄传》,加深对"区"字的读音的记忆,学习区寄临危不惧、胆大心细的优秀品质。

二、课程讲授

授课过程中要注意课堂节奏,讲练结合,师生互动。学生精力集中时,重点讲解相对难懂的规律;学生兴奋程度下降时,可以安排一定时间的练习,由听课转为自己动笔书写;在学生感到枯燥之前,结束练习,进行展示和讲评;每节课都安排一点小游戏,以活跃课堂气氛。

三、课后延伸

课后延伸主要包括课后作业的布置与批改、课外活动的指导。

课后作业的量要适中,既要巩固课上所学,又不能简单枯燥地重复。同时还要注意引导学生拓展知识面,开阔眼界,培养自主学习的习惯,培养对传统文化的兴趣。比如讲左"阝"时我讲了"除"字,布置的作业就是查找古代诗文中带"除"字的句子,并且翻译成现代文。有的学生找到了《朱子家训》中的"黎明即起,洒扫庭除",有的学生找到了杜甫所作《南邻》:"惯看宾客儿童喜,得食阶除鸟雀驯",有的甚至在家长的帮助下找到了《汉书·苏武传》中的"扶辇下除"。第二次上课时我让学生念自己找到的结果,并且给学生讲解:左"阝"是"皀"字的简化,本义是有高低变化的山形。"除"字的本义是土石工程的附加部分、多余部分,如为方便施工而修筑的临时性土石台阶等,引申为台阶。所以同学们查到的诗文中的"除"字都是台阶的意思。我们平时说的大扫除的除,本义也是台阶。这样学生学会了使用工具书、互联网查找学习资料,对于左"阝"的含义更清楚了。

课外活动指导主要包括书法展览,组织参加书法比赛,向报刊投稿,走上街头进行社会用字调查等。组织学生参加展览、比赛和投稿时要特别注意章法的指导。走出校园进行社会用字调查可以检验学生对于字音、字形的掌握程度,还能调动学生参与社会生活的积极性。

第二节　楷书笔画教学指导

一、楷书笔画书写技法

要教会学生写好笔画,教师本身先要准确掌握笔画的书写技法,并且熟练运用。为此,本节我们系统讲解楷书笔画的书写技法。

笔画有四个要素,即角度、弯度、粗细和长度。掌握了这四个要素,笔画就能够写好了。我们以点为例解释一下。

从角度看,斜点和水平线的夹角为 45°;从弯度看,它的轮廓不是直线,左下侧接近直线,右上侧在总长度的三分之二处有转折;从粗细看,先细后粗,到总长度的三分之二处达到最粗,然后变细;从长度看,斜点是楷书中最短的笔画(见图 2-1)。

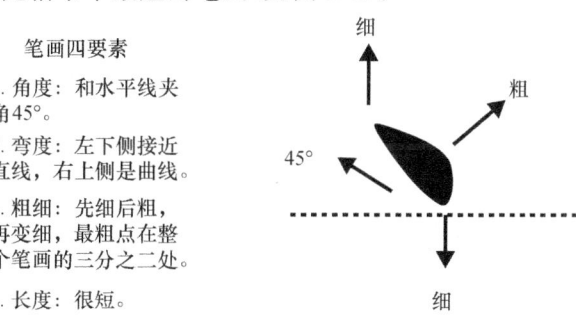

笔画四要素

1. 角度:和水平线夹角45°。
2. 弯度:左下侧接近直线,右上侧是曲线。
3. 粗细:先细后粗,再变细,最粗点在整个笔画的三分之二处。
4. 长度:很短。

图 2-1　笔画四要素

（一）基本笔画

1. 横

（1）长横。从左下稍向右上书写,向左上回笔。略呈左低右高之势。略向上弯。两端粗,中间细。比较长。

（2）斜横。与长横的区别是左低右高比较明显,多用在特殊字形中,起平衡作用。

（3）上横。左细右粗,左低右高,略微往下鼓一点,比较短。多用在字的上边,使字有向上飞升之势。注意这个笔画不是撇,撇是从右往左写,这个笔画是从左往右写。

2. 提

从左上向右下 45°顿笔起笔,略微回笔后向右上挑,同时加快速度并提笔。提的长度、角度因字而异。

3. 竖

（1）悬针竖。从左上向右下 45°顿笔起笔,略微回笔后向下运笔,到后边逐渐加快速度并提笔。整体比较长,上粗下细。要求笔画必须正直,不能弯,不能斜。

（2）垂露竖。从左上向右下 45°顿笔起笔,略微回笔后向下运笔,到最后顿笔。两头稍粗,中间稍细。因为这个笔画的末端比较圆润,像一滴露珠垂在下边,所以叫垂露竖。

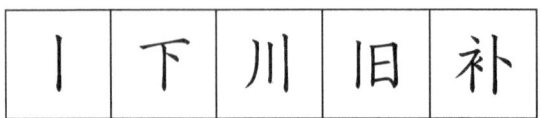

悬针竖和垂露竖都属于长竖,但是前者是动态的、放纵的,后者是静态的、收敛的。什么情况下用悬针竖,什么情况下用垂露竖呢?一般说来,如果不是最后一笔,一般用垂露竖。但也有例外情况,如"个"字的竖虽然是最后一笔,但是撇和捺都属于放的笔画,如果用悬针竖,则三个笔画都是放纵的笔画,缺乏对比和变化,所以要用垂露竖,以便形成两放一收、两动一静的对比。也就是说,竖在字中如果不是最后一笔,一般用垂露竖;如果是最后一笔,要看其他笔画的收放情况。

4. 撇

(1) 平撇。从左上向右下45°顿笔起笔,略微回笔后向左下运笔,逐渐变轻变快。比较短、平、直,用在字的顶部。

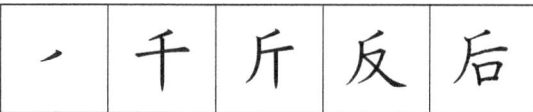

(2) 短斜撇。从左上向右下45°顿笔起笔,略微回笔后向左下方甩。比较直,倾斜角度约为60°。

(3) 长斜撇。从左上向右下45°顿笔起笔,略微回笔后向左下运笔,逐渐变轻变快。又长又直,倾斜角度约为65°。

(4) 竖撇。从左上向右下45°顿笔起笔,略微回笔后向下运笔,到总长度的三分之二处转向左下,逐渐加快速度并提笔出尖。比较长而且竖立,弯度较小。多用在字的左侧。

(5) 长弯撇。从左上向右下45°顿笔起笔,略微回笔后向下运笔,到总长度的三分之二处转向左下,逐渐加快速度并提笔出尖。后半部分弯度比较大。多用在字的中间,起平衡作用。

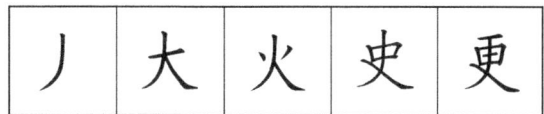

5. 点

(1) 斜点。从左上向右下弧形运笔书写。整体很短,左上尖右下圆,稍向右上鼓。倾斜角度约为45°。

(2) 长点。写法与斜点相似,但是比斜点长。多用在独体字的右边。一字之中有两个捺的,其中一个捺要缩短为点,写法与长点相同。

(3) 左点。从右上向左下顿笔书写,稍微向右上回笔。比较短,先细后粗。倾斜角度在60°以上。因为它只出现在字的左边,所以我们叫它左点。

6. 捺

(1) 短斜捺。从左上由轻到重向右下运笔,逐渐变粗,稍微停顿后向右甩,加快速度,同时提笔。在字中短斜捺的开头部分一般和其他笔画重合。

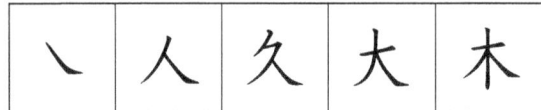

(2) 长斜捺。比短斜捺多一个弯儿。即开头稍微平一些,然后拐向右下,最后向右甩出。在字中如果捺的开头不和其他笔画相连,那么开头应该有个小弯儿,即写作长斜捺。当然,在不同的字形里,捺的角度可能不同。

(3) 平捺。稍微顿笔,平走一段,转向右下,逐渐加重,稍微停顿后向右甩,出尖。多用在字的最下边,比较平。

(二) 复合笔画书写技法

1. 横折

写完横后稍微提笔,转向右上,再向右下顿笔,稍微回笔后再向左下连写竖部。要求折部方一些,这样才显得有力度。注意写这个笔画时既不能圆转而过,使笔画怯弱,又不能使顿笔路线太长,不够自然。在不同的字形中,横折的横部和竖部的长度、角度可能不同。

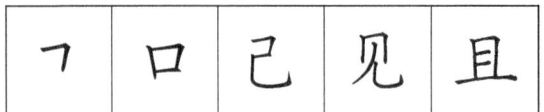

2. 横钩

写完横后稍微提笔，转向右上，再向右下顿笔，稍微回笔后再向左下写钩。横部和钩部的夹角在 30°左右，不宜太大，以免字形松散。

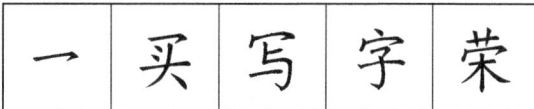

3. 横撇

写完横后稍微提笔，转向右上，再向右下顿笔，稍微回笔后再向左下连写撇部。在不同的字中，横部和撇部的角度以及各自的长度是不同的。

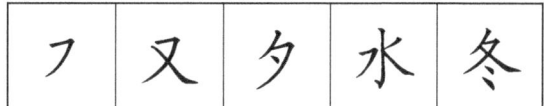

4. 竖折

写完竖部后稍微顿笔，然后连写横部。在不同的字中，竖折的竖部和横部的长度、角度可能不同。

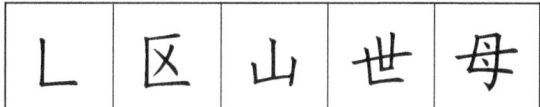

5. 竖提

写完竖部后稍微提笔转向左下，再向右下顿笔，稍微回笔后写提部。

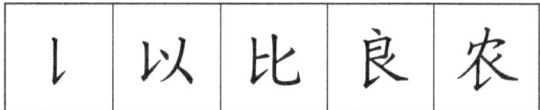

6. 竖钩

写完竖部后提笔转向右下，再向左下顿笔，再稍微向右上回笔，最后向左上出锋。竖部与钩部的夹角在 30°～45°之间。

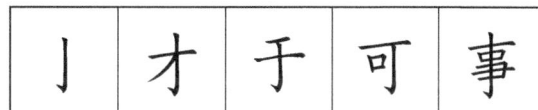

7. 竖弯

写完竖部后向右弧形运笔，稍微向左回笔即可。这种笔画既不是"区"字中的竖折，也不是"匹"字中的竖弯钩。

8. 弯钩

尖入笔,弧形向右下运笔,到中间转向左下,稍微向右上回笔后向左上出钩。写这个笔画的要点在于要让它自己站稳,不能向左或向右倾斜。

9. 斜钩

向右下顿笔,略微回笔后向右下弧形运笔,稍微回笔后向右上出钩。注意斜钩是曲线,不是直线,但又不能太弯,应两头粗中间细。

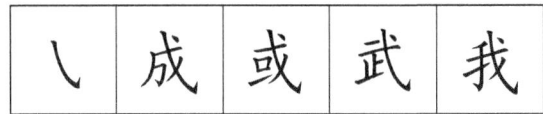

10. 卧钩

轻起笔,向右下弧形运笔,同时逐渐加重力量,然后转向右上,稍微回笔后向左上出钩。

11. 撇点

先写先粗后细的撇,然后不提笔,顺势写先细后粗的长点。在不同的字中,撇部和点部的长度、角度可能不同。

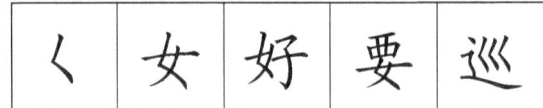

12. 撇折

写完撇部后稍微提笔转向左,再向右下顿笔,略微回笔后连写横部。

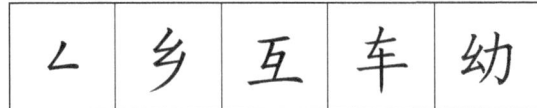

13. 撇提

先写撇,顺势写提。撇部和提部都是先粗后细。

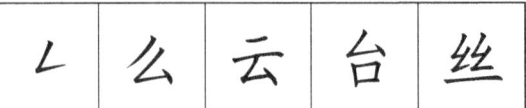

14. 横折钩

横和竖钩的连写。在不同的字中横折钩的写法稍有不同。

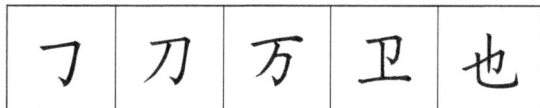

15. 横折弯

横和竖弯的连写。横折弯既不是"凹"字中的横折折,也不是"九"字中的横折弯钩。

16. 横折提

横和竖提的连写,竖部稍微倾斜。这种笔画除用在"鸠""微""颓"三个字中以外,多用在言字旁中。

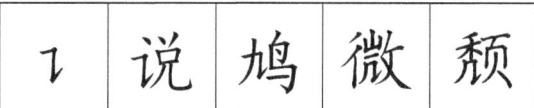

17. 竖弯钩

这个笔画的书写要点是竖直横平,钩朝正上,转折处是弯的。

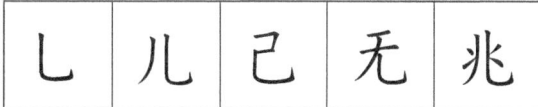

18. 竖折撇

顿笔起笔,左下行笔,顿笔后连写横部,再顿笔写撇。竖折撇的起笔处和末端要竖直对齐。

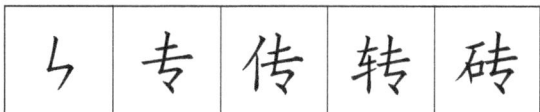

19. 横折斜钩

横和斜钩的连写,要求横部稍微左低右高,斜钩部弯度不要太大,钩尖儿朝右上。

20. 横折弯钩

根据它的弯度可以细分为两种。一种是"几""九"等字以及由它们派生出来的字中的横折弯钩,就是横和竖弯钩的连写。另一种是"乙"字及由它派生出来的字,特点是弯度比较大。读者在书写时要注意区分角度和弯度。

21. 横折折撇

第一个横部左低右高,第一个撇部短而且直,第二个横部左高右低,第二个撇部长而且弯。

22. 横折弯撇

这种笔画写法与横折折撇不同,用在"辶"中。横部稍左低右高,下边的部分短,弯度小,重心平稳。

23. 横撇弯钩

第一段是左低右高的横部,第二段是短撇,第三段有弯儿,第四段是钩儿。

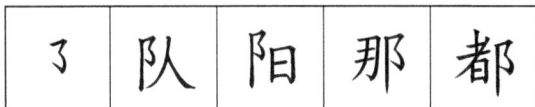

24. 竖折折钩

竖和横折钩的连写。要求注意掌握好转折处的顿笔。在不同的字中,其横部、竖部的长度、角度是不完全相同的,书写时要注意区分。

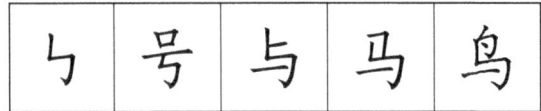

25. 横折折折钩(一)

横折和横折钩的连写。在组成这个笔画的五段线条中,第一段稍长且左低右高,第二段短而且直,第三段短而且平,第四段长且稍弯,第五段是直钩。

26. 横折折折钩(二)

和横折折折钩(一)的区别在于两个横部的角度都比较平,上边的横部短,下边的横部长。

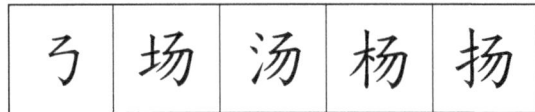

二、楷书笔画教学方法

在楷书笔画教学中,我们要着重教会学生理解笔画的四个要素——角度、弯度、粗细和长度,在此基础上,引导学生体会运笔的轻重、快慢和方向,努力写出美观的笔画。同时,我们要结合不同年级学生的特点,采用生动活泼的教学方法,力求取得最佳的教学效果。笔者在多年的教学中总结出几种教学方法,供读者参考。

（一）分解练习法

前面我们谈过,决定楷书笔画形态的要素有四个,即角度、弯度、粗细和长度。我们以"横"为例解释一下。如图 2-2 所示,从角度看,横左边低右边高,和水平线的夹角为 15°;从弯度看,它是曲线,向上弯;从粗细看,两端粗,中间细;从长度看,比较长。掌握了这四个要素,笔画就能够写好了。学生在哪个方面出了问题,老师就可以有针对性地进行纠正。

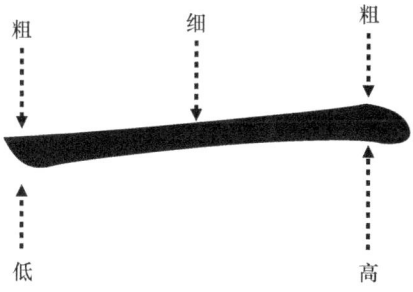

图 2-2　横笔画的四要素

但是,对于小学生来说,同时掌握笔画的四个要素有些困难,往往顾此失彼,笔者在教学实践中摸索出四步分解法进行笔画教学,能够取得较好的效果。这里所说的四步分别是:第一步,掌握笔画的角度,即笔画是平的还是竖的、斜的,和水平线的夹角是多少度;第二步,掌握笔画的弯度,笔画是直的还是弯的,哪里弯,有多弯;第三步,掌握笔画的粗细变化,笔画哪里粗,哪里细;第四步,掌握笔画的长度。下面我们选择比较典型的基本笔画和复合笔画进行具体讲解。

在实际教学中,低年级小学生面对变化多端的笔画,往往顾此失彼。这就需要我们教师用清晰的思路和科学的方法进行教学,把任务分解开来,一次解决一个问题,降低难度,激发学生学习的信心和兴趣。

1. 基本笔画

（1）斜点。第一步,从田字格左上角向中心画直线,这条线和水平线的夹角为 45°,这样就掌握了笔画的角度;第二步,还是从田字格左上角向中心画线,但是不再写成直线,而是写成曲线,这样既掌握了角度,又掌握了弯度;第三步,还是从田字格左上角向中心画线,在前两步的基础上由细到粗书写,这样就达到了角度、弯度和粗细三个要求;第四步,在前三步的基础上把笔画写短,使之长度准确。这样讲解和练习就可以把复杂的动作分解开,循序渐进,便于学生理解和掌握。

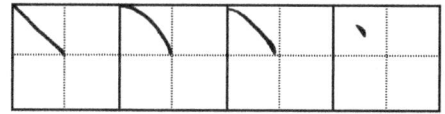

（2）垂点。第一步,从田字格上中点向横虚线四分之一处画直线,掌握角度;第二步加上弯度;第三步加上粗细变化;第四步加上准确的长度。

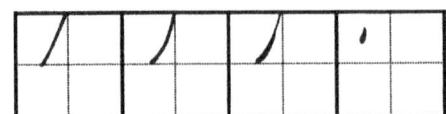

(3) 平捺。第一步,从田字格的左中点向右写,写到横虚线的四分之一处,再向田字格下横线的四分之三处写,再沿着田字格下横线向右写到田字格右下角,这样各部分角度准确;第二步,把平捺的前两部分写成曲线;第三步,写出粗细变化;第四步,写成正常的长度。

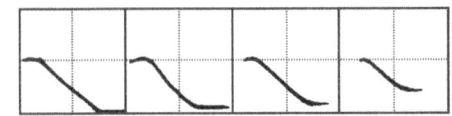

2. 复合笔画

(1) 弯钩。第一步,从田字格的上中点沿竖虚线写到下中点,再写到左中点,这样弯钩的主体部分和出钩的方向就基本准确了;第二步,把弯钩的主体部分写成弯的,并且上下对称;第三步,把弯钩的主体写成先细后粗,把钩部写成先粗后细;第四步,把弯钩写成正常的长度。

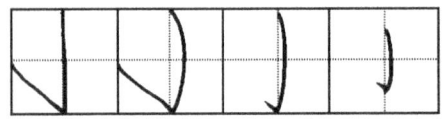

(2) 斜钩。第一步,从田字格左上角写到下中点,再写向右上角,掌握笔画的角度;第二步,把斜钩的第一部分写成弯的;第三步,把斜钩的第一部分写成两端粗,中间细,把钩部写成先粗后细;第四步,把笔画的长度写准确。斜钩的主体部分是弯的,但是弯度前后一致,不要有变化,并且弯度比较小,钩尖朝右上,不要朝左上。

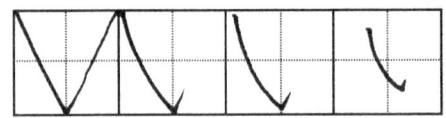

(3) 卧钩。卧钩是最容易写错的笔画之一,不少学生把它写成竖弯钩或者斜钩。我们可以这样进行教学:第一步,从田字格左中点向下中点书写,再转向右竖线的四分之三处,再转向田字格的中心,掌握角度;第二步,把前两部分写成弯的;第三步,写出粗细变化,即先细后粗,再变细;第四步,把笔画写成正常的长度。

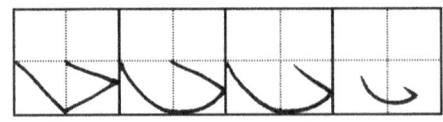

(4) 横折弯钩。横折弯钩也是学生容易写错的笔画之一,有的学生把它写成横折折折钩,有的学生把它写成阿拉伯数字3,导致"阝"写得像字母β。我们可以这样分解训练:第一步,从田字格竖虚线的四分之一处写到右上角,再向左下写到田字格横虚线的四分之三处,向右下写到田字格的右下角,最后向左写到田字格竖虚线的四分之三处,掌握角度;第二步,把横撇弯钩的第三部分写成弯的;第三步,把横撇弯钩的第二部分、第四部分写成先粗后细;第四步,把笔画的长度写准确。

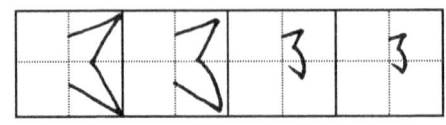

四步分解法的优点在于形象直观,难度降低,循序渐进,而且可以将评价标准量化。

(二)直观演示法

书法课上,教师的书写示范是必不可少的一个重要环节。教师要在讲课的过程中做出规范、清晰、直观的演示。演示的方式方法有许多种,可以提前录制书写示范视频,配合教学内容进行播放;也可以利用教学展台在课上进行现场示范;或者直接利用板书进行示范。其中,借助教学辅助设备可以实现更好的教学效果。较先进的教学展台都有高倍放大的功能,这是传统视频演示设备所无法比拟的。教学展台具有的高倍放大功能可以使演示物的细节表现地一览无遗,运用于书法课教学时,可以将笔画的轻重、缓急、粗细、转折的细微变化清晰地加以展示,为学生更清楚地观察、模仿创造条件。

使用教学展台拍摄教学视频,因为是从正上方垂直拍摄,所以播放时画面是正的,有利于学生观察。例如,我们可以将悬针竖的书写过程拍摄下来,在教学中播放视频,讲解悬针竖的书写技法:如图 2-3 所示,从左上向右下 45°顿笔起笔,略微回笔后向正下方行笔,运笔由重到轻、由慢到快,到最后加快速度提笔出尖。笔画整体比较长,上粗下细,方向竖直,不能歪斜。

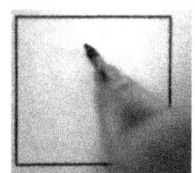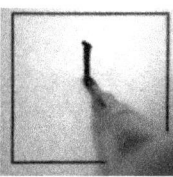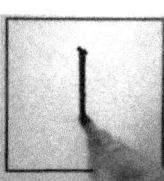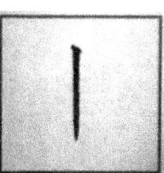

图 2-3　悬针竖的书写示范

利用视频播放书写示范有很多优点。第一,可以反复多次播放,尤其对于一些难写的复合笔画,如果只示范一遍,学生很难看懂并深刻理解。我们可以多次播放同一视频,并且在每次播放的时候引导学生注意不同的侧重点。第二,在播放过程中我们还可以将视频暂停,让学生预想下一笔如何写。学生因为要回答老师的问题,所以会认真思考,这样就有效地将学生的积极性调动起来了。第三,播放书写视频还可以实现局部放大,有利于指导学生分析细节。利用多媒体技术,可以把一个边长 1 厘米的钢笔字放大到边长近 2 米,笔画的细节纤毫毕现,学生可以看得非常清楚,毛笔点画的粗细、方圆、向背、润燥等变化更是一目了然。第四,在拍摄视频时还可以选择距离的远近。例如,在播放上面的悬针竖的硬笔书写视频时,我们可以针对学生用硬笔写竖往往向左下歪的问题,采用这样的播放方法:先看拍摄距离比较远的视频,学生看不出来,再看拍摄距离越来越近的视频,学生逐渐看清楚教师书写时手腕没有像他们那样向左下摆动,而是手腕不动,手心的空间不断缩小,这样学生才看懂了书写要领,而且印象非常深刻。

(三)正误对比法

对比法,也叫做比较分析法,是书法笔画教学过程中经常用到的一种教学法。学生们通过认真地观察与分析,在正确与错误之间寻找规律,从而加深印象,强化教育效果。例如,在讲授横折钩这一笔画的出钩方向时,教师可将正确与错误的书写放在一起让学生比较。下图中前两个为错误示例,第一个钩太平,角度太大,字就显得松散;第二个钩角度又太小了,字形显得拘谨。学生通过直观的观察很容易总结出横折钩中钩部的规范写法,即如第三种写法就比较适当,钩应该朝着横画起笔处的方向出钩,并且钩要简短利索,不能写得太长。

(四)作辅助线法

辅助线可以将隐含的书写规律更加明晰地展现出来。作辅助线的方法在书法笔画教学中所起到的作用就是辅助学生更好地理解知识和技法。

例如,讲解长横的书写技法时,我们通常所说的"横平竖直"中的"平"并不是"水平"的意思,而是"平稳"的意思,长横在汉字中起到重要的平稳作用,在书写时,不要将长横写成水平的直线,而是要写得左低右高,与水平线之间形成一个5°左右的夹角。教师可以使用做辅助线的方法引导学生认真观察长横的角度。此外,还可以运用辅助线标示出书写长横的运笔过程,即从左上向右下45°顿笔起笔,略微回笔后向右行笔,到右边后略微转向右上,再向右下顿笔,最后向左上回笔(见图2-4)。

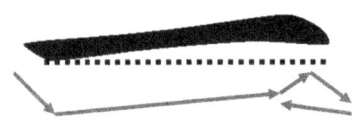

图 2-4　长横的运笔过程

又如对平捺的讲解,平捺是楷书基本笔画中难度最大的,在指导学生书写时可以使用如图2-5的辅助线来清晰地演示平捺这一笔画的运笔过程。书写平捺时分成三段书写:第一段较平,第二段向右下行笔,第三段也是平的。为了使学生清楚这三段的长短关系,可以将这三段分别用a、b、c来表示,其中第一段最短,中间一段最长,长短关系为b＞c＞a。

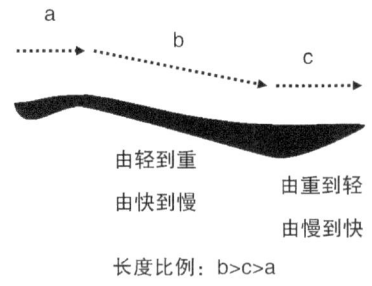

图 2-5　平捺的运笔过程

(五)形象比喻法

形象比喻法的作用在于使事理的阐述更加直观、生动,化繁为简,化陌生为熟悉,化深奥为浅显,化抽象为具体。善用比喻可以增强教学的趣味性。书法中许多笔画的命名,本身就采用了形象比喻的方法,如悬针竖是因为竖的尾部尖尖的,像缝衣服的针;垂露竖是因为末端比较圆润饱满,像一滴露珠垂在下边;竖弯钩由于酷似在水面上浮游的天鹅优雅曲折的身体的线条,所以又名"浮鹅钩"。这些命名准确地抓住了笔画的形态特点并加以描述,形象生动,便于记忆。

在讲授笔画的运笔方法时也可以采用形象比喻的方法。例如,指导学生把握平捺一波三折的书写技法时,可以用商场里的自动扶梯来做比喻,平捺的运笔就像向下走的扶梯的运行一样,先平着走一小段。然后向下走,到底部的时候再平着走一小段,这个比喻可以帮助学生对平捺的运笔方法有一个更形象、更准确地把握。

(六)易混辨析法

在楷书的复合笔画中,有一些是容易混淆的,教师在教学过程中要注意指导学生对这些容易混淆的笔画进行辨析。

例如,竖弯、竖折和竖弯钩,这三种笔画都是写完竖画之后再向右行笔,容易混淆。不少学生容易把竖弯写成竖折或竖弯钩,这就需要教师指导学生认真辨析三者之间的差别,并且在实际运用中力求准确,把笔画细微之处的特点交代清楚。

笔画名称	竖弯	竖折	竖弯钩
笔画形状	㇄	㇗	㇈
例字	四	区	匹

又如"竖钩"与"竖提",有许多小学生容易将竖钩与竖提的名称弄混,如果将这两个笔画放在一起进行比较,它们之间的区别就非常明显了(见图2-6)。首先,两个笔画出钩的方向是相反的,竖钩向左,而竖提向右;其次,竖钩的钩部短小,而竖提是竖画和提画的连写,提部较钩部的长度要长。

竖钩　　　竖提

图 2-6　竖钩与竖提

（七）游戏激趣法

小学生喜欢做游戏并且普遍具有争强好胜的心理特点,教师要根据这一特点积极在课堂上营造竞赛和游戏的氛围。教师可以将班级分成几个小组,从而便于开展互动合作学习,将合作学习与竞赛和游戏结合起来,激发学生的学习兴趣,培养学生的实践动手能力,在快乐的游戏和竞赛中提高笔画教学的效率。

例如,我们可以设计一个给汉字选择正确笔画的游戏,用彩色的纸剪出悬针竖、垂露竖、竖钩、弯钩、竖弯、竖弯钩的笔画,让学生将这些笔画放归汉字中正确的位置,如图2-7所示。通过这个游戏既巩固了学生对笔画名称及形态特点的掌握,又对一些字中的易错笔画的规范写法进行了强化。

图 2-7　选择笔画游戏

猜谜语也是一种激发学生学习兴趣、启发学生积极思考的游戏形式。在笔画教学中，教师可以采用这种方法来增强教学内容的趣味性。例如，在讲解不同形态的撇画时，要帮助学生重点区分平撇、斜撇、竖撇、弯撇在角度、长度、弯度等方面的差别。讲完之后教师可以出一个字谜——平撇短，竖撇长，十只眼睛里边藏，让学生随着教师的描述写出汉字，进而猜出谜底"盾"（见图2-8）。字谜本身交代了平撇和竖撇这两种撇画的基本特点，平撇一般用在字的顶部，它的特点是短、平、直；竖撇多用在字的左侧，开始一段近似于写竖画，到总长度的三分之二处以后转向左下，逐渐加快速度并提笔出尖，竖撇整体比较长而且竖立，弯度较小。在猜字谜的过程中，既锻炼了学生的思考能力，同时也进一步帮助学生掌握了平撇和竖撇的书写技法和实际运用。

盾 = 一 + 丿 + 十 + 目

（平撇：短、平、直）　（竖撇：长、竖立、弯度小）　（十只）　（眼睛）

图 2-8　字谜游戏

（八）联系实际法

这里所说的联系实际主要包含两层意思。首先，是指为了确保高效率的课堂教学，教师应当积极寻求书法笔法理论与现实生活之间的联系，用学生熟悉的事物来解释他们陌生的理论，教学会取得事半功倍的效果。其次，在笔画教学中，教师要注重培养学生实际运用笔画的能力，因为笔画不是独立存在的，它们是存在于汉字之中的，同样的笔画在不同的汉字中也会有形态上的差异，所以笔画教学要结合具体的汉字来进行。

教师在进行笔画技法的讲解时要注意与学生熟悉的事物进行联系，以学生熟悉和感兴趣的事物来进行引导，从而使学生更容易、更快捷地掌握笔画书写技法。以对斜点笔画的讲解为例。斜点是楷书基本笔画中最小的笔画，但却是充满力量感的一个笔画，所以欧阳询在《八诀》中说："点如高峰坠石。"在书写时，斜点与水平线之间有一个约45°的夹角，为什么一定是45°？45°与点画的力量感之间有何关系？要讲清楚这些比较抽象的问题，教师可以联系蹲踞式起跑来解释。教师可以给学生播放运动员起跑动作的图片或视频，运动员在听到枪声的一瞬间，前腿的后蹬角度恰为45°，因为只有这样，前腿才能最为快速有力地蹬伸髋、膝、踝三关节，把身体向前上方有力地送出。这样讲解之后，学生便很容易理解点画角度的书写规律了。

在笔画教学中，要注意笔画书写因字而异的特点，要结合具体例字进行笔画技法的教学。例如，讲解横折钩这一复合笔画时可以采用以下的教学方法。横折钩是横画和竖钩的连写，这一笔画的基本书写方法为：写完横部后向右上提笔，向右下顿笔，稍回笔后连写竖钩。欧阳询把横折钩比喻为"如万钧之弩发"，强调其弹性和韧劲。在不同的汉字中，横折钩的形态也不同。

首先，教师从长度的方面引导学生观察下列三组例字：

例字	笔画形态	练习				
月	𠃌	月	月	月	月	月
身	𠃌	身	身	身	身	身

例字	笔画形态	练习				
韦	ㄱ	韦	韦	韦	韦	韦
书	ㄱ	书	书	书	书	书

例字	笔画形态	练习				
厄	ㄱ	厄	厄	厄	厄	厄
乌	ㄱ	乌	乌	乌	乌	乌

通过分析比较,学生会发现在不同的汉字当中,横与竖钩的竖部的长短比例不同。第一种情况是横短竖长:如"月""身"一类字中的横折钩,竖部的长度大约是横画长度的两倍多一点,竖钩要写得竖直,对字起到支撑作用,整个字形端直挺拔。第二种情况是横长竖短:如"韦""书"一类字中的横折钩,横画的长度大约是竖钩中竖画长度的两倍,横画要写得舒展一些,有承托感,整个字形体现上紧下松的结构特点。第三种情况是横竖等长:如"厄""乌"一类字中的横折钩,横画与竖画的长度是基本相等的,书写时要准确把握,否则会影响整个字的结构匀称。

接下来,教师从角度的方面继续引导学生观察以下两组例字:

例字	笔画形态	练习				
门	𠃌	门	门	门	门	门
巾	𠃌	巾	巾	巾	巾	巾

例字	笔画形态	练 习				
乜	㇆	乜	乜	乜	乜	乜
也	㇈	也	也	也	也	也

学生通过仔细观察横折钩所形成的折角的角度,会发现在一些字中横折钩的折角呈直角。如"门""巾"一类字中折部的夹角约为90°,要写得横平竖直,竖部忌倒斜。还有一些字中横折钩的折角呈锐角。如"乜""也"一类字,为了达到重心平稳,横折钩中的横部形态为斜横,折角的角度约为40°。

最后,教师再从弯度的方面引导学生观察下面的两组例字:

例字	笔画形态	练 习				
同	㇆	同	同	同	同	同
冈	㇆	冈	冈	冈	冈	冈

例字	笔画形态	练 习				
力	㇆	力	力	力	力	力
勿	㇆	勿	勿	勿	勿	勿

通过分析学生发现,"同""冈"一类字中的横折钩竖部沿垂线方向竖直向下书写,笔画较直。而在写"力""勿"这类既有斜撇又有横折钩的字时,横折钩的竖部一般和撇平行,且稍带一点弯度,这样字才稳定、协调。

这种教学方法告诉我们,笔画教学不能脱离具体的例字而单独进行,教师要将每一种笔画进行细化分类,引导学生细心观察其不同的书写方法,进而实现灵活运用的目的。

第三节　楷书结构教学指导

一、楷书结构技法

楷书的结构原则主要有稳定、匀称、变化和联系。

（一）稳定原则

对于楷书结构而言，稳定是基础。达到结构稳定的方法有以下几点。

1. 横平竖直

凡是有长横长竖的字，一般要让它横平竖直，这样结构比较稳重。如果横不平，竖不直，字形自然不稳定。

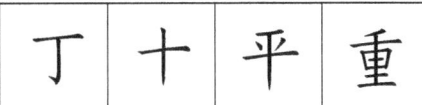

2. 撇捺对称

有撇有捺的字，撇捺的长度可能不同，但是撇捺的角度一般是对称的，而且撇捺的末端一般在同一条水平线上。我们可以把撇捺看作人的两条腿，这两条腿必须长度相等，而且要站在平地上，站得才正。

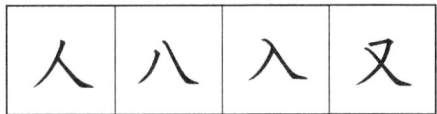

3. 撇点对称

有些字的下边没有撇捺，而是撇和点，虽然长短不同，但是也要写得角度对称，下端在同一条水平线上，组合在一起后才能够站稳。

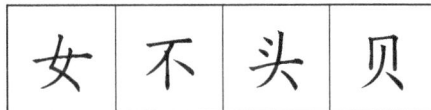

4. 上下对正

字的上下笔画必须对正。如"户"字的点和"口"部的中心要对正，"车"字的撇折的起笔处和下边的竖对正。

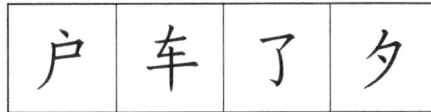

（二）匀称原则

所谓匀称就是各部分配合得合适。字形匀称，人们看了才会感到赏心悦目。在楷书中，匀称主要表现为以下几种形式。

1. 左右对称

杨辛、甘霖说:"形式美的主要法则包括对称均衡。"[①]乔治·桑塔耶纳则说:"由于眼部肌肉平衡而感到的舒适和省力,在某种情形下是左右对称的价值的根源。"[②]

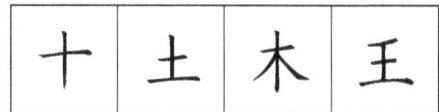

2. 距离相等

距离相等就会显得匀称。当然,这里所讲的距离相等不是完全相等,而是稍有变化,具体变化原则见下文。笔画之间距离相等可以细分为以下5种。

(1) 横向等距。"三""与"字的三个横之间距离要基本相等,"互"字的四个横之间的距离也要基本相等,"里"字的五个横之间的距离也基本相等。如果差别太大,字形就不匀称。

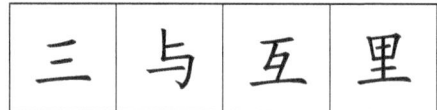

(2) 竖向等距。"山""川""也""巾"四个字的三个竖向笔画之间距离要基本相等。

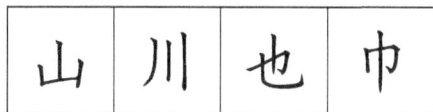

(3) 斜向等距。"乡"字的三个撇之间的距离要基本相等,"勿"字的三个撇、横折钩的竖之间的距离也要基本相等,"珍"字四个撇之间的距离基本相等,"参"字五个撇之间的距离基本相等。

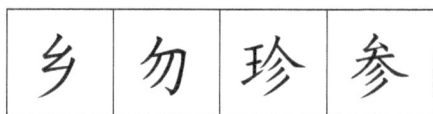

(4) 中点起笔。在独体字中,很多笔画都从上一笔的中点起笔,这样字形显得匀称。比如"刀""万"字的撇要从横的中点起笔,"工"字的竖从第一横的中点起笔,"互"字的前三笔都从上一笔的中点起笔。

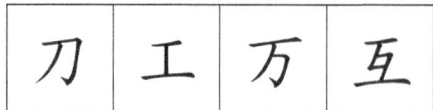

(5) 同时等距。字是写在二维空间的,所以在写字时既要注意左右位置,又要注意上下位置。比如"可"字的"口"部放在哪里最合适呢?应该放得偏左偏上,放好后这个字的三个横之间距离基本相等,三个竖之间距离也基本相等,这时候才能算最匀称。同样道理,写"司"字时要让四个横之间的距离基本相等,三个竖之间的距离基本相等。"曲"字的三个横之间的距离基本相等,四个竖之间的距离也基本相等。"画"字有五个横、五个竖,它们之间的距离基本相等,字形就匀称。

---

① 杨辛,甘霖. 美学原理新编[M]. 北京:北京大学出版社,1996:105.
② 乔治·桑塔耶纳. 美感[M]. 北京:中国社会科学出版社,1982:61.

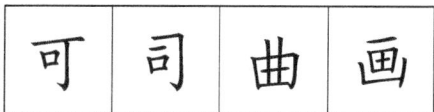

3. 斜向平行

在横平竖直之外,还有一个规律,就是在既有斜撇又有横折钩时,横折钩的竖部一般和撇平行,这样字才稳定、匀称,否则就不协调。

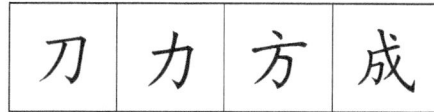

4. 相对均衡

有些字左右并不对称,为了达到均衡,就需要调整笔画的位置,使字的各个部分分量相对均衡,从而达到匀称和谐。比如"大"字的撇偏左,而同样由横、撇、捺三个笔画组成的"丈"字则因捺左边出头而把撇向右移动。再比如"寸"字的竖钩左边有个点,这就需要把竖钩写得偏右一些,以便达到相对均衡。如果把竖钩写在中间,那么左边既有钩,又有点,就会显得分量太重,左右就不均衡了。同样道理,"书"字的竖应该偏左一些,因为右边既有横折的竖部,又有横折钩的竖部和钩部。

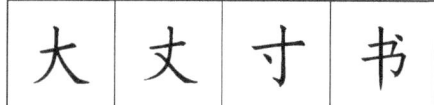

(三) 变化原则

这个原则是指楷书不像小篆那样字形基本对称,而是富于变化。这种变化从微观看表现在笔画上,从宏观看表现在字形上。不管是微观变化还是宏观变化,都符合一个共同原则,那就是"三紧三松"原则。

1. "三紧三松"原则

"如果我们仔细观察和分析从魏晋到唐宋的楷字法书,就会发现绝大多数字的结体都有一个共同的特点,那就是内紧外松,上紧下松,左紧右松。因而字的重心一般是处于中宫中心点的略微偏上偏左的一个小范围内。"①我们把这个原则简称为"三紧三松",也就是内紧外松,上紧下松,左紧右松。

我们还以"二"字为例,为什么我们把它写成上边的横短,下边的横长,而不把它写成上边的横长,下边的横短呢?当然是为了稳定。常识告诉我们,上边小下边大的物体稳定性好。所以楷书的结构也遵循这一原则,这一原则用"三紧三松"理论来阐述就是上紧下松。王羲之说:"夫学书作字之体,须遵正法。字之形势不得上宽下窄。"②

我们再来看"水"字,它的小篆写法左右对称,但是楷书写法是左边的横撇短,右边的撇捺长,这就是左紧右松。

仔细观察的话,我们就会发现,一些看似左右完全对称的字其实稍微左边轻右边重,比如"王"字。这就是左紧右松。

---

① 欧阳中石.书法教程[M].北京:高等教育出版社,1994:51.
② 王羲之.笔势论十二章并序[M]//历代书法论文选.上海:上海书画出版社,1979:35.

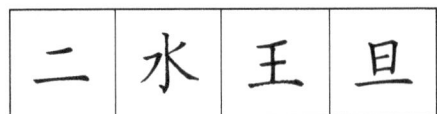

图 2-9 中的四个"王"字分别是欧阳询、颜真卿、柳公权和赵孟頫书写的,为什么楷书四大家写的"王"字都是第二横最短,第三横最长呢?这就是松紧规律在起作用。第二横最短,就像健康的人体腰部最细,即为内紧;第一横和第三横长,相当于人的肩部和臀部都宽,即为外松。这就是内紧外松。

图 2-9　楷书四大家所写"王"字

但是仅仅做到上紧下松、左紧右松、内紧外松还不够,因为松紧的程度需要准确把握。下面我们就要引出另一个重要的比例原则——黄金分割原则。

2. 黄金分割原则

黄金分割是造型艺术中最容易给人美感的构图法则。分割的方法是把一条线分成两部分,其中较长的一部分跟全长的比等于余下部分跟较长这一部分的比,即 a:(a+b)=b:a。较长这一部分约等于全长的 0.618。

我们以"飞"字为例,撇和点都和横折斜钩相连,这个连点在字的中间偏上一点,也就是处在整个字长度的 0.618 处,按照这种比例书写,字形最为匀称(见图 2-10)。

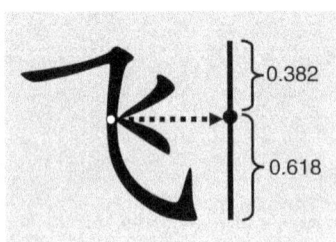

图 2-10　"飞"字的黄金分割点

同样道理,"平"字的第二横和竖的交点也应在这个字的中间偏上一点的位置,即字的黄金分割点,这样的比例是最美观的(见图 2-11)。

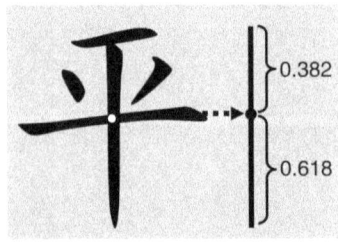

图 2-11　"平"字的黄金分割点

关于黄金分割,美学家已经做出了详细的解释:在动物界,形体优美的动物,如马、狮、虎、豹、犬等,凡是看上去健美的,其身体部分长与宽的比例也大体上接近于黄金分割,蝴蝶身长与双翅展开后的长度之比也接近 0.618。而禽兽等高级动物的体温介乎 37～39℃,这一温度正是水的液态范围 0~100℃ 两个黄金分割点之一,即 38℃ 左右。……维纳斯的体形符合希腊人关于美的理想与规范,身长比例接近利西普斯所追求的人体美标准,即身与头之比为 8∶1。由于 8 为 3 加 5 之和,这就可以分割成 1∶3∶5,这就是"黄金分割律",这个比例成为后代艺术家创造人体美的准则。人的脐部到头顶的距离与脐部到脚底之比、头顶到举手指端的距离与脐部到头顶距离之比、膝盖到肚脐与膝盖到脚底之比,都符合黄金分割。① 同样道理,"乐曲中华彩段的设置、胡琴'千斤'位置、六十四卦中吉凶数之比、建筑造型组合、华罗庚优选法的最佳点,以及自然与社会众多现象都有等于或接近黄金分割 0.618 的特点。当人们接受到符合黄金律关系的信号时,都会感到舒适惬意。可以说,哪里有黄金分割关系,哪里就有美的踪迹。"②

上面我们不厌其烦地罗列了长长的文字,目的就是请读者注意,黄金分割律非常重要,我们要主动地把这个规律运用于楷书结构中,这样可以取得事半功倍的学习效果。

具体说来,楷书中黄金分割有以下几种表现形式。

(1) 撇捺连点。如"人""久""及"三字中的撇和捺虽然长度不同,但是两个笔画的连接点都在整个字的 0.618 处,也就是中间偏上一些。

(2) 撇捺交点。如"又""义""叉"等字的撇捺交点就是字的黄金分割点,偏下的话,字的重心就低,缺乏神采。

(3) 撇横连点。如在"斤""反""后"等字中,横和撇的连点就是这个字的黄金分割点。

(4) 横竖交点。如"十""千"二字的横和竖的交点、"丰"字第二横和竖的交点都稍偏上,在字的黄金分割点。

(5) 竖或撇的第二部分的中点。字中的长竖、长撇被两个横分成三段时,它们的比例是 a+b=c,a>b,b 的中点就是黄金分割点。我们以"中"字为例,它的中竖被"口"部分割成上中下三段,我们把它们分别叫做 a、b、c 段,a 段和 b 段的和应该等于 c 段,同时 a 段比 b 段略微长一点,b 段的中点就是黄金分割点(见图 2-12);"夫"字的撇被两横分成三段,"井"字的撇和竖也被两横分成三段。它们之间的比例和"中"字的竖相同。

---

① 罗筠筠.关于审美起源的一个新角度——人类进化与黄金分割比.中国美学研究第一辑[C].上海:三联书店,2006:218.
② 迟志邦.书法——在象、数、理的对应中寻求适度之美[C].全国第七届书学论讨会论文集.济南:黄河出版社,2007.

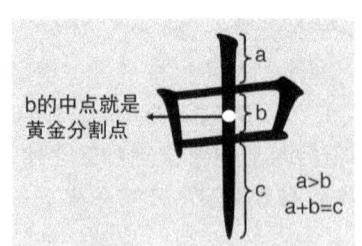

图 2-12 "中"字图例

把"三紧三松"原则和黄金分割原则结合起来以后,字的结构就好理解多了。如图 2-13 所示,我们以"大"字为例再解释一下:这个字如果写成横的左边长右边短,或者撇长捺短,就是左松右紧[见图 2-13(a)];如果写成横很长,撇捺比较短,或者撇的上半部分长,下半部分短,就是上松下紧[见图 2-13(b)];如果写成捺偏右或者偏下,就是内松外紧[见图 2-13(c)]。正确的写法如图 2-14 所示:上边窄,下边宽;左边短,右边长;三个笔画交于一点,这个交点偏左偏上,是这个字的黄金分割点。

　　　　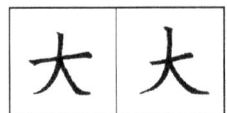　　　　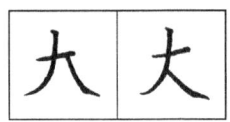

　(a) 左松右紧　　　　　　　(b) 上松下紧　　　　　　　(c) 内松外紧

图 2-13 "大"字不同松紧对比

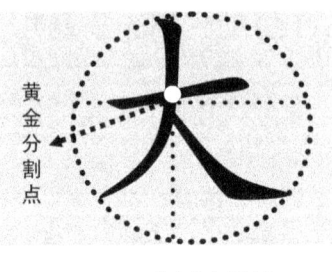

图 2-14 "大"字图例

(四)联系原则

联系原则就是笔画之间要有内在的联系,使这些笔画成为一个整体,而不是简单的笔画的堆积。

笔画之间的联系包括以下三种。

1. 前后联系

每个笔画的终点和下一个笔画的起点互相呼应。比如写"三"字,写完第一横后笔意要指向第二横的起点,写完第二横之后笔意要指向第三横的起点,这样三个笔画前后呼应,气韵连贯,组成一个有机的整体。同样道理,写"川"字时也是写完一个笔画就指向下一个笔画,使笔画之间互相联系,互相呼应。

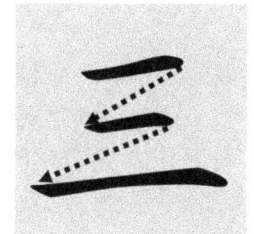 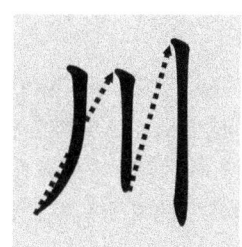

2. 首尾呼应

一般来说,字的最后一笔要和第一笔相互呼应,使前后联系,神气不散。如下面的"虫"字末笔是点,和第一笔竖的起点遥相呼应。还有"次"字,末笔捺和首笔点遥相呼应。

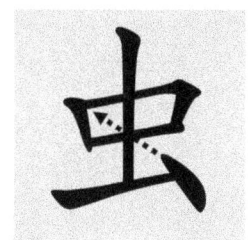 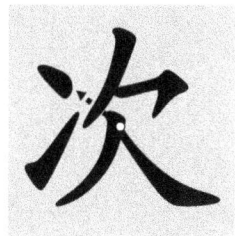

3. 中心聚拢

即笔画向字的中心聚拢,相互联系。如下面的"兴"字,三个点、两个撇都指向字的中心——横的中点。这样这六个笔画有一个共同的"家",联系紧密。再比如"米"字,在横和竖的交点画一个白点,可以看出,点、撇、捺都指向这个白点,所有笔画指向这个字的中心。

 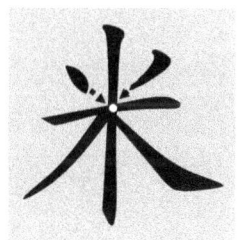

二、楷书结构教学指导

在楷书结构教学中,教师要抓住位置和比例这两个要点,引导学生一要注意笔画写在哪里,即位置;二要注意笔画的长度比例,即谁长谁短,这样学生就能够比较轻松地掌握书写要点。

(一)画辅助线法

有些书写技法用语言难以描述,有时只需要画两条辅助线,就可以做到一目了然。比如"边"字的结构要做到左紧右松,但是要达到什么程度呢?我们只需像下图这样画两条虚线,告诉学生这两条虚线角度对称就可以了。教师还可以引导学生写完这个字后自己也画画线,检验一下写得好不好,学生就学会了正确评价自己的字。

上下轮廓角度对称

(二)图形标注法

比如在讲"成"字的结构的内紧外松时,我在这个字的第一撇的末端画一个圆形,在第二撇的末端画一个正方形,在斜钩的末端画一个三角形,然后问学生:"这三个图形哪个在最高处,哪个在最低处?"学生答:"正方形在最高处,三角形在最低处。"我问:"为什么?"学生答:"因为圆形和三角形在字的外部,正方形在字的内部,按照内紧外松的结构原则,正方形处的笔画要短。"我接着问:"为什么三角形比圆形位置低?"学生答:"因为它们两个相比,圆形在左边,三角形在右边。按照左紧右松的结构原则,应该左边的笔画短,右边的笔画长。"这样画上几个图形,既便于称说,又直观生动,可以取得较好的教学效果。

(三)正误对比法

在课堂教学中,我们多数情况下是直接讲授知识和技法,但是适时使用正误对比法,引导学生从纠正错误中逐渐去除错误认识,推导出正确写法,可以调动学生参与的热情,激发思考,可能取得更好的教学效果。如在讲笔画的长度比例关系时,我举的例字是"直"。我先展示下面这个字,问学生这个字好看吗?学生回答不好看。我问哪里不好看?学生答第一横太短。

我就出示第二张图片,再问学生:这个字的第一横不短了吧?学生回答:又太长了!

我就问学生,第一横长了也不行,短了也不行,应该写多长?学生答不出来,陷入思考,期待教师给出答案。这时我再展示第三张图片,告诉学生,第一横的长度是横折的横部的1.5倍左右,这样二者的长度比例接近黄金分割比。

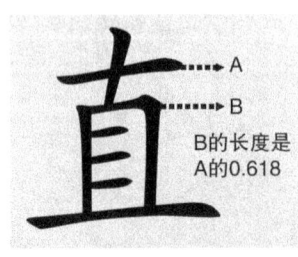

学生理解之后,我接连展示下面的几幅图片,引导学生仔细观察、理解黄金分割率在楷书结构中的运用。学生反响强烈,兴趣浓厚。

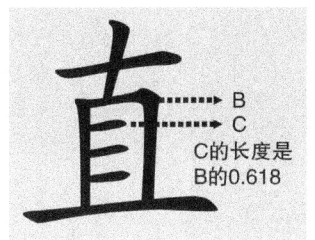  

（四）游戏法

喜欢游戏是孩子的天性,在游戏中学习是孩子们最喜欢的学习方式。教师可以设计一些和书法有关的游戏,请孩子们参加,让孩子们在轻松愉快的气氛中学到知识。比如在讲解结构的松紧时,我请两个学生上台,先让他们并排站立,相邻的手臂下垂,这样他们两个人就可以靠得比较近,我在屏幕上展示图 2-15(a),告诉大家这就是一对好朋友,他们两个人组成的字就是内紧外松的。接着让他们相邻的手臂抬高,这样他们不得不离得远一些。这时我展示图 2-15(b),告诉大家他们两个人这样就不是好朋友了,离得远了,组成的字的结构也是内松外紧的了。

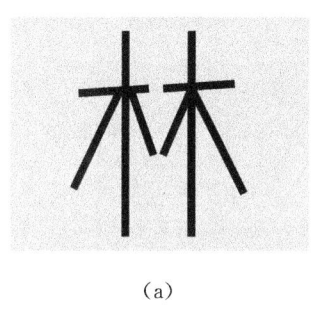 

（a） （b）

图 2-15 游戏法

（五）数学分析法

书法属于艺术,里面包含了科学成分。学习书法的过程中要学会科学方法,培养科学精神。比如下面的这个"雪"字,学生都能看出字底写得太大了,但是楷书结构原则上要求上紧下松,下边宽大有什么不对？答案是松紧不仅指笔画的长度,更深层次的是字内的空白面积的比较。下图中的字底内的面积 B 远远大于字头中的空白 A,比例失调。这样学生对于结构的理解就更深入了。

接着我再出示下面的图片,引导学生观察,正确的写法应当是 A 和 B 的面积基本相等,B 稍大于 A,即达到匀称基础上的上紧下松。

  无论笔画教学还是结构教学,最直观、最有效的方法莫过于教师示范书写。示范书写既包括在黑板上示范书写、播放事先录制的示范书写视频,还包括在学生的本子上示范书写。使用学生的笔和本示范书写,不仅能够更让学生信服,而且更加直观,效果最好。

  总之,教学是无止境的,需要教师不断探索新的教学方法,争取获得更好的教学效果。

第三章　常用字教学指导

本章选取教育部制定的《(小学)识字、写字教学基本字表》,共 300 个汉字,按照音序排列,内容包括字理分析、书写技法、规范提示和课件参考。

八 (bā)

一、字理分析

原始记数符号用一至四横画,表示数字一至四。从五开始,不再用积画的形式,而是用不同组合形式的两条线来表示。"八"的最早字形用两条线相离相背形表示,后隶变作"八"。

本义:分开。例:《说文解字·八》"别也。……象分别相背之形。"

常用义:数词,七加一的和。例:八十;八行。又表序数第八。例:八级;八等。

二、书写技法

1. 撇和捺角度对称。
2. 撇短,捺长。
3. 撇和捺的末端水平对齐。

三、规范提示

1. 撇和捺分开。
2. 捺的起点在撇的起点的右上方。

四、课件参考

沿着撇画和捺画的收笔处作一条水平辅助线,表示两个笔画的末端水平对齐。从捺画的起笔作垂线,能够帮助学生看清楚撇捺的对称关系。

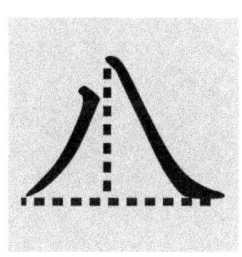

把（bǎ 或 bà）

一、字理分析

把（小篆）——把（楷书）

从手巴声。

本义：执，握持。读作"bǎ"。例：把握；把紧方向盘；把捉。

引申为：

1. 车把。例：骑车不要撒把。
2. 控制，独占。例：把持。
3. 守卫，看守。例：把门；把关；把守。
4. 紧挨，靠近。例：把边儿。
5. 固定使不开裂。例：把住裂缝。
6. 一手可以握住的或扎成小捆的东西。例：火把；草把儿。
7. 从后面托起婴儿的两腿。例：把尿。
8. 结拜为异性兄弟。例：拜把子；把兄弟。
9. 量词。例：一把米；一把刀；一把抓住。
10. 介词，表示处置。例：把教室打扫干净。
11. 柄，器物上便于握持的部分。读作"bà"。例：笤帚把儿；铁锹把儿。
12. 花、叶或果实跟茎或枝相连的部分。读作"bà"。例：花把儿；叶把儿。

二、书写技法

1. 左部窄长，右部宽扁。
2. 左右距离比较近。

三、规范提示

"巴"部第二笔是竖，不是点。

四、课件参考

1. 提画指向右部第一笔横折的起笔处，体现笔画之间的紧密联系。
2. 在字的上面、下面各画一条虚线，引导学生观察这两条虚线的角度不对称，进而看出"巴"的位置偏下。

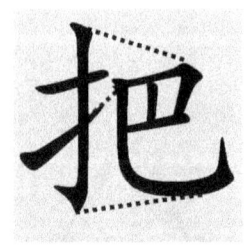

一、字理分析

从父巴声。
本义：对父亲的称呼。例：爸爸。

二、书写技法

1. 第一撇和点角度对称，长度相等。
2. 第二撇和捺角度对称，长度相近，交点偏上。
3. 第三撇与捺的交点与"巴"部竖弯钩横部的中点在一条垂线上，上下中心对正，保证了字形的稳定。
4. "巴"部的一小部分在"父"部的里边，以保证字的上下两部分联系紧密，整体内紧外松。

三、规范提示

1. "父"部的前两笔撇和点分开。
2. "巴"部的第二笔是竖。

四、课件参考

在撇画和捺画的交点处画一个白点，沿着这个点作垂线，垂线和竖弯钩的横部的中点竖直对齐，说明字形上下对正，字形重心平稳。

一、字理分析

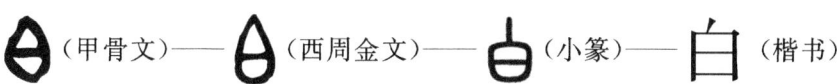

"白"字甲骨文像大拇指之形，拇指在手足指中居首位。
本义：排行第一的。后来写作"伯"。
假借为：
1. 白色。例：黑白；白纸；白墙。
2. 洁净，纯洁。例：襟怀坦白；清白。
3. 明亮。例：白昼；白日；白花花。

4. 明白,清楚。例：真相大白；不白之冤。
5. 说明,陈述。例：表白；辩白；剖白；自白。
6. 戏曲中只说不唱的台词。例：道白；独白；对白。
7. 白话。例：文白。
8. 丧事。例：红白喜事。
9. 没有外加其他的东西,空无所有的。例：白卷；白开水；白手起家。
10. 没有效果地,徒然。例：白操心；白忙活。
11. 不付出代价的,没有报偿的。例：白送；白给。
12. 用白眼珠看。例：白他一眼。
13. 象征反动。例：白区；白军。

假借为：
读音或字形错误。例：白字。

二、书写技法

1. 左右两竖角度对称。
2. 三个横距离相等。
3. 撇的起笔处对准第一横的中点。

三、规范提示

1. 撇和竖相连的地方竖出头。
2. 第四笔短横只和左侧相连,不和右侧相连。
3. 两个竖的下端出头。

四、课件参考

1. 由撇画的起笔处向下画垂线,以示撇的起点和下面两个横的中点竖直对齐。
2. 如下图画出横虚线,以示这个字的各部分之间距离匀称。

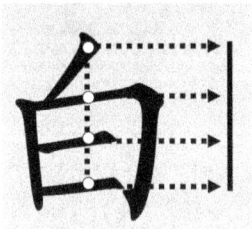

一、字理分析

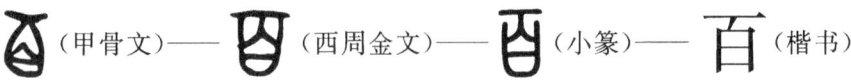

甲骨文"百"字以"白"为声符,在"白"字形上加"一",以与"白"字相区别。
本义：数词,十的十倍。例：一百；二百。

引申为:

很多。例:百草;百货;百家。

二、书写技法

1. 撇从第一横的中点起笔。
2. 左右两竖角度对称。
3. 第一横、第二横、第四横的中点竖直对齐。
4. 四个横距离相等。

三、规范提示

1. 撇和竖相连的地方竖出头。
2. 第五笔短横只和左侧相连,不和右侧相连。
3. 两个竖的下端出头。

四、课件参考

"百"字的第一笔横画要写得长而舒展,第二笔撇从横的中点起笔,从这个中点向下作垂线,分别经过下面第二横、第四横的中点,这样上下对正保证了字形的匀称和重心的稳固。

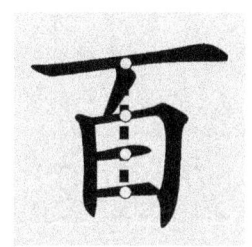

一、字理分析

班(小篆)—— 班(小篆)—— 班(楷书)

从玨从刀。

本义:用刀把玉分开。例:《尚书·舜典》"班瑞于群后"。

引申为:

1. 分,分开。例:萧萧班马鸣。
2. 过去指按行业而区分出来的人群,后来专指戏曲团体。例:戏班;徽班。
3. 为了便于学习和工作而编成的单位。例:班级;进修班;班组。
4. 工作按时间分成的段落。例:夜班;早班;晚班;三班倒。
5. 一定时间内在岗位上从事的工作。例:上班;交班;接班;值班。
6. 定时开的。例:班机;班车。
7. 军队的编制单位。例:班长;尖刀班。
8. 量词,用于人群或定时开行的交通工具。例:这班人马;头班车。

二、书写技法

1. 左边小,右边大。
2. 左右两部分宽扁,中间的部分窄长。

三、规范提示

1. 左边的末笔变为提。
2. 第五笔是垂点,不要写成撇,也不要写成右点。

四、课件参考

使用做辅助线的方法给"班"字画出轮廓,可以帮助学生观察整个字形上紧下松、左紧右松的结构特点。"班"字是左中右结构,其中中间的部件最长。

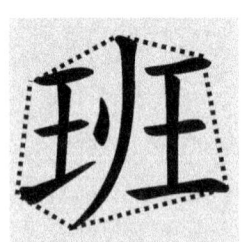

办(bàn)

一、字理分析

辦(小篆)——辦(繁体楷书)——办(简体楷书)

从力辡声。

本义:做,处理。例:办事;办公;办理。

引申为:

1. 采购,置备。例:置办;备办。
2. 处分,惩罚。例:严办;法办;惩办。
3. 经营,创建。例:办厂;办实业;兴办。
4. 办公室。例:外办;体改办。

二、书写技法

1. 撇和横折钩的竖部角度平行。
2. 两个点长度相等,角度对称,位置稍偏上。

三、规范提示

1. 左边的点不要写成撇。
2. 右边的点和横折钩不要交叉。

四、课件参考

1. 如下图左图画出三个白点,分别是撇的起点、横折钩的横部的中点、横折钩的终点,这三个白点竖直对齐,可以保证字的重心稳定。

2. 如下图右图画出横虚线,以示这个字的各部分之间距离匀称。

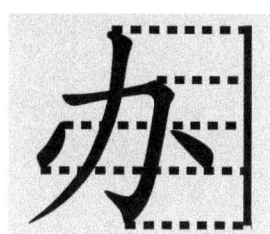

半（bàn）

一、字理分析

从八(分开义)从牛。意思是把牛从中间分开。
本义：二分之一。例：半个；半数；半斤。
引申为：

1. 在……中间。例：半道儿；半山腰；半夜。
2. 表示接近半数。例：半边天；半壁江山。
3. 不完全。例：半新；半成品；半透明。
4. 表示量很少。例：一星半点；半句话没说。

二、书写技法

1. 点和撇角度对称,点短撇长。
2. 第一横短,第二横长。
3. 两个横把竖分成三段,第二段最短,第三段最长。第一横和竖的交点是这个字的黄金分割点。

三、规范提示

竖是悬针竖。

四、课件参考

点和撇的角度是对称关系,分别沿着右下 45°和左下 45°的方向书写。

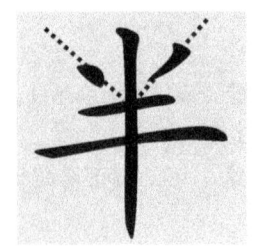

包（bāo）

一、字理分析

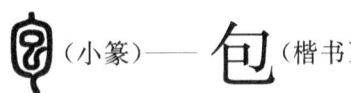

"包"字小篆字形像胎儿在胞衣之内形。

本义：胞衣。后来写作"胞"。

引申为：

1. 包裹。例：包书；包饺子。
2. 包好了的东西。例：药包；邮包。
3. 装东西的口袋。例：书包；腰包。

由引申义"装东西的口袋"引申为：

1. 物体或身体上鼓起来的疙瘩。例：鼓包。
2. 毡制的圆顶帐篷。例：蒙古包。
3. 包围，围绕。例：火苗包住锅台。
4. 容纳在里头。例：包含；包罗。

由"容纳在里头"引申为：

约定专用。例：包车；包场。

二、书写技法

1. 横折钩从撇的下半部分起笔，保证内紧外松。
2. 前三个横部距离相等，保证匀称。
3. 整体上边窄，下边宽，里边紧，外边松。

三、规范提示

字头下边的部件形体为"巳"，和"犯"字的右半部分不同。

四、课件参考

1. "包"字中的横折钩从撇画的比较低的位置处起笔，横折钩的钩部指向这个点。
2. 沿着撇画的起点和终点分别作两条垂线，会发现这两条垂线与"巳"中的"口"部的左右两竖基本对齐。

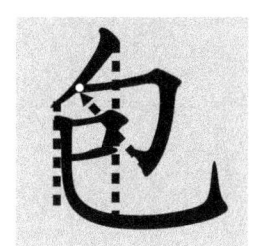

饱(bǎo)

一、字理分析

（说文古文）—— 或 （小篆）—— 饱（繁体楷书）—— 饱（简体楷书）

"饱"字小篆字形从食包声，或从食卯声。简化为"饱"。

本义：吃足。例：吃饱喝足；温饱；酒足饭饱。

引申为：

1. 满足，装满。例：大饱眼福；中饱私囊。
2. 充足，充分。例：饱经风霜；饱含；饱受；饱览。
3. （子粒）充盈。例：颗粒饱满。

二、书写技法

1. 左半部分窄，右半部分宽。
2. 左右两部分距离较近，联系紧密。
3. 整体内紧外松。

三、规范提示

"包"部下边的部件形体为"巳"，和"犯"字的右半部分不同。

四、课件参考

1. "饱"字中横钩从撇画较高的位置起笔，横折钩从撇画较低的位置起笔。
2. 横钩与撇的交点、横折钩与撇的交点、横折钩的转折点在同一条水平线上，且这三个点之间形成的两段距离是相等的。

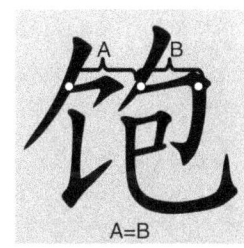

一、字理分析

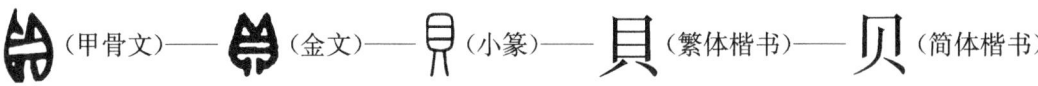 (Note: glyph evolution)

𠨗（甲骨文）—— 𠨗（金文）—— 北（小篆）—— 北（楷书）

像二人相背之形。
本义：乖戾，相背。后来写作"背"。
引申为：
败走，失败。例：败北；追奔逐北。
假借为：
1. 方位词。例：北风；北面。
2. 北部地区。例：北货；北味。

二、书写技法

1. 左边小，右边大。
2. 左右两部分距离较小，以保证字形内紧。
3. 横和提把竖分成长度相近的三段。
4. 撇和竖弯钩的连点要偏下一些，以保证字形匀称。

三、规范提示

1. 第二笔是横，不是点。
2. 第三笔是提，不是横。
3. 第四笔是撇，不是横。

四、课件参考

1. 用虚线将左右两部分的最高点相连，说明右部竖弯钩的起笔比左边竖的起笔高。
2. 如下图右图画出两个箭头，以示提和撇相互呼应。

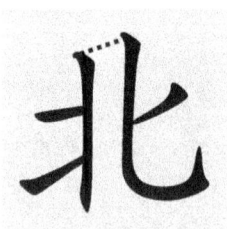 

贝（bèi）

一、字理分析

（甲骨文）——（金文）—— 贝（小篆）—— 貝（繁体楷书）—— 贝（简体楷书）

甲骨文像贝壳之形。简化为"贝"。
本义：蚌蛤等有介壳的软体动物的统称。例：贝壳；扇贝。
引申为：
货币。例：废贝行钱。

二、书写技法

1. 竖和横折组成长方形。
2. 撇从中间起笔，先竖后弯。
3. 点和撇角度对称，末端水平对齐。

三、规范提示

1. 末笔是点，不是捺。
2. 点和撇要分开写，不要连在一起。

四、课件参考

撇的起笔对正横折中横的中点，撇和点的末端在同一条水平线上。

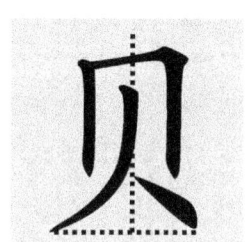

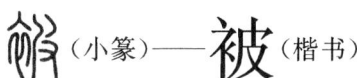

一、字理分析

从衣皮声。
本义：被子。例：盖被；棉被；薄被；毛巾被。
引申为：
1. 覆盖。例：被覆。
2. 遭受。例：被屈含冤。
3. 介词或助词，用于被动句。例：被打；被人误解。

二、书写技法

1. 左半部分朝左的笔画舒展，朝右的笔画紧缩。右半部分朝左的笔画紧缩，朝右的笔画舒展。
2. 左半部分窄，右半部分宽。
3. 左右两部分距离较近。

三、规范提示

左边是衣字旁,不是示字旁。

四、课件参考

衣字旁的第一点和横折撇的转折点上下对正,这样可以使这个偏旁和字的右半部分联系紧密。

本(běn)

一、字理分析

(西周金文)——(小篆)——本(楷书)

金文和小篆"本"字字形在树木的根部做标志。

本义:草木的根。例:木本;草本。

引申为:

1. 事物的根本,根源。例:忘本;根本。
2. 原来。例:本色;本意。
3. 本钱,本金。例:下本儿;赔本儿。
4. 主要的,中心的。例:本部;大本营。
5. 版本,本子。例:抄本;刻本;稿本;账本;书本。

二、书写技法

1. 横和竖角度垂直。
2. 撇和捺角度对称,末端水平对齐。

三、规范提示

1. 末笔横不和撇、捺相连。
2. 竖画为垂露竖。

四、课件参考

竖画与两个横画的交点分别是两个横画的中点,两个横画将竖分成三段,其中中间的一段长,上、下两段短,上、下两段长度相等。

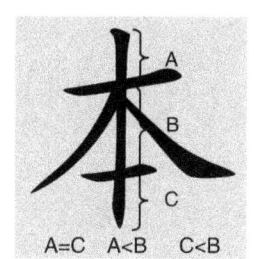

比（bǐ）

一、字理分析

像二人比并之形。

本义：并列。例：比肩；鳞次栉比。

引申为：

1. 紧靠，挨着。例：比邻；比翼。
2. 比较，比赛。例：相比；比分。
3. 仿照。例：比着画。
4. 依附，勾结。例：朋比为奸。

二、书写技法

1. 横和竖提的连点是竖提的竖部的中点。
2. 撇和竖弯钩的连点是竖弯钩的竖部的中点。
3. 左半部分小，右半部分大。左右两部分距离较近。

三、规范提示

1. 第一笔是横，不是撇。
2. 第二笔是竖提，不是竖弯钩。
3. 第三笔是撇，不是横。
4. 撇不能出头。

四、课件参考

1. 如下图所示，连接左右两部分的最高点，帮助学生看清右部的起笔比左部高。
2. 横与竖提的连点、撇与竖弯钩的连点水平对齐。

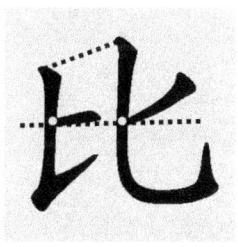

边（biān）

一、字理分析

㠯（金文）—— 邊（小篆）—— 邊（繁体楷书）—— 边（简体楷书）

从辵臱声。

本义：旁，畔。例：池塘边；路边。

引申为：

1. 边缘。例：镶边儿；花边。

2. 边界，边境。例：边疆；边防；戍边。

3. 界限。例：边际；一望无边。

4. 方面。例：双边会谈。

5. 几何图形上夹成角的射线或围成多边形的线段。例：两条直角边儿。

假借为：

副词，表示两个动作同时进行。例：边说边干；边唱边跳。

二、书写技法

1. "力"部较小。

2. 走之宽大。

3. "力"部高于走之。

三、规范提示

1. 走之由点、横折弯撇、捺三笔组成。

2. 走之的横折弯撇和捺相连，捺出头。

3. 正确的笔顺是先写"力"，后写走之底。

四、课件参考

画出下图，以示"边"字的上下轮廓角度对称，左紧右松，上紧下松。

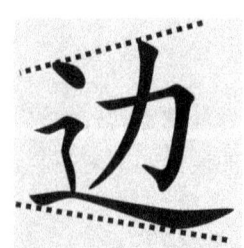

别（bié 或 biè）

一、字理分析

别—别
弼—别

"别"有两个来源，即"别"和"弼"，为了区别，分别称之为"别₁""别₂"。

"别₁"以刀为部首。

"别₂"从弓敝声。后简化为"别"。

"别₁"本义：分开，分离。读作"bié"。例：久别；离别；告别。

引申为：

1. 区分，分辨。例：辨别；区别；识别。

2. 差异，不同处。例：天壤之别；内外有别。

3. 按照不同特点区分出的类。例：性别；类别；派别。

4. 指代另外的。例：别人；别处。

5. 不同寻常的。例：特别；别致。

6. 读错或写错成另外的字。例：别字。

假借为：

1. 用针等把东西附着或固定。例：别着胸针；别起来。

2. 插着，卡住。例：别上门闩。

3. 横插过去把对方绊倒或使不能前进。例：把他别了个跟头。

4. 表示禁止或劝阻。例：别说了；别走了。

"别₂"本义：弓末反曲处。读作"biè"。这个意义已不使用。

引申为：

执拗，不顺。例：别扭；别气。

二、书写技法

1. 左半部分宽，但是稍短。右半部分窄，但是稍长。

2. 竖向笔画之间距离基本相等，可以保证字形匀称。

三、规范提示

1. "另"部的下半部分不要写成"刀"。

2. 立刀旁的短竖不要写成点。

四、课件参考

如下图在字的上边和下边画出轮廓线，这两条线角度对称。

不（bù）

一、字理分析

"不"字甲骨文字形像草木根之形。

本义：草木之根。后来写作"柎"。

主要被借用作否定性副词。例：不好；不屈，不赖。

二、书写技法

1. 撇从横的中点偏右的位置起笔。
2. 竖对准横的中点。
3. 点和撇角度对称，末端水平对齐。
4. 撇和竖的交点是这个字高度的黄金分割点。
5. 点既对着撇和竖的交点，又对着横的起点，三点一线，首尾呼应。

三、规范提示

1. 竖不和横相连。
2. 点不能写成捺。
3. 竖是垂露竖。

四、课件参考

"不"字中的撇画和竖画的交点是整个字高度的黄金分割点。

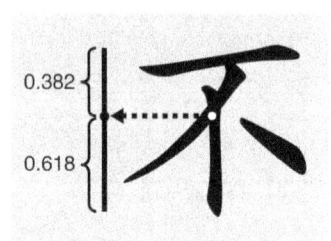

才（cái）

一、字理分析

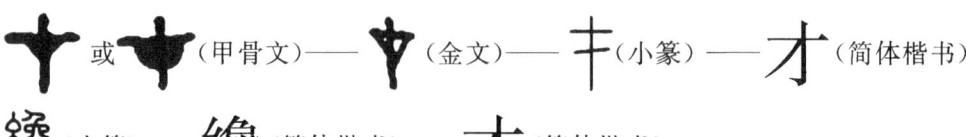

"才"有两个来源，即"才"和"纔"，为了区别，分别称之为"才₁""才₂"。

"才₁"甲骨文像草木刚刚钻出土地之形。

"才₂"从糸毚声。后简化为"才"。

"才₁"本义：刚刚，方才。例：刚才。

"才₂"本义：微黑色。这个意义已不使用。

"才₁""才₂"都可以引申为：

1. 表示事情发生或进行得晚。例：你怎么才来？
2. 表示数量、程度，相当于"仅"。例：才来两个人；屋里才一个人。
3. 表示只有在某种条件下然后怎样（前面常常用"只有""必须"之类词语）。例：只有社会主义，才能救中国。

"才₁"还可假借为：

1. 才智，才性。例：不才；天才。
2. 才能。例：德才兼备；多才多艺。
3. 有才能的人。例：将才；奇才。

二、书写技法

1. 横和竖钩的交点偏右上，因为这个字的左下侧有钩和撇，所以要多占空间，才能保证字内的空白分割均匀。
2. 横和竖的角度垂直。
3. 撇和钩的角度对称。

三、规范提示

竖钩不要少写钩部。

四、课件参考

1. 如下图左图所示，图形 A、B、C、D 的面积接近，字形匀称。
2. 如下图右图所示，正方形比圆形偏左，可以使字形上紧下松；三角形比正方形偏下，可以使字形左紧右松。

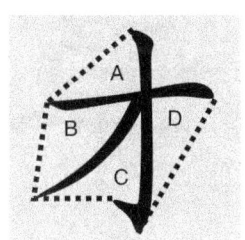 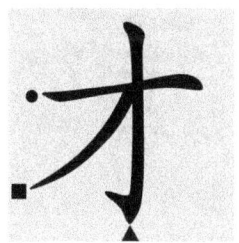

一、字理分析

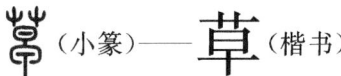

从艸早声。

本义：草本植物的总称。例：草木；野草；割草。
引申为：
1. 指用作燃料、饲料等的稻、麦之类的茎和叶。例：稻草；草帽；草绳。
2. 指山野、民间。例：草寇；草野。
3. 雌性的。例：草驴；草鸡。
假借为：
1. 草率。例：潦草。
2. 字体的名称。例：草书；狂草；章草。
3. 初步的,非正式的。例：草案；草稿。
4. 起草。例：草拟。

二、书写技法

1. 五个横之间距离基本相等,中间的横短,下边的横最长,这就是内紧外松、上紧下松。
2. 草字头的两个竖角度对称,左短右长。
3. "日"部的两个竖角度对称。
4. 末笔竖的下半部分长。

三、规范提示

1. "日"部的短横只和左侧的竖相连。
2. 最后一笔是悬针竖。

四、课件参考

1. 如下图左图所示,用白色圆点标出第一横、第二横、第四横、第五横的中点,它们竖直对正,这样字形的重心是平稳的。
2. 如下图右图所示,草字头的竖是内短外长,"草"字末笔竖也是内短外长,体现内紧外松的结构原则。

 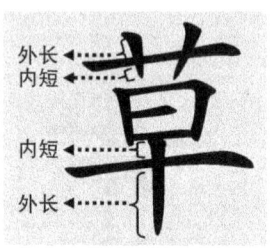

一、字理分析

𠕒（甲骨文）——𠕒（西周金文）——𠕒说文古文——𠕒（小篆）——册（楷书）

甲骨文像简册之形,其中竖直的线条像一片片竹简,中间横向线条为编绳之形。
本义：简册。例：《尚书·多士》"惟殷先人,有典有册"。

引申为：
1. 簿籍。例：画册；名册；纪念册。
2. 皇帝册封的命令。例：册封；册立。
3. 用于书籍的量词。例：第一册。

二、书写技法

1. 四个竖向笔画之间的距离基本相等，左右的笔画长，中间的笔画短。
2. 长横的五段中第一段、第五段稍长，即外松；中间的三段稍短，即内紧。
3. 长横在字的中间偏上的位置，即黄金分割点。

三、规范提示

1. 这个字是独体字，不是左右结构。
2. 注意笔顺，横画是最后一笔。

四、课件参考

如下图所示，用白色圆点标示出横画与四个竖向笔画之间的四个交点，横画被四个竖向笔画分成的五段中，左、右两段相等，长度稍长；中间三段相等，长度稍短，体现内紧外松的结构特点。

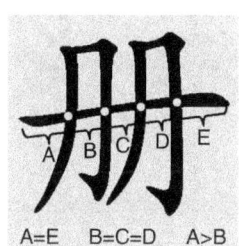

长（cháng 或 zhǎng）

一、字理分析

（甲骨文）——（金文）——（小篆）——（繁体楷书）——（简体楷书）

"长"字甲骨文像人长发之形。
本义：空间、时间距离大。读作"cháng"。例：长短；长久。
引申为：
1. 长度。例：全长。
2. 长处。例：特长；取长补短。
3. 做得特别好。例：长于写作。
由本义"空间、时间距离大"，还可引申为：
1. 生长，成长。读作"zhǎng"。例：长大。
2. 增进，增加。例：长见识。

二、书写技法

1. 横和竖提的竖部角度垂直，撇和捺角度对称。

2. 横和竖提的交点偏左上。
3. 整体上边小,下边大,左边紧,右边松。

三、规范提示

1. 笔顺是撇→横→竖提→捺。
2. 这个字一共四笔,竖提不要断为两笔。

四、课件参考

以图片展示"长"字的甲骨文、小篆、隶书、繁体楷书、行楷、行草、草书和简体楷书字形,让学生了解简化字的来历和笔顺。

厂（chǎng）

一、字理分析

从广敞声。后来简化为"厂"。
本义：没有墙壁的简易房屋。
引申为：
1. 有宽敞地面,有棚式简易房屋,可以存货并进行贸易的场所。例：木厂;煤厂。
2. 工厂。例：钢厂;厂家;建厂。

二、书写技法

1. 横要右边高。
2. 撇先竖后弯。
3. 横短撇长。

三、规范提示

1. 横不要写成撇。
2. 横和撇相连,撇出头。

四、课件参考

横与撇的交点处是撇画出头。

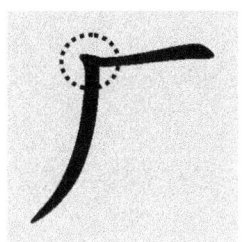

吵(chǎo 或 chāo)

一、字理分析

从口少声。
本义:声音杂乱扰人,喧闹。读作"chǎo"。例:这里太吵了;吵得人心烦。
引申为:
打嘴仗,口角。例:吵架;吵嘴。
注意:"吵吵"读作"chāo chao"。例:别吵吵了;瞎吵吵。

二、书写技法

1. "口"部形体小,位置偏上。
2. "少"部的左点短,位置低,离竖近,右点长,位置高,离竖远。
3. 左右两部分距离较近。

三、规范提示

1. "少"部的竖不能写成竖钩。
2. "少"部的右点和撇的相互位置要准确。
3. "少"中两个点的角度是左点稍垂、右点稍平。

四、课件参考

"少"中的两个点画在斜向的两条平行线之间,与斜向的撇画之间达成一种和谐。

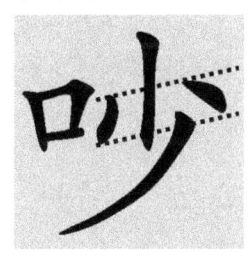

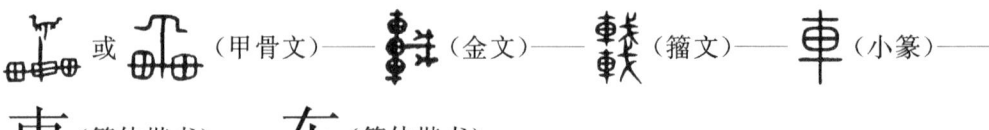

一、字理分析

"车"字甲骨文像古代车之形。

本义：陆地上使用的有轮子的交通运输工具。例：自行车；货车；车辆。

引申为：

1. 利用轮轴转动来工作的器械。例：纺车；水车；车床。
2. 用水车汲水。例：车水。
3. 用车床切削物件。例：车一个螺丝；车个零件。
4. 泛指机器。例：车间；试车。
5. 转动。例：车过身。

注意：象棋中的棋子"车"读作"jū"。

二、书写技法

1. 撇折的起点、三个横的中点和竖竖直对齐。
2. 三个横中第二个最短，第三个最长。
3. 竖的第三部分最长。

三、规范提示

1. 第二笔是撇折，不是撇提。
2. 竖为悬针竖。

四、课件参考

用白色圆点标示出撇折的起点、第一横的中点、竖与撇折和横的两个交点，这四个点竖直对齐，且它们之间的距离是相等的。

成（chéng）

一、字理分析

甲骨文 —— 西周金文 —— 小篆 —— 成（楷书）

《说文解字》将小篆"成"字说解为"就也。从戊丁声"。

本义：完成，实现。例：大功告成。

引申为：

1. 成全。例：成人之美；玉成。
2. 成为，变为。例：百炼成钢。
3. 成果，成就。例：坐享其成；一事无成。
4. 达到一个单位。例：成千成万；成批。
5. 生物生长到定形、成熟的阶段。例：成人；成虫。
6. 已定的，定形的，现成的。例：成规；成见。

假借为：

量词，表示"十分之一"。例：一成；三成。

二、书写技法

1. 第一撇和斜钩角度对称。
2. 第一撇和横折钩的竖部角度平行。
3. 第二撇和点角度对称。
4. 斜钩被分成长度相等的三段。
5. 整体上窄下宽，左短右长，内紧外松。

三、规范提示

1. 第一笔是横，不是撇。
2. 第一笔和第二笔相连，第二笔出头。

四、课件参考

1. 如下图左图从斜钩的起点向下画一条垂线，和第二撇的终点竖直对齐。
2. 如下图右图画出圆形、正方形和三角形，引导学生进行观察，处于中间的笔画短，处于外边的笔画长，即为结构的内紧外松；三角形比圆形偏下，即右边的笔画比左边的笔画长，即为左紧右松。

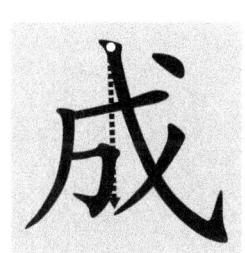
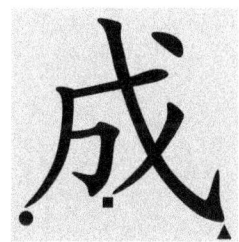

吃（chī）

一、字理分析

吃（小篆）——吃（楷书）

喫（小篆）——喫（繁体楷书）——吃（简体楷书）

"吃"有两个来源，即"吃""喫"。为了区别，分别称为"吃₁""吃₂"。

"吃₁"从口气声。简化为"吃"。

"吃₂"从口契声。简化为"吃"。

"吃₁"本义：说话结结巴巴不流利。例：口吃。

"吃₂"本义：咀嚼后吞咽下去。例：吃饭；吃素；吃奶。

引申为：

1. 吸入。例：吃水性强；吃墨性差。
2. 消灭。例：吃掉敌人一个团；吃了对方三个子儿。
3. 耗费。例：吃力；吃劲儿。
4. 承受，接受。例：吃官司；吃不消；吃紧。
5. 一个物体进入另一个物体。例：吃水很深。
6. 倚靠……生活。例：吃老本；吃劳保。
7. 领会，理解。例：吃透教材；吃不准。

二、书写技法

1. "口"部形体小，位置偏上。
2. "乞"部朝左的笔画缩紧，朝右的笔画舒展。
3. 左右两部分距离较近。

三、规范提示

"乞"部的横折弯钩和"几"字的横折弯钩不同。

四、课件参考

"乞"字中短横的中点、横折弯钩的第一个转折处、横折弯钩底部的中点竖直对齐，重心平稳。

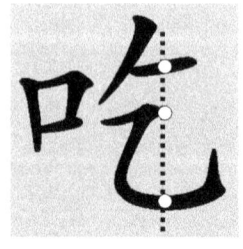

一、字理分析

尺（小篆）——尺（楷书）

《说文解字》把小篆"尺"说解为"十寸也。人手却十分动脉为寸口。十寸为尺。尺，所以指尺规矩事也。从尸从乙。乙，所识也。周制，寸、尺、咫、寻、常、仞诸度量，皆以人之体为法"。

本义：长度单位，十寸。例：一尺二寸。

引申为：

1. 尺子。例：皮尺；卡尺；计算尺。
2. 像尺一样的条状物。例：戒尺；镇尺。
3. 指某些画图的器具。例：曲尺；丁字尺；放大尺。
4. 中医指尺中脉。例：寸关尺。
5. 比喻法度或标准。例：尺度。

二、书写技法

1. 两个横角度平行，下边的短，为的是内紧外松。
2. 撇的后半部分和捺角度对称。
3. 捺的末端比撇的末端稍偏下，为的是左紧右松。

三、规范提示

撇的上边出头。

四、课件参考

1. "尺"字的撇、捺末端在一条水平线上。横折与撇、横的相交处分别是撇出头和横出头。
2. 远古时代"布指知寸，布手知尺"。在商代，一尺合今16.95厘米。按这一尺度，成年男子高约一丈左右，故称"丈夫"。

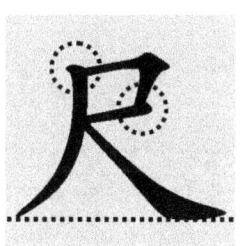

虫（chóng）

一、字理分析

（小篆）——蟲（繁体楷书）——虫（简体楷书）

从三虫。

本义:对一切动物的统称。例:昆虫;裸虫;羽虫。

引申为:

昆虫。例:虫害;虫子。

二、书写技法

1. 左右两竖角度对称。
2. 中间的竖被分为三段,第二段短。第二段的中点即这个字高度的黄金分割点。
3. 字形整体上窄下宽。

三、规范提示

倒数第二笔是提,不是横。

四、课件参考

1. 如下图左图从点的起笔处向第一笔竖的起笔处画一个箭头,以示首尾呼应。
2. 如下图右图在中间的竖的第二段的中点画一个圆点,以示这里是这个字高度的中点。

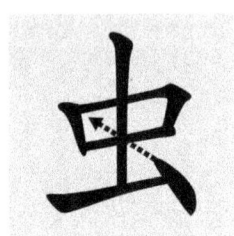 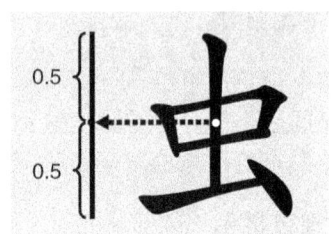

出(chū)

一、字理分析

"出"字甲骨文像足从象征居所的坎穴中走出之形。变异为"出"。

本义:从里面到外面。例:出来;出去;出门。

引申为:

1. 超出。例:出轨;出界。
2. 往外拿。例:出钱;出题。
3. 出产,产生。例:出煤。
4. 发生。例:出事。
5. 出版。例:出书。
6. 发出,发泄。例:出汗;出芽。

二、书写技法

1. 左右、上下基本对称。

2. 右侧稍大。

三、规范提示

1. 中间一竖贯通，不要写成两个"山"。
2. 右侧的竖下边出头。
3. 注意正确书写"出"的笔顺：竖折→短竖→竖→竖折→短竖。

四、课件参考

播放教师示范书写视频，帮助学生记住笔顺和字形。

一、字理分析

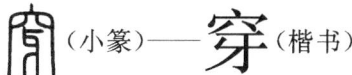

从牙在穴中。
本义：穿透，使破成孔洞。例：滴水穿石；穿孔；穿刺。
引申为：
1. 通过。例：穿大街走小巷；穿针引线。
2. 把物体串联起来。例：贯穿；穿珠子。
3. 把衣服、鞋袜等套在身上。例：穿鞋；穿袜子；穿衣服。
4. 衣服鞋袜等。例：有吃有穿；穿戴。
5. 用于某些动词后，表示彻底显露。例：看穿；说穿；拆穿。

二、书写技法

1. 穴字头宽扁，"牙"部窄长。
2. 上下两部分距离较近。

三、规范提示

1. 第二笔是垂点，不是撇。
2. "牙"部的竖折不和第一横相连。

四、课件参考

在第一点的起点和竖钩的终点各画一个白点，再画一条线，以示二者竖直对齐。

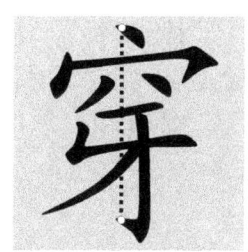

船（chuán）

一、字理分析

从舟，铅省声。
本义：水上主要交通运输工具的总称。例：帆船；轮船；小船。

二、书写技法

1. 左半部分比较窄长，右半部分稍微宽扁。
2. 左右两部分距离较近。

三、规范提示

1. "舟"部中间的横缩短，右边不出头。
2. 右半部分的第二笔是横折弯，既不是横折折，也不是横折弯钩。

四、课件参考

1. 在"舟"部的右边画一个虚线圆圈，并自定义放映方式为"飞入"，以引导学生观察"舟"作左偏旁后中横右边不再出头，这是为了结构的内紧外松。
2. 画出虚线并标上 A、B、C，引导学生观察，三角形 A、三角形 B 和梯形 C 的面积接近，就是匀称；梯形 C 的面积大于三角形 A、三角形 B，就是左紧右松。

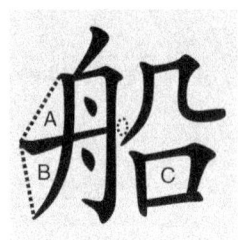

窗（chuāng）

一、字理分析

"窗"字说文古文和小篆字形像天窗之形。后增加表义构件"穴"作"窗"。
本义：天窗，泛指房屋、车船上通气透光的装置。例：窗明几净；玻璃窗；窗台。

二、书写技法

1. 上半部分宽扁，下半部分窄长。
2. 上下对正，距离较近。

三、规范提示

"囱"部里边不是"夕"。

四、课件参考

如下图画出六个白点,再画一条虚线,以示这些白点竖直对齐,可以保证字形稳定。

床（chuáng）

一、字理分析

牀（小篆）——牀（楷书）——床（楷书）

从木爿声。后重造"床"字。

本义：供人坐卧的家具。例：一张床；折叠床；床位。

引申为：

1. 像床一样起承托作用的东西。例：车床；机床；牙床。
2. 起承托作用的地貌或地面。例：河床；矿床；温床。
3. 量词,用于被褥等。例：一床被子。

二、书写技法

1. 广字头比较窄长。
2. "木"部的右边、下边要伸展到广字头的外边,使字形舒展。

三、规范提示

"木"部的竖没有钩。

四、课件参考

在字的左右各画一条虚线,以示字形左右轮廓角度对称,这是字形稳定的表现。

一、字理分析

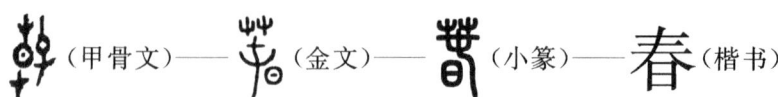

"春"字甲骨文从艸从日,表示草木萌发,阳光明媚;屯声。
本义:春天。例:春光;春景;春色;春风;春游。
引申为:
1. 男女情欲。例:怀春;春心。
2. 生机。例:妙手回春。

二、书写技法

1. 撇的起点和前三横中点竖直对齐。
2. 前三横距离相等,第二横最短,第三横最长。
3. 撇和捺角度对称。
4. "日"部一半在字头里边,一半在外边,上下两部分联系紧密而舒展。

三、规范提示

1. 捺只和第三横相连。
2. "日"部的中横只和左侧相连。

四、课件参考

1. 如下图左图在撇的起点和五个横的中点各画一个白点,这六个白点竖直对齐,可以使字重心稳定。
2. 如下图右图从撇和捺的末端画一条水平线,以示撇和捺的末端水平对齐,同时引导学生观察,这条线穿过"日"部的中间,以示上下两部分的相互位置。

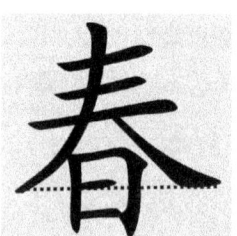

一、字理分析

从欠从二,二亦声。因语音的演变,"二"已丧失表音功能。

本义:按顺序排列,处在前项之后。例:民为贵;社稷次之。

引申为:

1. 排在第二的。例:次年;次日;次子。
2. 质量较差的,等级较低的。例:次品;次等;次要。
3. 顺序。例:依次入场;名次;车次;座次。
4. 量词,用于需要按顺序计量的动作或事物。例:初次;三次。

假借为:

1. 旅途中暂时停留的地方。例:旅次;舟次。
2. 中间。例:胸次。

二、书写技法

1. 两点水形体短小,在字中的位置稍偏上。
2. "欠"部的两个撇的起点竖直对齐。
3. "欠"部上小下大,上紧下松。
4. 左右两部分距离较近,笔画相互呼应。

三、规范提示

"人"部撇出头。

四、课件参考

1. 在左半部分的末笔提和右半部分的第一笔撇之间画一个箭头,以示左右两部分之间的联系。
2. 在捺和点之间画一个箭头,以示首尾呼应。
3. 在字的外部画一个圆圈,在撇和捺的连点画一个圆点,可以清晰地看出这个点在圆圈的位置偏左偏上,从这个圆点画横竖线,可以更加清晰地看出这个位置是字的黄金分割点。

  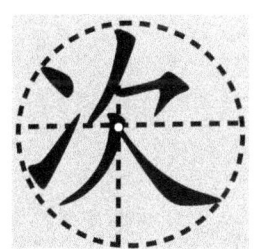

从(cóng)

一、字理分析

竹 或 𠂉(甲骨文)——𠈗(金文)——𫝀 或 从(小篆)——从(楷书)——从(简化字)

像二人相随之形

本义：跟随，随行。例：跟从。

引申为：

1. 顺从，听从。例：服从；胁从。
2. 从事，参加。例：从艺；从军。
3. 跟随的人。例：随从；侍从。
4. 从属的，次要的。例：主从；从犯。
5. 堂房（亲属）。例：从兄；从叔。
6. 介词，意义相当于"起于"。例：从北京到上海。

二、书写技法

1. 左半部分小，右半部分大。左右两部分距离很近。
2. 点的起笔位置偏下，捺的起笔位置偏上。

三、规范提示

第二笔是点，不是捺。

四、课件参考

从第二撇和捺的连点画一个圆圈，在"从"字右边画一条和"从"字一样高的竖线，把圆圈和竖线用箭头连起来，以示撇和捺的连点正处在这个字的高度的黄金分割点。

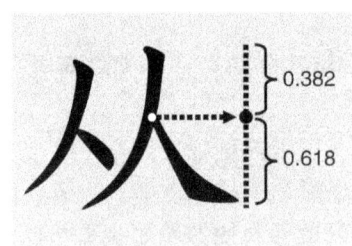

打（dǎ）

一、字理分析

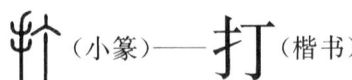

从手丁声。

本义：击。例：击鼓；敲击；鸡飞蛋打；打仗；风吹浪打；雨打芭蕉。

引申为：

1. 表示某些动作，代替许多有具体意义的动词。例：打鱼；打草；打家具；打井；打伞；打坐；打票；打麻将；打篮球；打草稿；打报告；打胎；打电话；打气；打比方；打主意；打官司；打喷嚏。
2. 与某些动词或形容词结合，构成复合词。例：打扫；打捞；打算；打败；打通；打滑。

假借为：

1. 介词，引进动作行为起始的地点、时间和范围。例：他打北京来。
2. 介词，引进动作行为经过的路线、场所。例：打小路走。

3. 介词,引进事物产生的根源。例：醋打哪酸。

二、书写技法

1. 因为左半部分笔画多,右半部分笔画少,所以左半部分长,右半部分短,这样才能达到字内空白分割均匀。
2. 提手旁的横和提都是左边长,右边短,内紧外松。
3. "丁"部的横和提手旁的横水平对齐。

三、规范提示

提手旁的第三笔是提,不是横。

四、课件参考

如下图所示,提手旁被横画和提画分成三段,其中,C＞A＞B。从横画与提画左右端点的连接线也可以看出内紧外松的结构规律。

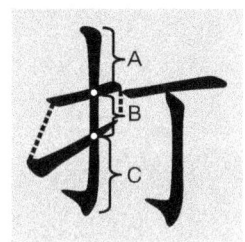

大（dà）

一、字理分析

"大"字甲骨文像人正立而叉开两腿伸张两臂之形。
本义：在体积、力量等方面超过一般或超过所比较的对象。例：声音大；大风。
引申为：
1. 大小的程度。例：多大。
2. 副词,表示程度深。例：大红；大吃一惊。
3. 排行第一。例：老大；大哥。

二、书写技法

1. 横的长度适中。
2. 撇的上半部分和横角度垂直,下半部分和捺角度对称。
3. 三个笔画的连点偏左偏上,是整个字的黄金分割点。

三、规范提示

三个笔画连在一起。

四、课件参考

在字的外部画一个大圆圈,在横、撇、捺的连点画一个圆点,可以清晰地看出这个点在圆圈的位置偏左偏上,从这个圆点画横竖线,可以更加清晰地看出这个位置是字的黄金分割点。

一、字理分析

但(小篆)——但(楷书)

从人旦声。

本义:脱衣露出上身。后来写作"袒"。

假借为:

1. 副词,表示对动作行为范围的限制,相当于"只""仅"。例:但愿;但求无过。
2. 连词,连接两个分句,表示转折关系,相当于"可是""不过"。例:但是。

二、书写技法

1. 左半部分窄长,右半部分宽扁。
2. 左右两部分距离较近。

三、规范提示

单人旁的竖是垂露竖。

四、课件参考

学生在分析这个字的结构时可能会问,楷书结构要求左紧右松,但是这个字为什么左边长,右边短呢?为了回答这个问题,我们可以把单人旁的撇的末端和竖的末端用虚线连起来,得到三角形 A,把"旦"部的下部空白用虚线连起来,得到梯形 B。通过比较,我们能够看出,B 的面积比 A 大,这就是左紧右松了。所以,松紧不是简单的长短或者宽窄,而是字内的空白面积的比较。

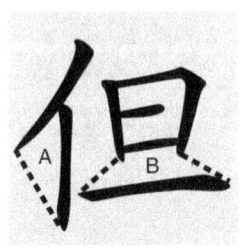

当（dāng 或 dàng）

一、字理分析

🗚（鄂君启节）——🗚（小篆）——當（繁体楷书）——当（简体楷书）

"当"字鄂君启节从土尚声，小篆字形从田尚声。简化为"当"。

本义：相称。读作"dāng"。例：相当；门当户对。

引申为：

1. 对着，向着。例：当面。
2. 正在。例：当场；当今。
3. 应当。例：该当；理当如此。
4. 担任，充当。例：当干部；当校长。
5. 承当，承受。例：敢作敢当；当之无愧。
6. 掌管，主持。例：当家；当权；当政。
7. 阻挡，抵挡。例：螳臂当车；锐不可当。

假借为：

顶端。例：瓦当。

假借为：

1. 合宜，合适。例：恰当；适当；得当。
2. 抵得上。例：一人能当两人用。
3. 作为，当作。例：安步当车。
4. 以为，认为。例：当真。
5. 事情发生的时间。例：当时；当天；当年。
6. 用实物作抵押向当铺借钱。读作"dàng"。例：典当。
7. 押在当铺的实物。读作"dàng"。例：赎当；当当。

二、书写技法

1. 点和撇角度对称，点短撇长，都指向竖的末端。
2. 横折的横部的中点和竖相连。
3. 三个横距离相等，中间的最短。

三、规范提示

1. 字头不是"小"。
2. 末笔横的右边出头。
3. 第二横不与横折的竖部相连。

四、课件参考

顺着点和撇的角度画箭头，两个箭头都指向竖的末端（也是横折的横部的中点），以示笔画之间的联系。

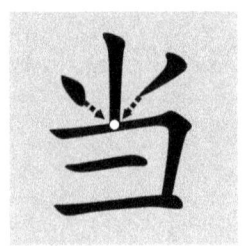

一、字理分析

"刀"字甲骨文像刀形。
本义：用于切、割、砍、削的器具总名。例：大刀；刀剑；刀光。

二、书写技法

1. 横折钩的横部短，竖部长而且倾斜。
2. 撇从横折钩的横部的中点起笔，和横折钩的竖部角度平行。横折钩的钩和撇角度对称而且垂直。
3. 整体稍上窄下宽，左短右长。

三、规范提示

撇要和横折钩的横部相连。

四、课件参考

如下图画出圆形、三角形和正方形，引导学生观察，三角形比圆形偏左，可以使字形上紧下松；正方形比三角形偏下，可以使字形左紧右松。

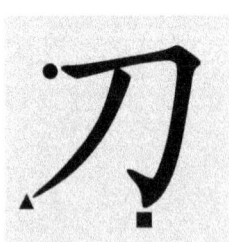

一、字理分析

"到"字金文从至从人。"到"字的小篆字形,"人"构件演变为"刀",成为从至刀声的形声字。

本义:抵达,到达。例:到家;初来乍到。

引申为:

1. 周全,周密。例:周到。
2. 去,往。例:到学校上课;到姥姥家过节。
3. 用在动词后作补语,表示动作达到目的或有了结果。例:想到;看到;收到。

二、书写技法

1. 左半部分宽扁,右半部分窄长。
2. 左右两部分距离较近。
3. 竖钩的末端指向第一横的起点,首尾呼应。

三、规范提示

"至"部的末笔变为提。

四、课件参考

1. 如下图画出两个白点,以示"至"部的撇折与竖的连点,和立刀旁的短竖的中点水平对齐,是字的纵向的黄金分割点。
2. 从竖钩的末端向第一横的起点画一个箭头,以示首尾呼应,前后联系。

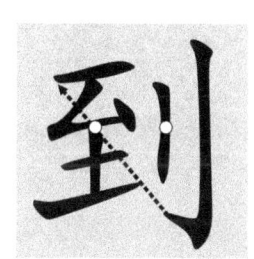

一、字理分析

从辶从首。

本义:道路。例:道路;大道;铁道;人行道。

引申为:

1. 水流通行的途径。例:河道;下水道。
2. 方向,方法,道理。例:志同道合;头头是道;心中有道。
3. 道德。例:道义;得道多助,失道寡助。
4. 技艺,技术。例:医道;茶道;花道;书道。
5. 学术或宗教的思想体系。例:尊师重道;传道;卫道。
6. 道教的。例:道士;道姑;老道。

7. 线条,细长的痕迹。例:笔道;横道儿。
8. 量词,用于江、河和某些长条形的东西。例:一道擦痕;万道霞光。

二、书写技法

1. "首"部高于走之。
2. 字的上部轮廓和下部轮廓角度对称。

三、规范提示

1. "首"部的两个短横只和左侧的竖相连。
2. 走之的横折折撇和捺相连,捺出头。
3. 正确的笔顺是先写"首",后写走之底。

四、课件参考

1. 在撇的起点画一个白点,在末笔捺的最粗的地方画一个白点,引导学生观察,这两个白点竖直对齐。
2. 在字的上沿、下沿各画一条虚线,两条虚线角度对称。
3. 在字的左右两侧各画一条虚线,两条虚线角度对称。

的(dì 或 dí 或 de)

一、字理分析

从白勺声。
本义:明,鲜明。读作"dì"。宋玉《神女赋》:"朱唇的其若丹"。
引申为:
箭靶的中心。例:众矢之的;有的放矢;目的。
假借为:
1. 确实,实在。读作"dí"。例:的确;的证。
2. 助词。读作"de"。例:你的;大的。

二、书写技法

1. 左半部分小,右半部分大。左右两部分距离较近。
2. 两个撇角度平行。
3. 左侧的竖和右侧的横折钩的竖部角度对称。
4. 四个横角度平行。
5. 点和钩角度平行,和撇角度对称。

三、规范提示

1. "白"部的撇不出头,"勺"部的撇出头。
2. "白"部的短横只和左侧的竖相连。

四、课件参考

1. 在字的左右两侧各画一条虚线,引导学生观察这两条虚线角度对称,这样字形就比较匀称。

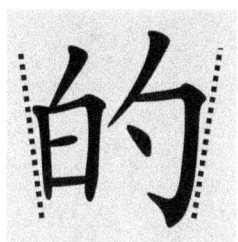

2. "的"本义是箭靶的中心。据《旧唐书·后妃传上·高祖窦皇后》记载,唐高祖后窦氏为女儿求贤夫,"于门屏画二孔雀,诸公子有求婚者,辄与两箭射之,潜约中目者许之。"唐高祖李渊射中孔雀的眼睛,被招为夫婿。这就是"目的"一词的来历。

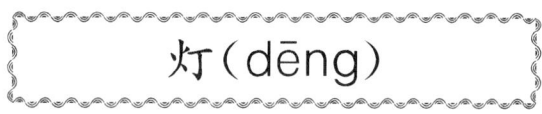

一、字理分析

燈(繁体楷书)——灯(简体楷书)

从火登声。后重造从火丁声的"灯"字。
本义:照明器具。例:电灯;灯笼;油灯;灯塔。
引申为:
1. 像灯一样发光发热,可以用来加热的器具。例:酒精灯;喷灯。
2. 电子管的俗称。例:五灯收音机。

二、书写技法

1. 火字旁窄长,"丁"部宽扁。两部分距离较近。
2. 火字旁右侧的撇和点都比较短。
3. "丁"部的位置偏下。

三、规范提示

1. 火字旁左侧的点不和长撇相连。
2. 火字旁的末笔是点不是捺。

四、课件参考

1. 如下图左图画一个箭头,以示横的起点与第一点的起点水平对齐。
2. 如下图中图画出两条虚线,以示"丁"部在字中位置偏下。
3. 如下图右图画出虚线,标出 A、B,三角形 A 和三角形 B 的面积接近,即为字形匀称。

 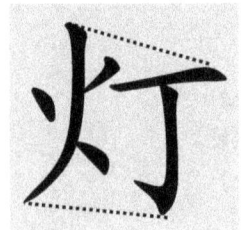 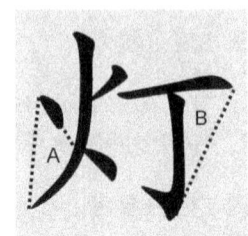

一、字理分析

𨹉（籀文）—— 埅（小篆）—— 地（楷书）

"地"字小篆从土也声。

本义：大地，地面。例：天地；地质；地理；地震。

引申为：

1. 陆地，地球表面除去海洋部分。例：山地；盆地。
2. 土地，田地。例：草地；荒地；耕地。
3. 地的表面。例：倒地；扫地；地砖；席地而坐。
4. 领土。例：地大物博；割地赔款；殖民地；领地。
5. 地区，范围较大的地方。例：本地；内地。
6. 场所，地点。例：就地取材；随时随地；实地考察；目的地；两地分居；场地。
7. 地位，处境。例：无地自容；设身处地；置之死地而后生；境地；地步。
8. 心理意识活动的领地。例：见地；心地。
9. 地区。例：地委。
10. 地方，跟中央相对。例：地税。
11. 空间的一部分。例：占个地儿。
12. 路程。例：两站地。

二、书写技法

1. 左半部分短小，右半部分宽大。
2. 左右两部分距离很近，右半部分的横折钩伸到左半部分的横和提之间，使左右两部分联系紧密。

三、规范提示

"土"部的末横变为提。

四、课件参考

1. 在"也"部横折钩的起点画一个圆圈，填充为白色，加上"飞入"动画效果，引导学生看清楚左右两部分之间的联系。
2. 在"土"部的竖的起点、"也"部的竖弯钩的起点和竖的起点上方分别画三角形、六边形、正方形，告诉学生：三角形、六边形和正方形三个图形中，六边形处在中间，所以它的位置最低，以保证字形内紧外松；正方形在右边，所以它的位置最高，以保证字形左紧右松。

点（diǎn）

一、字理分析

黗（小篆）——點（繁体楷书）——点（简体楷书）

从黑占声。

本义：细小的黑色斑痕。例：小点儿；泥点儿；污点儿。

引申为：

1. 汉字的笔画名称。例：点横撇捺。
2. 装饰，衬托。例：点缀；装点。
3. 指定所要求的。例：点歌；点菜。
4. 逐个查对。例：点名；点钱；清点；点货。
5. 刚一接触就离开。例：蜻蜓点水；点穴。
6. 一落一起的动作。例：点点头；指指点点。
7. 指点，提示。例：点拨；点明。
8. 引燃。例：点燃；点火。
9. 小滴的液体。例：雨点儿。
10. 使液体滴下。例：点眼药。
11. 节奏，节拍。例：锣鼓点儿；步点儿。
12. 量词，时间单位。例：上午9点。
13. 规定的时间。例：到点了；火车误点了。
14. 一定的位置或限度。例：起点；终点；沸点；熔点。
15. 事物特定的部分或方面。例：特点；重点；优点；缺点。
16. 量词，表示少量。例：一点儿；有点儿。
17. 吃少量的食物解饿。例：点饥。
18. 点心，糕饼类食品。例：糕点；名点；茶点。

二、书写技法

1. "占"部的中竖和横角度垂直，可以保证稳定。三个横之间距离相等，可以保证匀称。
2. "口"部下边窄，可以保证整个字内紧。
3. 四点底比较宽扁。四个点中左右两个点大，中间两个点小。

三、规范提示

四点底的第一点是垂点，不要写成撇，后面三个点是斜点。

四、课件参考

如下图画出虚线,以示各部分的纵向距离基本相等。

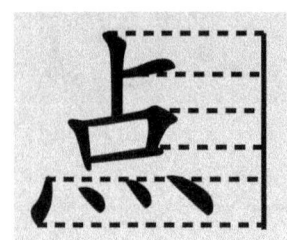

一、字理分析

电(简体楷书)

"电"字金文字形由两部分组成,上边像雨形,下边像闪电之形。简化为"电"。

本义:闪电。例:雷电;电闪雷鸣。

引申为:

1. 有电荷存在和电荷变化的现象。例:电流;电压;电表。
2. 电报或电传的简称。例:贺电;唁电。

二、书写技法

1. 横和竖弯钩的竖部角度垂直。
2. 左右的短竖角度对称。
3. 前三横之间距离相等。

三、规范提示

中间的短横和左右都不相连。

四、课件参考

如下图画出横虚线并标出距离,以示字形匀称,内紧外松。

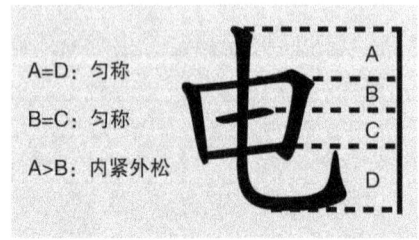

东（dōng）

一、字理分析

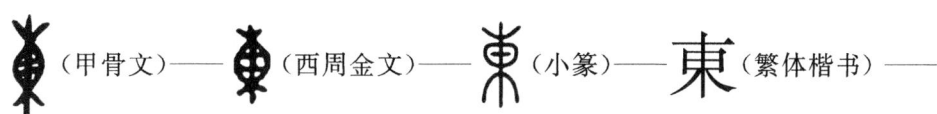

"东"字甲骨文像囊中装满物品而将两端扎束之形。为"橐"字初文。到小篆，字形演变为"从日在木中"之形。简化为"东"。

本义：橐。该意义已不再使用。
假借为：
方位词，早晨太阳升起的方向。例：东方；东北。
由于古代主位在东，宾位在西，所以方位词"东"引申为：
（1）主人。例：东家；股东；房东。
（2）东道。例：我做东。

二、书写技法

1. 撇折的起点和横的中点、竖钩竖直对齐。
2. 两个点角度对称，长度相等。
3. 从宽度看，撇折的横部最窄，上边的横宽，下边的两点所占的宽度最大。

三、规范提示

东的第三笔是竖钩，和源自"柬"的"拣"字的右半部分不同。

四、课件参考

标出宽度对比，明确指出字形的松紧变化。

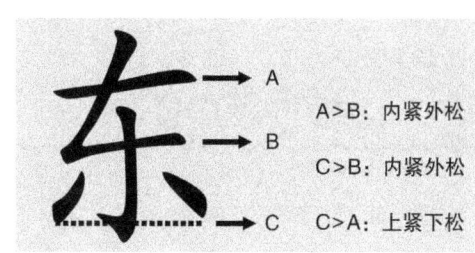

冬（dōng）

一、字理分析

"冬"字甲骨文像丝绳两端束结之形,表示终端之意。本义就是"终结"。由于冬季是一年中最后一个季节,特点是寒冷,于是在初文基础上增加取像冰形的"仌"构件来记录"冬"。

与"冬"字甲骨文字形相切合的本义:终结。后来写作"终"。

与"冬"字小篆字形相切合的本义:冬季。例:寒冬;严冬。

二、书写技法

1. 横折撇从撇的中点起笔,两撇角度平行。
2. 捺和撇角度对称,末端水平对齐。
3. 两个点角度平行,上边的小,下边的大。
4. 第一个点在折文头里边,第二个点在折文头外边。

三、规范提示

折文头三笔写成,第二笔横折撇不能断成横和撇两笔。

四、课件参考

1. 从撇的起点向下画一条垂线,先后穿过横折撇的横的中点、撇和捺的交点、两个点的中点,可以做到重心稳定。垂线的显示方式可以在幻灯片放映中点击"自定义动画→添加效果→进入→切入→自顶部",以增加动感。

2. 从横折撇和捺的末端画一条水平线,既能让学生看出横折撇和捺的末端水平对齐,又能看出第一个点在这条线以上(即折文头里边),第二个点在这条线以下(即折文头外边),这样既能使上下两部分有紧密的联系,又能够字形舒展。

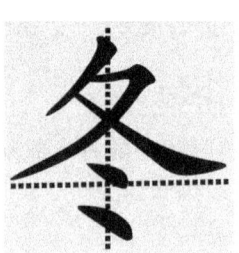

一、字理分析

"动"字说文古文从辵重省声,小篆从力重声。简化为"动"。

本义:事物移动原来的位置或改变原来的状态。例:地动山摇;一动不动;移动。

引申为:

1. 使改变原来的位置或状态。例:兴师动众;改动;动身。
2. 使用,使活动起来。例:动笔;动脑;动工。

3. 使情感起变化、有反应;触动。例:动心;动人;动怒。
4. 行动,为实现一定意图而进行活动。例:闻风而动。
5. 常常,往往。例:动辄得咎。
6. 能活动的,可以变动。例:动物;动滑轮;不动产。

二、书写技法

1. "云"部形体较小,在字中的位置稍偏上。
2. "云"部的右边笔画缩紧,以保证字形内紧。
3. "力"部窄长,横折钩的横部和"云"部的第二横对齐。
4. 左右两部分距离较近。

三、规范提示

第三笔撇提不要写成撇折。

四、课件参考

1. 画出字的上下轮廓,以示角度对称。
2. 画出字的左右轮廓,以示角度对称。

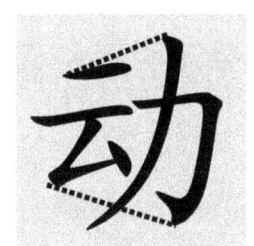 

都(dū 或 dōu)

一、字理分析

𦘒(金文)—— 𨜞(小篆)—— 都(楷书)

从邑者声。

本义:古代有先君宗庙的城邑。读作"dū"。例:都邑。

引申为:

1. 大城市。例:都市;都会。
2. 首都。例:建都;京都;都城。

假借为(以下读作"dōu"):

1. 表示总括全部。例:都来了;都高兴。
2. 副词,跟"是"合用,表示总括并说明原因。例:都是我不好,让你受委屈。
3. 甚至。例:他一句话都没有说就走了。
4. 表示已经。例:都上大学了;都二十多岁了,还这么不懂事。

二、书写技法

1. 左半部分宽，右半部分窄。
2. 右半部分的横撇弯钩的起点和左半部分的第一横对齐。
3. 右半部分的位置偏下。

三、规范提示

末笔竖用悬针竖。

四、课件参考

1. 如下图左图画一条虚线，以示右耳刀的横部和"者"部的第一横水平对齐。
2. 如下图右图画两条平行的虚线，以示左右两部分虽然不是水平对齐，但是长度相等。

豆（dòu）

一、字理分析

豆（甲骨文）——豆（西周金文）——豆（小篆）——豆（楷书）

"豆"字甲骨文像带盖的高足盘形，是古代的一种食器。
本义：古代盛食物的器皿。例：一豆肉。
假借为：
豆子。例：黄豆；绿豆；豆浆；豆腐。

二、书写技法

1. 四个横的中点竖直对齐。第三横最短，第四横最长。
2. 两竖角度对称。
3. 点和撇角度对称。

三、规范提示

第一笔横不要写成撇。

四、课件参考

1. 如下图左图所示画四个白点，以示四个横的中点竖直对齐，保证字的重心稳定。
2. 如下图右图所示画上两条虚线，以示字形左右对称。

对（duì）

一、字理分析

甲骨文 — 金文 — 小篆 或 小篆 — 繁体楷书 對 — 简体楷书 对

"对"字甲骨文形像手拿刻有契齿的契版之形。后手形之"又"变为"寸"，简化为"对"。
本义：拼合。例：对在一起；对不拢。
引申为：

1. 核对。例：对账；对数字；对笔记。
2. 对面的，敌对的。例：对岸；对方；对手。
3. 平分成两份。例：对开；对半儿。
4. 对子。例：喜对；七言对。
5. 投合，适合。例：对劲儿；对心思。
6. 使两个东西配合或接触。例：对上门；对个火；对对子。
7. 回答。例：对答如流；无言以对。
8. 朝着，向着。例：枪口对着他。
9. 二者相对，彼此相向。例：对调；对流；对立。
10. 调整使合于一定标准。例：对好相机。
11. 正确，正常。例：对错；他的话很对。
12. 量词，一双。例：一对鹦鹉；一对夫妻。
13. 介词，对于。例：对他说；对他笑。

二、书写技法

1. 左半部分短小，右半部分宽大。左右两部分距离较近。
2. "又"部的点比横折撇的撇部短，以便整个字内紧。
3. "寸"部的点和"又"部两个笔画的交点水平对齐。

三、规范提示

"又"部的捺缩短为点，不能写成捺。

四、课件参考

1. 上下两条虚线说明字的上下轮廓角度对称。

2. 中间的虚线说明"寸"部的点和"又"部两个笔画的交点水平对齐。

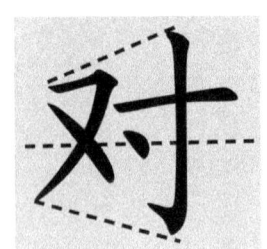

一、字理分析

"多"字甲骨文像两块肉形，演变为"多"。

本义：数量大。例：很多；众多。

引申为：

1. 超出原有或应有数量，比原来的数量有所增加。例：多了一个。

2. 过分的，不必要的。例：多心；多嘴。

3. 有零头。例：五十多个。

4. 用在疑问句中，问程度或数量。例：多大？

二、书写技法

1. 第一撇和第一个横折撇的连点、第一个横折撇的撇部的中点、第二个横折撇的撇部的中点竖直对齐。

2. 两个横角度平行。四个撇的角度平行。两个点角度平行。点和撇角度对称。

3. 上半部分小，下半部分大。上下两部分距离较近。

三、规范提示

点不能出头。

四、课件参考

在第一撇和第一个横折撇的连点、第一个横折撇的撇部的中点、第二个横折撇的撇部的中点画上白点，用虚线从顶部切入，以示这三个点竖直对齐。

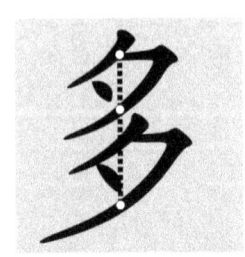

儿(ér)

一、字理分析

"儿"字甲骨文像小儿头大而囟未合之形。

本义：小孩儿。例：儿童；婴儿。

引申为：

1. 年轻的人。例：男儿；健儿。
2. 儿子。例：儿孙；儿媳。
3. 雄性的。例：儿马；儿狗。

二、书写技法

1. 撇短，竖弯钩长。
2. 撇的最低点和竖弯钩的最低点水平对齐。
3. 撇和竖弯钩之间的距离较小。

三、规范提示

第二笔竖弯钩不要写成竖弯。

四、课件参考

1. 如下图左图在撇的末端和竖弯钩的最下沿画一条虚线，可以看出这两个笔画的最低点水平对齐。

2. 如下图右图所示，撇和竖弯钩的之间的距离 B 小于撇的宽度 A 和竖弯钩的宽度 C，这是内紧外松规律的体现。

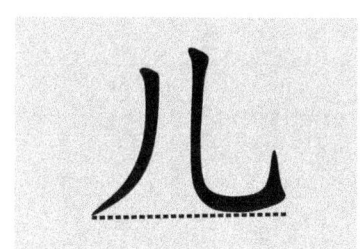
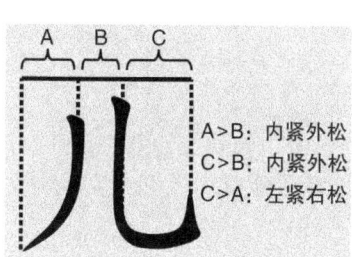

耳(ěr)

一、字理分析

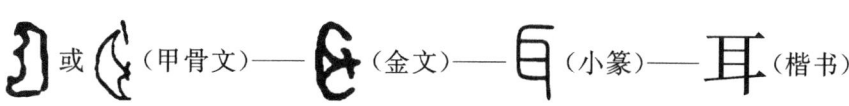

"耳"字甲骨文像耳朵之形。

本义：耳朵。例：一只耳；耳闻目睹；耳聋。
引申为：
1. 形状像耳朵的东西。例：木耳；银耳。
2. 位置在两旁的。例：耳房；耳门。
假借为：
助词，罢了。例：只增笑耳。

二、书写技法

1. 四个横之间距离相等。第四横被两竖分成长度相等的三段。这样字形比较匀称。
2. 第二、第三横只和左侧的竖相连，即为左紧右松。四个横中第二、第三横最短，即为内紧；第一、第四横比第二、第三横长，即为外松。第四横比第一横长，即为上紧下松。

三、规范提示

1. 第二、第三横只和左侧的竖相连。
2. 第二竖是悬针竖。

四、课件参考

1. 如下图左图画出虚线，以示四个横之间距离相等。
2. 如下图右图画两个圆点，以示这个字中间的两个短横只和左侧的竖相连，不和右侧的竖相连，体现结构的左紧右松。

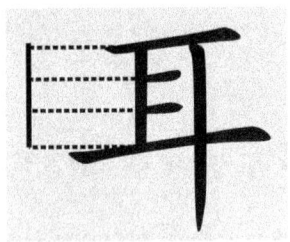 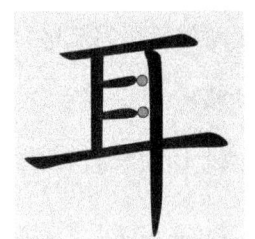

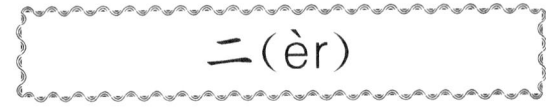

二(èr)

一、字理分析

二（甲骨文）—— 二（金文）—— 弍（说文古文）—— 二（小篆）—— 二（楷书）

原始记数符号用一至四横画表示数字一至四。
本义：数词，加一的和。例：二十。又表序数第二。例：二年级；二姐。
引申为：
1. 两样，有区别。例：心无二用。
2. 不专一，不忠诚。例：二心。

二、书写技法

1. 两个横的中点竖直对齐。
2. 第一横的长度是第二横的 0.6 左右，即两横长度比例接近黄金分割。

3. 两横之间的距离等于第一横的长度。

三、规范提示

第一笔横不要写成撇。

四、课件参考

"二"字两横的弧度组合关系有下列四种：第一种两横的两端全向下垂,给人以沮丧之感；第二种两横的两端全向上伸,给人以不稳定之感；第三种给人以相互排斥之感；第四种第一横向上伸展,第二横稳稳抓地,两横的中间相互吸引。第四种像天安门一样,第一横像屋檐上翘,昂扬向上,第二横像底座,稳稳抓地。第四种最美观。

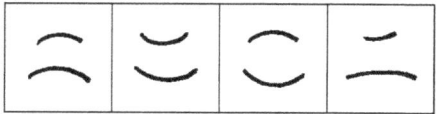

发(fà 或 fā)

一、字理分析

"发"有两个来源,即"髮"和"發",为了区别,分别称之为"发₁"和"发₂"。

"发₁"的金文字形从"首",小篆字形从"首"或从"髟",楷书作"髮",简化为"发"。

"发₂"小篆字形从弓登声,楷书作"發",简化为"发"。

"发₁"本义：头发。读作"fà"。例：烫发；染发；美发。

"发₂"本义：射箭。读作"fā"。例：百发百中。

引申为：

1. 发射。例：发炮。
2. 送出,交付。例：发货；分发；印发。
3. 起程。例：出发；整装待发。
4. 表达。例：发表；发布；发言。
5. 开始行动。例：发起；奋发；先发制人。

6. 引起，启发。例：发人深省。

二、书写技法

1. 整个字的左右两侧轮廓角度对称，可以保证字形稳定。
2. 撇的起点与横折撇和捺的交点竖直对齐。
3. 竖折的竖部、撇、横折撇的撇部角度平行。点和捺角度平行。

三、规范提示

第一笔是竖折，不要写成横。

四、课件参考

1. 如下图左图在"发"字的左右两侧画出虚线，可以看出这两条线角度对称。
2. 如下图右图在撇的起点画一个白色的点，在横折撇和捺的交点画一个白点，用虚线连起来，可以看出这两个点竖直对齐。

反（fǎn）

一、字理分析

（甲骨文）——（金文）——说文古文——（小篆）——反（楷书）

"反"字从又厂声，本义是"翻转，调转"。还有一种说法，认为厂像山石崖岩之形，又像手形，合起来表示以手攀岩。后来写作"扳"。

本义：翻转，调转。例：易如反掌；反败为胜。

引申为：

1. 翻转的，颠倒的。例：相反；反话。
2. 回，转头向相反方向。例：反攻；反扑。
3. 对抗。例：造反；官逼民反。
4. 违背。例：反常；违反。
5. 连词，反而。例：明明自己不对，反说别人的不是。

二、书写技法

1. 第一撇角度平，第二撇角度竖。
2. 横折撇的横部在字的中间偏上的位置，即字的高度的黄金分割点。
3. 横折撇的撇部和捺角度对称。

三、规范提示

第一撇和第二撇相连,第二撇出头。

四、课件参考

1. 如下图左图画出字的黄金分割点。
2. 如下图右图,线条 B 比 A、C 都短,即内紧外松;A 比 C 短,即上紧下松。

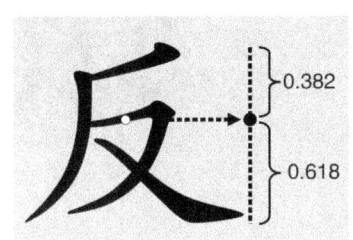 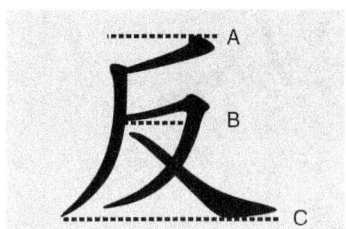

饭(fàn)

一、字理分析

饭(小篆)——飯(繁体楷书)——饭(简体楷书)

从食反声。类推简化为"饭"。

本义:吃饭。例:饭前饭后;尚能饭否?

引申为:

1. 谷类粮食做成的熟食。例:饭熟了;稀饭;饭碗。
2. 每天定时吃的食物。例:早饭;午饭;晚饭。

二、书写技法

1. 左半部分窄,右半部分宽。
2. 左右两部分联系紧密。
3. 左半部分竖提的起点和右半部分横折撇的横部水平对齐。

三、规范提示

竖提不和横钩相连。

四、课件参考

1. 展示"饭"字的楷书、行书、行草、草书图片,让学生观察简化字形的来历。

   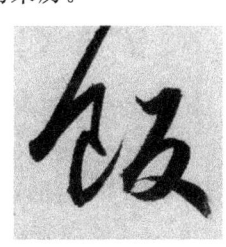

欧阳询　　　　赵孟頫　　　　黄庭坚　　　　董其昌

2. 从竖提的末端向"反"部第一撇画一个箭头,可以显示左右两部分之间的联系。

3. 从第一撇的起点向全字末笔捺画一个箭头,可以显示首尾呼应。

4. 从竖提的起点向"反"部的横折撇之间画一条虚线,可以看到这条线就处在这个字中间偏上的位置,即字的高度的黄金分割点。

一、字理分析

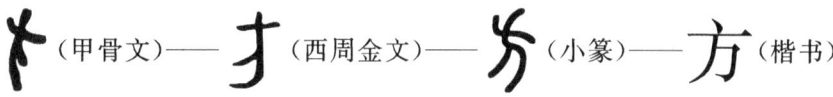

"方"字甲骨文像农具耒。

本义:指翻耕出来或挖出的土块。

假借为:

1. 方形。例:正方形;长方形。
2. 正直。例:方正;端方。
3. 方向。例:东方;南方。
4. 方面。例:甲方;对方。
5. 方法。例:千方百计;方略。

二、书写技法

1. 点和横分开,点的中点和横的中点竖直对齐。
2. 从横的中点的正下写横折钩。
3. 从横的中点写撇。撇和横折钩的竖部角度平行。
4. 点和撇角度对称。

三、规范提示

第三笔写横折钩,第四笔写撇。

四、课件参考

画四个白色圆点,分别放在第一笔点的中点、第二笔横的中点(也是横和撇的连点)、横折钩的起点、横折钩出钩的地方,再画一条垂线,学生能够清晰地看出这四个点竖直对齐,只要做到四点竖直对齐,字的重心就稳定了。

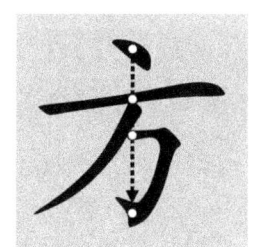

放（fàng）

一、字理分析

放（小篆）——放（楷书）

从攴方声。

本义：把有罪的人驱逐到边远的地方。例：放逐；流放。

引申为：

1. 不加拘束，放纵。例：放任；豪放。
2. 解除禁令或拘押。例：释放；放行。
3. 放牧。例：放羊；放牛。
4. 暂时停止工作或学习。例：放假；放学。
5. 引火燃烧。例：放火；放荒。
6. 发出，发射。例：放炮；放光。
7. 发给。例：发放。
8. 把钱借给别人并收取利息。例：放款；放高利贷。
9. 开。例：鲜花怒放。
10. 扩大，延长。例：放宽；放大。
11. 放置，存放。例：寄放；安放。
12. 搁置。例：先放放再说。
13. 使倒下，弄倒。例：上山放树。
14. 把东西加进去。例：放盐；放毒；投放。
15. 控制，使达到某种状态。例：放尊重些；放明白点儿。

二、书写技法

1. "方"部朝右的笔画缩紧，朝左的笔画伸展。"攵"部则相反，朝左的笔画缩紧，朝右的笔画伸展。
2. 左右两部分距离很近。
3. 整体左小右大。

三、规范提示

注意"攵"部是四笔，不要把横和第二撇连成横折撇。

四、课件参考

展示双人舞照片，"放"字就像两个舞伴面对面，结构内紧外松。

一、字理分析

"飞"字小篆像小鸟展翅之形。后简化为"飞"。

本义：鸟儿飞翔。例：高飞；飞禽。

引申为：

1. （物体）在空中流动漂浮。例：飞沙走石；雪花飞舞。
2. 利用飞行器在空中行动。例：起飞；飞上天。
3. 像飞一样快速运动。例：飞速前进；物价飞涨。
4. 没有根据的，无缘故的。例：飞来横祸。
5. 挥发。例：汽油都飞了；香味飞没了。

二、书写技法

1. 撇、点和横折斜钩的连点是这个字高度的黄金分割点。
2. 撇和点角度对称。

三、规范提示

不要把点写成捺。因为横折斜钩属于放的笔画，撇也属于放的笔画，所以点必须写成静态的笔画，这样才能有收有放，产生节奏变化。

四、课件参考

如下图在左撇点和横折斜钩的连接处画出白点，用箭头指示出其在整个字高度的黄金分割点。

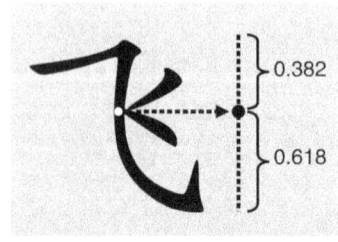

分(fēn 或 fèn)

一、字理分析

㕣(甲骨文)——少(金文)——从(小篆)——分(楷书)

从刀从八。"八"表示"分"义。

本义：分开，分割。读作"fēn"。例：分类；分手；分离。

引申为：

1. 分配，分派。例：分到机关；分到企业。
2. 从主体上分出来的。例：分部；分厂；分册。
3. 辨别，区分。例：五谷不分；分清是非。
4. 节气名称。例：春分；秋分。
5. 分数。例：分子；分母。
6. 成数，分成的十份中占一份叫一分。例：三分；十分。

由"从主体上分出来的"引申为(以下读作"fèn")：

1. 整体中的一部分。后来写作"份"。
2. 构成事物的不同物质或因素。例：成分；水分；养分。
3. 人在社会群体中的地位及其相应的责任和权力的限度。例：本分；分内。

二、书写技法

1. 撇和捺角度对称，撇短捺长，撇和捺的末端水平对齐。
2. 捺的起点、横折钩和第二撇的连点、横折钩的末端竖直对齐。
3. 两个撇和横折钩的竖部的角度平行。
4. "刀"部有一小部分在八字头里边，大部分在外边，这样上下两部分既有联系，又比较舒展。

三、规范提示

撇和捺分开，不要相连。

四、课件参考

在捺的起点、横折钩和第二撇的连点、横折钩的末端各添加一个圆点，画一个箭头，把它们连接起来，就可以看出它们竖直对齐。

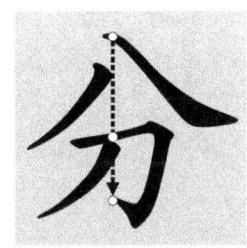

风（fēng）

一、字理分析

𠙴 或 𠙽（甲骨文）—— 𠙴（小篆）—— 風（繁体楷书）—— 风（简体楷书）

"风"字甲骨文像凤鸟之形，后增加"凡"作为示音构件。再后来根据"风动虫生"规律，又为该字重新造从虫凡声的本字。简化为"风"。

本义：凤鸟。后来写作"鳳"，简化为"凤"。

凤鸟起飞，会引起空气流动，因此引申为：

1. 空气流动现象。这是与小篆字形切合的本义。例：西风；风力。
2. 借风力吹。例：风干。
3. 像风那样快。例：风发；风行。
4. 风气，风俗。例：移风易俗；不正之风。
5. 风声，消息。例：闻风而动。
6. 中医指致病的重要因素或某些疾病。例：中风；风湿。
7. 借风力吹干的。例：风鸡；风肉。
8. 景象。例：风景；风光。
9. 态度，姿态。例：作风；风度；风采。
10. 传说的，没有确实根据的。例：风闻，风言风语。
11. 民歌（《诗经》里的《国风》，是古代十五国的民歌）。例：采风；风、雅、颂。

二、书写技法

1. 整体上边窄，下边宽；左边短，右边长，字的中部最窄。
2. 里边的撇和点角度对称，长短相近。

三、规范提示

1. 第二笔是横折斜钩，不是横折弯钩。
2. 点不要写成捺。

四、课件参考

如下图画五条竖线，可以看出这个字的竖向距离基本相等。

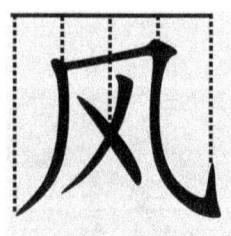

干（gān 或 gàn）

一、字理分析

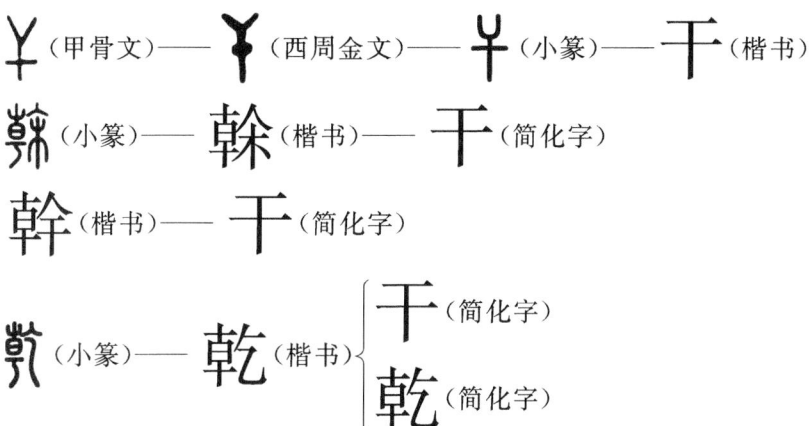

简化字"干"对应着四个繁体字，即"干"和"榦""幹""乾"，为了区别，我们分别称之为"干₁""干₂""干₃""干₄"。

"干₁"的甲骨文字形像于有丫杈的木棒上增加"一"作为指事符号，金文字形像于有丫杈的木棒上增加圆点作为指事符号，指出该木棒的主体部分，因此，"干₁"的本义就是"事物的主体或重要部分"，读作"gàn"。同时，木棒也是古人狩猎的重要武器，因此"武器"也是与"干₁"相切合的本义，读作"gān"。

"干₂"《说文解字》说解为"筑墙端木也。从木倝声"，本义就是"古代筑墙时于夹板两边竖起的起固定作用的木柱"，读作"gàn"。

"干₃"是由"干₂"变异分化出来的，所以它的本义也是"古代筑墙时于夹板两边竖起的起固定作用的木柱"。读作"gàn"。

"干₄"《说文解字》说解为"上出也"，本义就是"冒出"，读作"qián"，这个字的本用用法至今仍作"乾"。该字的假借用法——记录"干燥"等意义系列的字读作"gān"，后来简化为"干"。

"干₁"的本义有两个，一是"事物的主体或重要部分"，这个意义的"干"读作"gàn"，后来写作"榦"或"幹"。汉字简化后，又都写作"干"。例：树干；骨干；干渠。

由本义"事物的主题或重要部分"引申为：

1. 干部。例：转干；提干；干群；关系。
2. 天干。读作 gān。例：干支。

"干₁"还有武器义。读作"gān"。例：干戈。

由"武器"引申为：

1. 冒犯。例：干犯。
2. 追求。例：干禄。

由引申义"冒犯"引申为"牵连"。例：干涉；相干。

"干₂"的本义是"古代筑墙时于夹板两边竖起的起固定作用的木柱"，古代文献中，这个意义的字有时也写作"干₃"。随着社会生产的发展，"干₂"的本义在现代汉语中已不使用。

"干₂""干₃"在古代文献中还被借用记录"干₁"的部分引申义，如"事物的主体或重要部分""干部"。

"干₃"还能记录"做（事）"义。例：实干；干活。

由本义"做（事）"引申为"能干"。例：干练；才干。

"干₄"读作"gān",被借用来记录"干燥"义。例:干柴;晾干。
由"干燥"引申为:

1. 不用水的。例:干洗;干馏。
2. 加工制成的干的食品。例:饼干;葡萄干。
3. 空虚,空无所有。例:外强中干。

二、书写技法

1. 横和横角度平行,横和竖角度垂直。
2. 第二横和竖的交点是这个字高度的黄金分割点,即中间偏上一点。

三、规范提示

1. 第一横不要写成撇。
2. 竖要写成悬针竖。

四、课件参考

1. 在第二横和竖的交点加一个白点,可以看出这个白点是字的高度的黄金分割点。
2. 在字的外部画上虚线,可以看出分割出的四个图形的面积基本相等,这样可以保证字形匀称。

一、字理分析

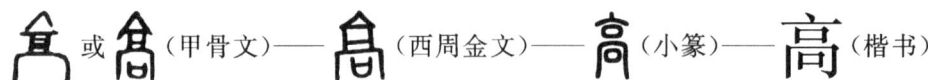

"高"字甲骨文像高大的亭楼,下边的两条竖线表示左右两根立柱。
本义:由下到上距离大。例:高耸;高楼。
引申为:

1. 高度。例:身高八尺。
2. 在一般标准或平均程度之上的。例:高速。
3. 等级在上的。例:高等;高级。
4. 敬辞,称别人的事物。例:高见;高论。

二、书写技法

1. 六个横的中点竖直对齐,距离相等。

2. 从宽度看,处在字的中部的第一个"口"最窄,即为内紧;京字头较宽,下部最宽,即为外松。

三、规范提示

两个"口"部都没有钩。

四、课件参考

从字的中心画一条竖线,它穿过点的中点和所有横的中点。

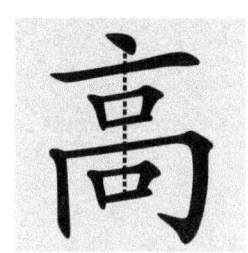

一、字理分析

哥(小篆)——哥(楷书)

从二可。
本义:声音,歌声。后来写作"歌"。
假借为:
1. 同父母或同族同辈而年龄比自己大的男子。例:大哥;堂哥;亲哥哥。
2. 同辈亲戚中比自己大的男子。例:表哥。
3. 对年龄跟自己差不多的男子的敬称。例:大哥;李二哥。

二、书写技法

1. 上边的"可"小,下边的"可"大。
2. 横画之间的距离相等。
3. 竖画之间的距离相等。

三、规范提示

1. 上边的"可"的竖钩变为竖。
2. 竖和竖钩不要连成一笔。

四、课件参考

1. 如下图左图所示画出竖虚线,以示距离接近,内紧外松,左紧右松。
2. 如下图右图所示画出横虚线,以示距离接近,内紧外松,上紧下松。

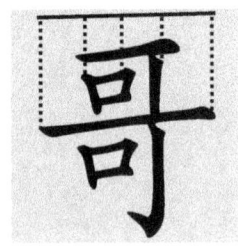
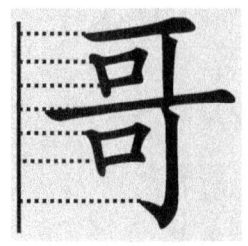

3. 如下图左图所示画出白点,以示字的上下两部分的连接点是字的高度的黄金分割点。
4. 如下图右图所示画出两条虚线,以示字形左右对称。

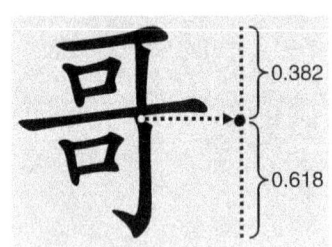
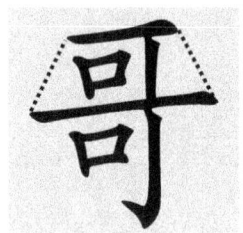

一、字理分析

箇(小篆)——箇 或 個(繁体楷书)——个(简体楷书)

"个"字小篆字形从竹固声,楷书字形从人固声。后来简化为"个"。
本义:量词,表示单独的人或物。读作"gè"。例:一个;单个。
引申为:
1. 单独的。例:个体;个人。
2. 人的身高或物品的体积。例:个儿高;个儿大;高个儿。
假借为:
自己。读作"gě"。例:自个。

二、书写技法

1. 撇和捺角度对称,末端水平对齐。
2. 撇的起点和竖竖直对齐。
3. 竖的一小部分在人字头里边,大部分在外边。

三、规范提示

1. 撇和捺相连,撇出头。
2. 竖是垂露竖。

四、课件参考

如下图从撇的起点、撇和捺的连接点、竖的起点各画一个圆点,以示这三个点竖直对齐。

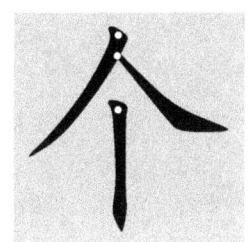

给（jǐ 或 gěi）

一、字理分析

給（小篆）——給（繁体楷书）——给（简体楷书）

从糸合声。类推简化为"给"。

本义：丰足，富裕。读作"jǐ"。例：家给户足。

引申为：

供给，供应。例：补给；配给；自给自足。

引申为（读作"gěi"）：

1. 交付，送与，使对方得到。例：给他一本书。

2. 介词，用在动词后面，表义交付。例：送给他；贡献给母校。

3. 介词，为。例：他给我们当向导。

4. 介词，向。例：给老人下跪。

二、书写技法

左半部分窄，右半部分宽，左右两部分距离较近。

三、规范提示

绞丝旁的第一笔是撇折，第二笔是撇提。

四、课件参考

如下图画出白点和虚线，以示如何把握绞丝旁和"合"部的重心。

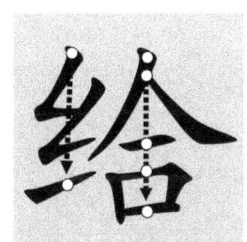

更（gēng 或 gèng）

一、字理分析

（甲骨文）——（金文）——（小篆）——更（楷书）

"更"字甲骨文、金文和小篆字形都从攴丙声。"攴"像手拿棍棒击打之形。击打的目的就是使改变。

本义：改，改变。读作"gēng"。例：更正；更改。

引申为：

1. 更换，变易。例：更新；更衣。
2. 古代夜间计时单位，每更相当于现在的两个小时。例：半夜三更。
3. 经历。例：少不更事。

假借为：

1. 副词，相当于"又""再"。读作"gèng"。例：更上一层楼。
2. 副词，表示程度加深，相当于"更加""愈加"。例：更好；更爱说。

二、书写技法

1. 四个横的中点竖直对齐，距离相等。
2. 两个竖角度对称。
3. 撇和捺角度对称。

三、规范提示

第四笔横和左右两边都不相连。

四、课件参考

如下图在字的左右两侧画两条虚线，以示字的左右两侧角度对称，可以保证字形稳定。

工（gōng）

一、字理分析

或（甲骨文）——（西周金文）——（小篆）——工（楷书）

"工"字甲骨文像曲尺之形,曲尺是工匠重要的劳动工具。造字时期,常常用某种身份的人常用的工具来表示该身份,如用斧钺形表示王的身份,用托魂树形表示巫觋的身份,用工具箱形表示匠的身份。曲尺作为工匠的常用工具,也用来象征工匠的身份,因此,"工"的本义就是"工匠,工人"。

本义:工匠,工人。例:工欲善其事,必先利其器;木工;电工。

引申为:

1. 工作,生产劳动。例:上工;加工。
2. 擅长。例:工于文学;工诗擅画。
3. 工程。例:动工;竣工。
4. 工业。例:化工。
5. 技巧,工夫。例:唱工;武工。
6. 精巧,精致。例:工巧;工稳。

二、书写技法

1. 第一横向下凹,第二横向上凸,两个横相互吸引。
2. 第一横的长度是第二横的0.6左右,符合黄金分割比。
3. 竖连接两个横的中点。

三、规范提示

第一笔是横,不是撇。

四、课件参考

如下图在两个横的中点各画一个白点,以示竖连接两个横的中点。

一、字理分析

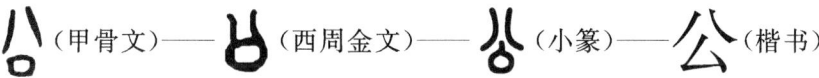

"公"字甲骨文像瓮之形,下边的"口"像瓮器的圆底,上边的"八"像瓮器之口。

本义:瓮。该义后来写作"瓮"。

原始社会,瓮往往是集体财产的贮存之处,因此"公"可以引申为:

1. 属于国家或集体的。例:公款;公物;公务。
2. 共同的,大家承认的。例:公分母;公议;公约。
3. 属于国际间的。例:公海;公历;公里。

4. 公平。例：秉公；公正。

假借为：

1. 封建五等爵位的第一等。例：公爵；公侯。
2. 对上了年纪的男子的尊称。例：诸公；张公。
3. 丈夫的父亲。例：公婆。

二、书写技法

1. 撇和捺角度角度对称。撇提的撇部和点角度对称。
2. 撇和撇提的撇部角度平行，捺和点角度平行。
3. 撇提的起点和捺的起点竖直对齐。

三、规范提示

这个字是八字头，不能写成人字头或者入字头。

四、课件参考

1. 从捺的起点向撇提的起点画箭头，选择从顶部切入动画效果。
2. 从撇和捺的末端画一条虚线，以示二者末端水平对齐，同时以示"厶"部的小部分在八字头内，大部分在八字头外，上下两部分既有联系，又字形舒展。

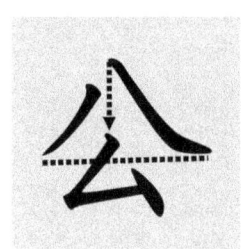

一、字理分析

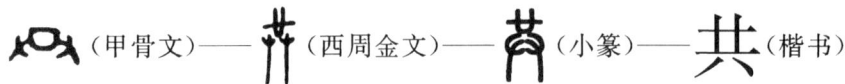

"共"字甲骨文像两手捧着一件东西。

本义：共同具有或承受。例：共患难；共享。

引申为：

1. 共同的，共同具有的。例：共性；共通；共产。
2. 副词，在一起，一齐。例：共鸣；共处；共进晚餐。
3. 一共，总计。例：共十卷。

二、书写技法

1. 两横角度平行，上横短，下横长。
2. 两竖角度对称，左竖短，右竖长。两竖上端向外倾斜，可使字形内紧外松。

3. 撇和点角度对称,长度相等。
4. 撇和点的起点分别对准两竖的末端。

三、规范提示

点不要写成捺。

四、课件参考

如下图在两竖的末端和第二横的连接点画上白点,从撇和点的起点向上画箭头,以示撇和点的起笔位置。

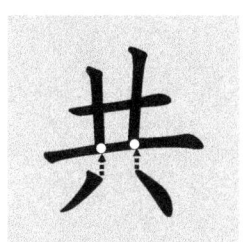

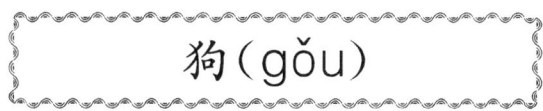

一、字理分析

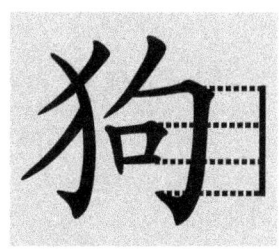

从犬句声。
本义:犬的通称。例:狗尾续貂;蝇营狗苟;偷鸡摸狗。
引申为:
帮凶,坏人。例:走狗;狗腿子;癞皮狗。

二、书写技法

1. 左半部分窄,右半部分宽。
2. 左右两部分联系紧密。

三、规范提示

反犬旁的第二撇不出头。

四、课件参考

如下图画四条虚线,以示距离相等,字形匀称。

瓜（guā）

一、字理分析

🧿（金文）—— 🧿 小篆 —— 瓜（楷书）

"瓜"字金文像藤上结瓜之形。

本义：葫芦科某些植物的统称，也指这种植物的果实。例：冬瓜；黄瓜；西瓜。

引申为：

形状像瓜的东西。例：脑袋瓜儿；糖瓜儿。

二、书写技法

1. 第一撇和竖提的提角度平行。
2. 第二撇和捺角度对称。
3. 整体上窄下宽。

三、规范提示

第一撇和第二撇相连，第二撇出头。

四、课件参考

如下图画两条虚线，以示字形左右对称。

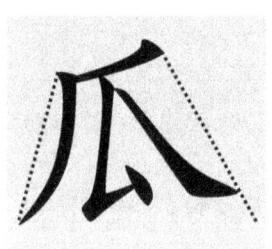

关（guān）

一、字理分析

🧿（金文）—— 🧿（鄂君启节）—— 🧿（小篆）—— 關（繁体楷书）—— 关（简体楷书）

"关字"金文从门，中间像门闩之形。小篆增加了"丝"构件。简化为"关"。

本义：门闩。例：门插关儿。

引申为：

1. 掩，闭。例：关门；关窗；关抽屉。

2. 禁闭。例：关押；关起来。
3. 城门。例：闭关。
4. 城门附近的地方。例：城关；南关。
5. 要塞，关口。例：山海关；关隘。
6. 比喻事物发展过程中或时间上、数量上的一定界限。例：年关；百万大关。
7. 海关。例：报关；关税。
8. 起关联转折作用的环节。例：关头；关节；关键。
9. 关联，牵涉，牵挂。例：事不关己；无关大局；关心。
10. 联系。例：无关；有关。
11. 停止经营活动或暂时歇业。例：关张。
12. 使开动的机器等停止工作。例：关机；关灯。

二、书写技法

整体上窄下宽，左右对称，稍左小右大。

三、规范提示

末笔是捺，不要写成点。

四、课件参考

1. 如下图左图在点的中点和第一撇的中点各画一个白点，用箭头连接起来，以示点和第一撇是中点水平对齐。
2. 如下图右图画四条虚线，以示字的松紧变化。

 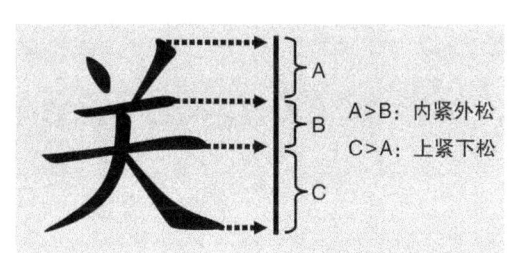

一、字理分析

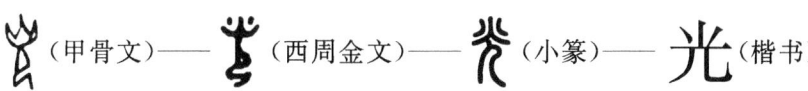

"光"字甲骨文从火在人上。
本义：明亮。例：光明；光泽。
引申为：
1. 照在物体上，使人能看见物体的那种物质。例：阳光；火光。
2. 光滑，光溜。例：磨光。
3. 景物。例：风光；春光。
4. 光彩，荣誉。例：增光。

5. 一点儿也不剩,全没有了。例:精光;用光。
6. 光大,使显耀。例:光宗耀祖。

二、书写技法

1. 点和第一撇角度对称,都指向竖和横的连点。
2. 第二撇和竖弯钩之间的距离较小,可使字形内紧外松。

三、规范提示

这个字的字头由竖、点、撇三个笔画组成,和"尖"字的小字头不同。

四、课件参考

1. 在竖和横的连点画一个白点,从点和第一撇的起点向这个白点画箭头,以示笔画之间的联系。
2. 在字底画四条虚线,在虚线之间标上 A、B、C,A>B,即为内紧外松,C>A,即为左紧右松。

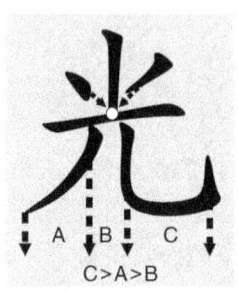

广(guǎng)

一、字理分析

广(简体楷书)

"广"字甲骨文从宀黄声,金文、小篆和繁体楷书都从广黄声。简化为"广"。
本义:四周无壁的大屋,泛指宽大。例:宽广;广阔。
引申为:
1. 使宽阔,扩大。例:推而广之;以广招徕。
2. 普遍。例:用途广;广泛。
3. 多,众多。例:大庭广众。
4. 广东省的简称。例:广货。

二、书写技法

1. 点的中点和横的中点竖直对齐。

2. 横和撇的长度比例为0.6∶1。

三、规范提示

横和撇相连，撇出头。

四、课件参考

1. 在点的中心、横的中点各画一个白点，以示二者竖直对齐。
2. 在横和撇的连接处画一个虚线椭圆，以示这两个笔画相连，撇出头，横不出头。

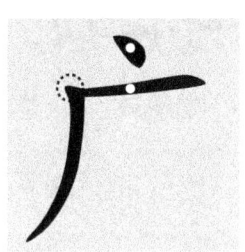

一、字理分析

(甲骨文)——(西周金文)——(小篆)——(繁体楷书)——(简体楷书)

"国"字甲骨文从戈从口，"口"表示一定的区域，"戈"是用来保卫的武器。后来，增加"囗"构件。简化为"国"。

本义：王、侯的封地。例：齐国；鲁国；诸侯国。

引申为：

1. 都城，城邑。例：范仲淹《岳阳楼记》"去国怀乡，忧谗畏讥"。
2. 国家。例：国内；祖国。
3. 代表或象征国家的。例：国旗；国歌。
4. 在一国内最好的。例：国手；国色。
5. 本国的，特指我国的。例：国产；国术；国画。

二、书写技法

1. 整体接近长方形。
2. 五个横的中点竖直对齐，距离基本相等。第三、第四横之间因为有点，所以距离稍远。
3. 三个竖之间的距离基本相等。因为有点，所以中间的竖稍偏左。

三、规范提示

末笔横不出头，左右的竖下边出头。

四、课件参考

如下图在字的上下各画一条虚线,以示这个字不是长方形,而是左边短,右边长,即左紧右松。

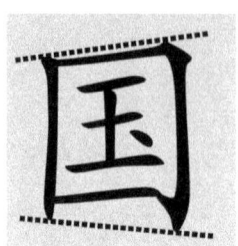

一、字理分析

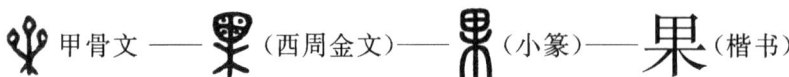

"果"字甲骨文像树上有果实之形。
本义:植物所结的果实。例:水果;干果。
引申为:
1. 事情的结局,结果。例:成果;后果。
2. 果然。例:果不出所料。
假借为:
果断。例:果敢。

二、书写技法

1. 整体上窄下宽,左右基本对称,右边稍大。
2. 四个横距离相等,中点竖直对齐,第二、第三横短,第一、第四横长,即内紧外松。
3. 三个竖距离相等。
4. 撇、捺角度对称,末端水平对齐。

三、规范提示

木字底不要写成横、竖钩、点、点。

四、课件参考

如下图,在字的左右侧各画一条虚线。这两条虚线角度对称,同时表示这个字上边窄,下边宽。

过（guò 或 guō）

一、字理分析

"过"字金文从止或从辵，骨声。小篆从辵咼声。简化为"过"。

本义：经过。例：三过家门而不入。

引申为：

1. 从一个地点或时间移到另一个地点或时间。例：过来；过河；过年；过节。
2. 从甲方移到乙方。例：过户；过账。
3. 使经过。例：过罗；过筛子；过滤。
4. 用眼看或脑子回忆。例：过目；把老师讲的知识在脑子里过一遍。
5. 超过。例：过分；过期；过犹不及。
6. 过失。例：功过；记过；改过。

假借为：

1. 趋向动词。例：走过广场；翻过一页；比不过。
2. 助词，表示完毕或曾经发生。例：吃过饭再走；吃过亏。
3. 姓氏，读作"guō"。

二、书写技法

1. "寸"部较窄。
2. 走之较宽，位置低于"寸"部。

三、规范提示

1. 先写"寸"部，后写走之。
2. 走之三笔写成，捺出头。

四、课件参考

1. 如下图左图画上两条虚线，以示字形左紧右松。
2. 如下图右图画上两条虚线，以示字形上紧下松。

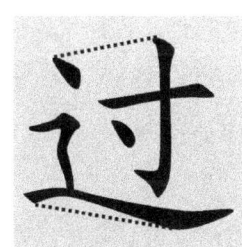 

孩（hái）

一、字理分析

从子亥声。
本义：小孩，幼儿。例：男孩；女孩。
引申为：
子女。例：有两个孩子。

二、书写技法

1. 左半部分窄，右半部分宽。
2. 左右两部分距离较近。
3. "亥"部的两个撇和撇折的撇部角度平行，距离相等。两个点和撇角度对称。

三、规范提示

1. "子"部的末笔是提，不要写作横。
2. "亥"部的末笔是点，不要写作捺。

四、课件参考

如下图从末笔向第一笔的起点画个箭头，以示首尾呼应。

海（hǎi）

一、字理分析

（金文）——（小篆）——海（楷书）

从水每声。
本义：靠近大陆的比洋小的水域。例：出海；黄海；渤海；海港；海外。
引申为：
1. 古代指从外国来的。例：海棠。
2. 海里生长或出产的。例：海鲜；海带；海龟。
3. 用于一些湖泊的名称。例：青海；里海；洱海。
4. 比喻聚集成很大一片的人或事物。例：人海；火海；林海；学海。

5. 比喻大。例：海碗；海报；海量。
6. 漫无边际的，毫无节制的。例：海聊；胡吃海喝。

二、书写技法

1. 三点水窄小，"每"部宽大。
2. 左右两部分联系紧密。

三、规范提示

"每"部的两个点不要连成一笔。

四、课件参考

1. 从三点水的第二点的起点向右画一条虚线，以示和"每"部的竖折的起点水平对齐。
2. 从"每"部的撇的起点向下画箭头，和横折钩的末端竖直对齐。

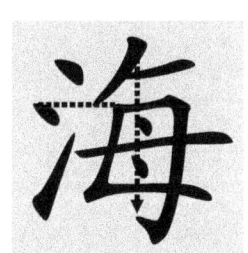

一、字理分析

（甲骨文）—— （金文）—— （小篆）—— 好（楷书）

从女从子。

本义：女子貌美。

引申为：

1. 优点多或使人满意的，与"坏"相对。例：好人；好事多磨。
2. 身体康健，疾病消失，生活幸福。例：安好。
3. 友爱，和睦。例：友好。
4. 容易。例：好办；好使。
5. 完成，完善。例：办好了。
6. 表示应允、赞成。例：干得好。
7. 很，甚。例：好冷；好快。

二、书写技法

1. 女字旁朝右的笔画缩短（如横的右边不再出头，撇点的点部缩短），朝左的笔画不缩短（如横的左半部分比右半部分长，第二撇比较长），这就是内紧外松结构规律的体现。
2. "子"部的位置偏下。

三、规范提示

"女"做左偏旁后横变为提,右边不出头。

四、课件参考

1. 画白点和箭头以示上下对正。
2. 画三角形以示"女"部的横右边不再出头。

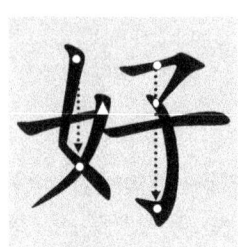

一、字理分析

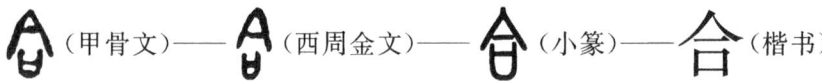

"合"字甲骨文像器盖相合之形。

本义:闭,合拢。例:合眼;笑得合不上嘴。

引申为:

1. 结合在一起,凑到一块儿。例:合办;合力。
2. 符合。例:合情合理;正合心意。

二、书写技法

1. 撇和捺角度对称,末端水平对齐。
2. 三个横的距离基本相等。两个竖角度对称。
3. 横在人字头里面,"口"在人字头外面。

三、规范提示

人字头是撇出头,捺不出头。

四、课件参考

1. 从撇和捺的连点和三个横的中点各画一个白点,过四个白点画一条虚线,以示撇和捺的连点和下面三个横的中点竖直对齐。
2. 从撇和捺的末端画一条虚线,以示横在这条虚线以上,使字的上下两部分有联系,"口"部在这条虚线以下,以示字的结构内紧外松。

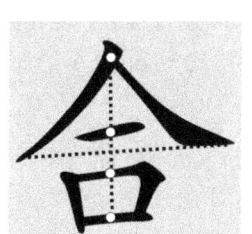

和（hé 或 hè 或 huó 或 huò 或 hú）

一、字理分析

"和"有两个来源，即"和"和"龢"，为了区别，分别称之为"和₁""和₂"。

"和₁"从口禾声。

"和₂"甲骨文由两个构件组成，左边的构件像排管乐器，右边的构件为"禾"。简化为"和"。

"和₁"本义：声音相应，即应和。读作"hè"。例：曲高和寡；唱和；和诗。

"和₂"本义：和谐，协调。读作"hé"。例：和谐。

引申为：

1. 平和，和缓。例：温和；柔和；和颜悦色。

2. 结束战争或争执。例：讲和；媾和；和平。

3. 不分胜负。例：和棋；和局。

4. 在粉状物中加液体搅拌或揉弄使有黏性。读作"huó"。例：和面；和泥。

5. 粉状或粒状物掺和在一起，或加水搅拌使成较稀的东西。读作"huò"。例：和料；和药。

6. 打麻将或斗纸牌时，某一家的牌合乎规定的要求，取得胜利。读作"hú"。

假借为：

量词，表示洗东西换水的次数或一剂药煎的次数。读作"huò"。例：洗了三和；二和药。

二、书写技法

1. "禾"部朝右的笔画缩短（如横的右半部分短，点很短），朝左的笔画不缩短。

2. "口"部的上沿和左侧的横对齐，"口"部不要写得太大。

三、规范提示

"禾"部的末笔是点，不要写成捺。

四、课件参考

1. 如下图左图从"禾"部的横的起点向右画一条虚线，以示它与"口"部的上沿水平对齐。

2. 如下图右图在"禾"部的左下画一条虚线,使其和撇、竖连成三角形,引导学生观察,"口"部的空白 B 的面积要和"禾"部最大的空白三角形 A 的面积接近,字形才匀称。

 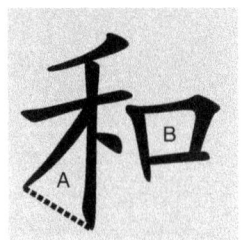

河(hé)

一、字理分析

从水可声。
本义:黄河。例:河南;河北;河西。
引申为:
1. 河流的通称。例:滦河;淮河;过河。
2. 银河。例:河汉;天河。

二、书写技法

1. 左半部分窄,右半部分宽。
2. 右半部分的位置偏下。

三、规范提示

"可"部正确笔顺是横——竖——横折——横——竖钩。

四、课件参考

从末笔竖钩向第一笔点画个箭头,以示首尾呼应。

很(hěn)

一、字理分析

从彳艮声。
本义：违逆，不听从。例：《史记·项羽本纪》"猛如虎，很如羊，贪如狼"。
假借为：
副词，表示程度高。例：很快；很好；很应该；很伤心。

二、书写技法

1. 左半部分窄，右半部分宽，左右两部分距离较近。
2. 三个撇角度平行，撇和捺角度对称。
3. 捺和竖提的连点是这个字高度的黄金分割点。

三、规范提示

撇和捺相连，撇不出头。

四、课件参考

在捺和竖提的连点画一个白点，以示这个点是这个字高度的黄金分割点。

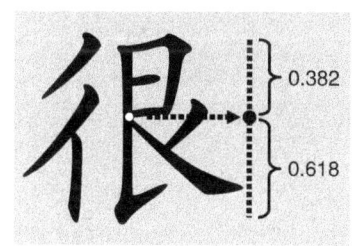

红(hóng 或 gōng)

一、字理分析

紅(小篆)——紅(繁体楷书)——红(简体楷书)

从糸工声。类推简化为"红"。
本义：浅赤色的帛，泛指桃红色，粉红色。例：《论语·乡党》"红紫不以为亵服"。
引申为：
1. 像鲜血的颜色。例：红旗；红领巾。
2. 象征喜庆的红布。例：披红；挂红。
3. 象征顺利、成功或受人重视、欢迎。例：开门红；满堂红；走红。
4. 象征革命或政治觉悟高。例：红军；又红又专。

5. 红利。例：分红。

注意：在"女红"一词中"红"读作"gōng"。

二、书写技法

1. 绞丝旁窄而长，"工"部宽而短。
2. "工"部的长度是绞丝旁的长度的 0.6 左右，符合黄金分割比。

三、规范提示

第一笔是撇折，不是撇提；第二笔是撇提，不是撇折。

四、课件参考

在字的上下各画一条线，引导学生观察，这两条线的角度并不对称，说明"工"部在字中的位置稍偏下。

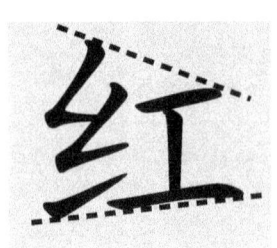

后（hòu）

一、字理分析

"后"有两个来源，即"后"和"後"，为了区别，分别称之为"后₁""后₂"。

"后₁"的甲骨文字形，左上或为"母"，或为"女"，或为"人"，下为倒"子"之形，有的字形在倒"子"下还有许多点儿，像产子时的羊水，整个字形取像于妇女产子之形。在母权时代，族中最高之主宰为母，母氏最高之德业是为本氏族繁殖后代，因此，以取像于生育的"后"称呼她。

"后₂"的甲骨文字形，上边的构件像绳索形，下边的构件像足形，表示足被绳索羁绊而不得前，整字构意表示行而在后，后来又增加"彳"构件，表示字义与行走相关。简化为"后"。

"后₁"本义：女权社会中女性酋长。

引申为：

1. 父权社会中男性最高主宰。例：夏后；商后。
2. 父权社会中，地位权力最高的女性。例：王后；太后。
3. 具有相当影响力的女演员。例：影后；歌后；天后。

"后₂"本义：落在后面。这个意义已不使用。

引申为：

1. 位置在后。例：后排；后边；后方。
2. 较晚的。例：后代；后汉；后期。

二、书写技法

撇和三个横之间的距离相等，以保证字形匀称。

三、规范提示

两个撇相连，第二撇出头。

四、课件参考

画四条水平虚线，以示横向笔画之间距离相等，即为字形匀称。

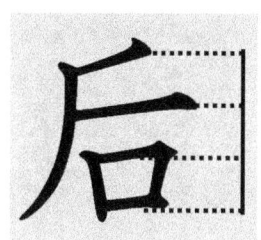

一、字理分析

从艹化声。

本义：种子植物的有性繁殖器官，由花瓣、花萼、花托、花蕊组成，有各种颜色，有的长得很艳丽，有香味。例：花朵；花香。

引申为：

1. 可供观赏的植物。例：种花儿；养花儿；花盆儿。
2. 形状像花朵的东西。例：灯花儿；火花儿；雪花儿。
3. 烟火的一种。例：花炮；礼花；放花。
4. 花纹。例：白底红花。
5. 颜色或种类错杂的。例：花白；花狗；花花绿绿。
6. 模糊迷乱。例：眼花；昏花。
7. 用来迷惑人的，不真实或不真诚的。例：花招；花言巧语。
8. 比喻事业的精华。例：文艺之花。
9. 比喻年轻漂亮的女子。例：校花；交际花。
10. 妓女。例：寻花问柳；花魁。
11. 指棉花。例：轧花；弹花。
12. 某些小的像花的东西。例：油花儿；泪花。
13. 作战时受的外伤。例：挂花。

假借为：

用，耗费。例：花费；花钱。

二、书写技法

1. 草字头比较扁。
2. "化"部比不做部件时扁。

三、规范提示

注意第二撇和竖弯钩是相交关系，撇要出头。

四、课件参考

在字的左右轮廓各画一条虚线，这两条虚线角度对称。

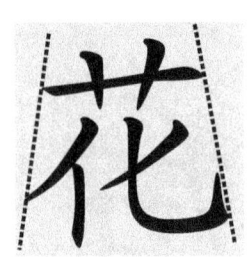

画（huà）

一、字理分析

"画"字甲骨文由两部分组成，上边的构件像手持笔之形，下边的构件像所绘花纹之形。合起来表示手持笔绘画。简化为"画"。

本义：绘画。例：画板；画笔。

引申为：

1. 画成的艺术品。例：年画；油画；壁画。
2. 用画儿装饰。例：画屏；雕梁画栋。
3. 用笔或类似笔的东西做出线或作为标记的文字。例：画押；画界。
4. 汉字的一笔。例：笔画；四画。

二、书写技法

五个横距离相等，五个竖距离相等。

三、规范提示

1. "田"部中间的短横居中，不与左右的竖画相连。

2. 竖折是一笔写成,不要断成竖、横两笔。

四、课件参考

1. 在所有横部的中点画一个白点,这五个白点竖直对齐。
2. 从末笔竖的起点画一条横虚线,以示其和第三横水平对齐。

一、字理分析

从言声。简化为"话"。

本义:话语。例:一句话;说话;话不投机;废话;俗话。

引申为:

说,谈论。例:话别;对话;茶话会。

二、书写技法

左半部分窄,右半部分宽,左右两部分联系紧密。

三、规范提示

"口"部的横折不要写成横折钩。

四、课件参考

1. 如下图左图画出虚线,以示"舌"部的第一横和言字旁的横部水平对齐。
2. 如下图右图画出虚线,以示"舌"部的四个横向笔画之间距离基本相等。

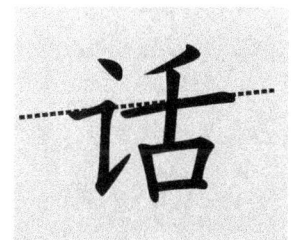 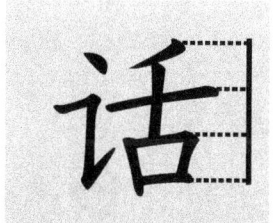

还（huán 或 hái）

一、字理分析

罢（金文）——遝（小篆）——還（繁体楷书）——还（简体楷书）

从辵睘声。类推简化为"还"。
本义：返回。读作"huán"。例：还家；还乡；还俗。
引申为：
1. 归还。例：偿还；还书。
2. 回报别人对自己的行动。例：还嘴；还手；还击；还价；还礼。
假借为：
副词。读作"hái"。例：还是；还好。

二、书写技法

1. "不"部左右对称。
2. "辶"的点和"不"部的横水平对齐。"辶"较宽。

三、规范提示

1. "不"的末笔是点。
2. 先写"不"部，后写"辶"。

四、课件参考

1. 如下图左图画出虚线，以示点和横水平对齐。
2. 如下图右图画出虚线，以示字形上窄下宽，左右角度对称。

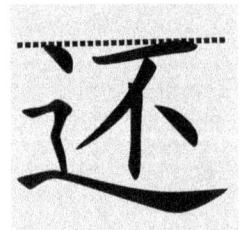 

回（huí）

一、字理分析

曰（甲骨文）——㔾（西周金文）——㔾（说文古文）——回（小篆）——回（繁体楷书）——回（简体楷书）

"回"字甲骨文像曲折环绕之形。

本义：曲折环绕。例：回旋；巡回；迂回。

引申为：

1. 从别处到原来的地方。例：回家；回乡。
2. 掉转。例：回头；回身。
3. 答复，回报。例：回信；回敬。
4. 谢绝，退掉，辞去。例：回绝。

二、书写技法

1. 四个横、四个竖距离相等，可使字形匀称。
2. 整体上宽下窄。

三、规范提示

末笔横不出头，左右两竖出头。

四、课件参考

如下图所示画出圆圈，通过对比帮助学生分析"口"字与大口框的区别，"口"字的末笔是横画出头，大口框的末笔是竖出头。

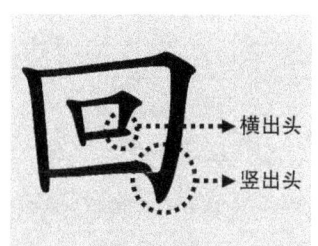

一、字理分析

（甲骨文）——（西周金文）——（小篆）——會（繁体楷书）——

会（简体楷书）

"会"字甲骨文上面的构件像器物的盖子，下面的构件像器物，中间放着一个东西，上下一合，表示会合之意。

本义：会合，聚合。例：会集；会齐；会审。

引申为：

1. 会面，见面。例：会见；会客。
2. 有一定目的集会。例：晚会；舞会。
3. 某些团体。例：工会；联合会。
4. 时机。例：机会；适逢其会。

假借为：

1. 理解，懂得。例：体会；误会。
2. 熟习，通晓。例：他会英文。
3. 擅长。例：能说会道。
4. 助动词，表示懂得怎样做或有能力做。例：会走路。
5. 总计。读作"kuài"。例：会计。

二、书写技法

1. 撇和捺角度对称，末端水平对齐。
2. "云"部的第一横在人字头里面，其余部分在外面，这样两部分既有联系，又字形舒展。

三、规范提示

撇和捺相连，撇出头。

四、课件参考

1. 在撇和捺的连点、两个横的中点画上白点，再画一条垂线，以示这三个点竖直对齐。
2. 在撇和捺的末端画一条虚线，以示撇和捺的末端水平对齐，而且"云"部的第一横在人字头里面，其余部分在外面。

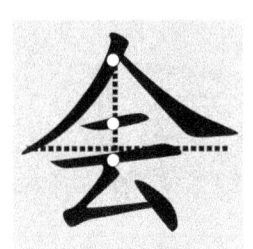

火（huǒ）

一、字理分析

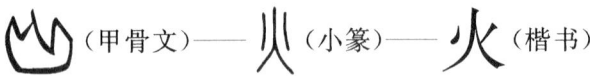

"火"字甲骨文像火焰之形。
本义：物体燃烧时所发出的光和焰。例：水火不容；火焰；火海；烈火。
引申为：
1. 比喻紧急。例：火速；十万火急。
2. 比喻激动、暴躁或愤怒的情绪。例：窝火；火冒三丈；发火；怒火。
3. 发怒。例：恼火；他火儿了。
4. 枪炮子弹。例：军火；火气；火力。
5. 比喻作战的行动。例：火线入党；停火；开火；交火。
6. 红色。例：火狐；火鸡。
7. 热烈，兴旺。例：生意很火；火起来了。
8. 中医指"六淫"之一，是致病的重要因素。例：上火；肝火；去火。

二、书写技法

1. 点和短撇角度对称,点短,撇长。
2. 长撇和捺角度对称,末端水平对齐。
3. 点和短撇都指向长撇和捺的连点,笔画之间联系紧密。

三、规范提示

"火"字正确的笔顺是先两边后中间。

四、课件参考

1. 在长撇和捺的末端画一条虚线,以示这两个笔画的末端水平对齐,使字重心平稳。
2. 在字的外部画一个圆圈,在长撇和捺的连接点画一个白点,以示这个白点在圆圈的中间偏左偏上的位置,即黄金分割点。

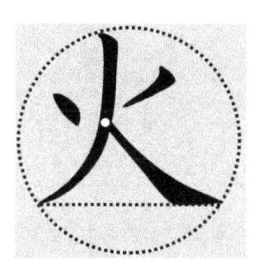

一、字理分析

機(小篆)——機(繁体楷书)——机(简体楷书)

从木幾声。简化为"机"。

本义:古代弓弩上木制的发箭机关。例:弩机;发机。

引申为:

1. 机器。例:织布机;缝纫机;机床。
2. 灵巧,灵敏。例:机巧;机灵。
3. 生活机能。例:有机物;无机物。
4. 特指飞机。例:客机;运输机;战斗机;机场。
5. 事物发生、变化的关键因素,起枢纽作用的环节。例:枢机;契机;生机;危机。
6. 事物发展变化的关键时刻或适宜的时候。例:机不可失;伺机而动;乘机;机遇。
7. 极重要的或有保密性质的事情。例:军机;机要;机密。
8. 心里萌发的念头。例:杀机;心机;动机。

二、书写技法

1. 左半部分窄长,右半部分宽扁。
2. "几"部的上沿和木字旁的横水平对齐。

三、规范提示

"几"部两个笔画相连,撇出头。

四、课件参考

如下图画出四条虚线,B=C,A=D,即为匀称;A>B,D>C,即为内紧外松。

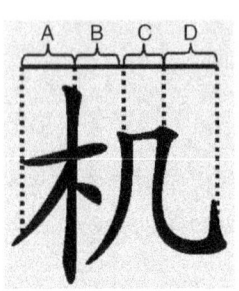

几(jī 或 jǐ)

一、字理分析

"几"有两个来源,即"几"和"幾",为了区别,分别称之为"几₁""几₂"。

"几₁"小篆字形像古人席地而坐时用来倚靠的小矮桌。

"几₂"为从戍从丝。《说文解字》说解为"微也。殆也。从丝从戍。戍,兵守也。丝而兵守者,危也。"后借用"几"字记录该词。

"几₁"本义:古人席地而坐时用来倚靠的小矮桌。读作"jī"。例:凭几;赐几杖。

引申为:

搁置物件的小桌子。例:茶几;几案。

"几₂"本义:细微的迹象,苗头或预兆。读作"jī"。这个意义已不使用。

引申为:

接近某种情况,相当于"将近,差不多"。例:柔肠几断;几遭毁灭。

假借为:

1. 用来询问数目的多少。读作"jǐ"。例:几岁;几斤。
2. 表示二至九之间的不定数目。例:等几天;二十几岁的小伙子。
3. 在具体的上下文里,代替某个确定的数目。例:张三、李四和其他几个人。

二、书写技法

撇的上半部分直,下半部分弯。横折弯钩的第一个横部短,第二个横部长。

三、规范提示

撇和横折弯钩相连,撇出头。

四、课件参考

如下图画出三条竖虚线,A 和 B 宽度接近,即为匀称;C 比 B 宽,即为内紧外松。

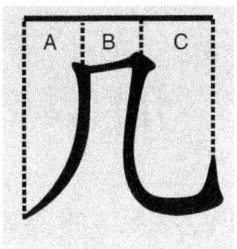

一、字理分析

字形构意不明。

1. 第一人称代词,自己,本身。例:己所不欲,勿施于人。
2. 天干第六位,与地支相配用以纪年月日。例:己巳。

二、书写技法

1. 横折的横部长,竖部短。
2. 三个笔画中竖弯钩最长。
3. 三个横部中第二个最短,即为内紧;第三个最长,即为下松和外松。

三、规范提示

横和竖弯钩相连,竖弯钩出头。

四、课件参考

如下图横和竖弯钩的连点是这个字高度的黄金分割点。

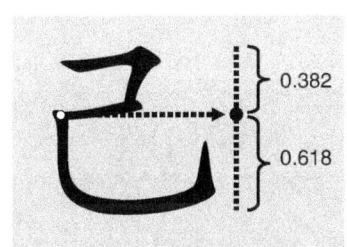

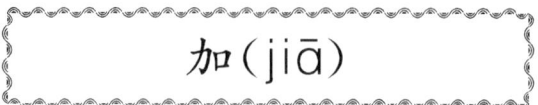

一、字理分析

从口从力。

本义：夸大。例：《左传·庄公十年》"牺牲玉帛，弗敢加也，必以信"。

引申为：

1. 增加，增益。例：加码；加大；加强；加快。
2. 外加，把原来没有的东西添上。例：添加；加引号；加按语。
3. 把一个东西放在另一个东西之上。例：加冕；黄袍加身。
4. 把某种行为放在别人身上。例：强加于人；施加。
5. 施行，采用。例：多加小心。
6. 加法。例：一加一等于二。

二、书写技法

"加"的结构左长右短，左宽右窄。

三、规范提示

右部的"口"在字中间偏下的位置，符合"右旁短小者下落"的书写要求。

四、课件参考

1. 如下图左图画上虚线，在空白处标上 ABC，引导学生观察，A、B、C 的面积基本相等才是字形匀称，因此"口"不能写得太大。
2. 如下图右图从横折钩的起点向右画一条水平线，可以看出"口"部的上沿在这条水平线上。

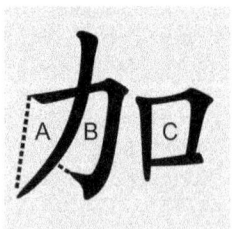 

一、字理分析

"家"字甲骨文形像房屋内有猪之形，以房屋和猪表示一个打破氏族公有制而拥有一定的私有财产的血缘团体。

本义：家庭，人家。例：娘家；张家；婆家。

引申为：

1. 家庭的住所。例：回家。
2. 经营某种行业的人家或从事某种专门活动的人。例：渔家；船家。
3. 工作的处所。例：首长不在家。
4. 掌握某种专门学识或从事某种专门活动的人。例：专家；政治家。
5. 学术流派。例：儒家；法家；墨家；阴阳家。

二、书写技法

1. 字形重心稳定。
2. 四个撇角度平行，撇和捺角度对称。

三、规范提示

第一点不与横钩相连，第二点与横钩相连。

四、课件参考

如下图，在第一笔点的中点、横和第一撇的连点、弯钩的最低点分别画个圆点，再画一条虚线，以示这三个点竖直对齐。

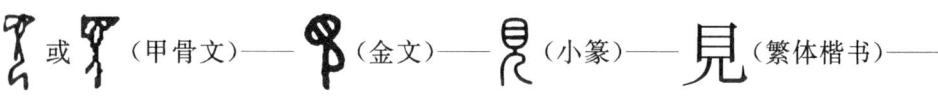

一、字理分析

或（甲骨文）——（金文）——（小篆）——見（繁体楷书）——见（简体楷书）

"见"字甲骨文像跪坐或站立的人而突出眼睛，表示有所见。

本义：看到。例：看见；视而不见；见闻；罕见。

引申为：

1. 会面。例：怕见生人；一见如故；会见；召见。
2. 碰到，接触。例：见火就着；见风流泪；见光。
3. 对事物的认识和看法。例：真知灼见；固执己见；成见；见解；见地。
4. 看得出，显现出。例：相形见绌；见效；见分晓。

5. 听到。例：不见动静。
6. 指明文字的出处或参看的地方。例：见附表。
7. 用在动词后面表示结果，中间可插入"得""不"。例：听不见；梦见；闻见。
8. 表露在外面，使人可以看见。读作"xiàn"。例：图穷匕首见。

二、书写技法

1. 整体上窄下宽，重心稳定。
2. 撇的起点对准横折的横部的中点。
3. 撇的末端和横折钩的最低点水平对齐。

三、规范提示

第二笔是横折，不是横折钩。

四、课件参考

如下图画五条竖虚线，可以看出，A＝D，B＝C，即为匀称；B＜A，C＜D，即为内紧外松。

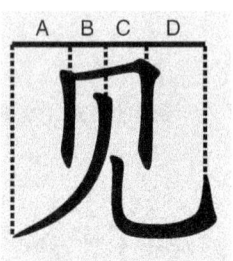

江(jiāng)

一、字理分析

江(小篆) —— 江(楷书)

从水工声。
本义：长江。例：江东；江左；江西；江南。
引申为：
泛指大河。例：江河；珠江；黑龙江。

二、书写技法

1. 三点水窄长，"工"部宽扁。
2. 左右两部分的长度比例约为1∶0.6。

三、规范提示

三点水的第二点在第一点左下方而不是正下方。

四、课件参考

1. 用三条垂线帮助学生分析三点水中两个点画和提画之间的位置关系：三条垂线之间的

距离相等,第一点在2、3号线之间,第二点在1、2号线之间,提在1、3号线之间,2号线穿过提的中点。

2. "工"部的上下两个横画的中心竖直对齐。

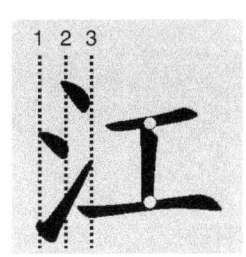

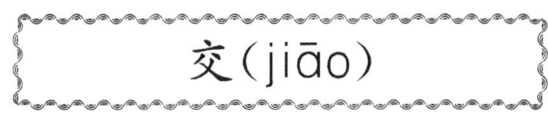

一、字理分析

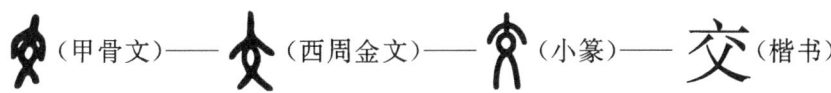

"交"字甲骨文像两腿交叉的正面人形。

本义:交叉,交错。例:相交。

引申为:

1. 结交,交往。例:交朋友;建交。
2. 把事物转移给有关方面。例:交活;交税。
3. 连接,交叉。例:交界。
4. 友谊,交情。例:绝交。

二、书写技法

1. 字形总体左右基本对称。
2. 撇和点、捺角度对称。
3. 撇和撇平行。点、点、捺角度平行。

三、规范提示

第四笔是点,不要写成捺。

四、课件参考

1. 在第一点的中点、横的中点、撇和捺的交点各画一个圆点,画一条虚线以示三个点竖直对齐。
2. 在字的上、中、下各画一条横线,标上A、B、C,B最短,C最长,即为上紧下松,内紧外松。

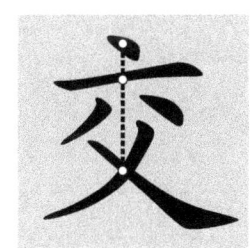 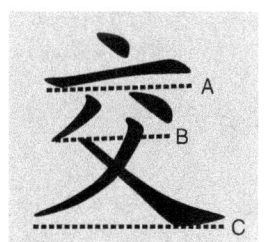

叫（jiào）

一、字理分析

呌（小篆）——叫（楷书）

从口丩声。

本义：呼喊。例：大喊大叫；拍手叫好。

引申为：

1. 鸣叫。例：鸡叫；喜鹊喳喳叫。
2. 称呼，称作。例：叫什么名字。
3. 招呼，唤。例：叫来；叫我一声。
4. 通知人送来。例：再叫两个菜。
5. 要求，命令。例：叫你马上过去。
6. 容许，听任。例：不叫人说话。
7. 介词，被，让。例：叫人笑话。
8. 雄性的。例：叫驴。

二、书写技法

1. 口字旁短小，"丩"部窄长。
2. 四个竖之间的距离基本相等。

三、规范提示

"丩"部的第一笔是竖提，不是竖折。

四、课件参考

如下图画四条竖虚线，以示四个竖之间的距离基本相等。

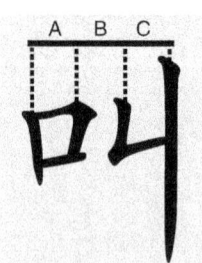

姐（jiě）

一、字理分析

姐（小篆）——姐（楷书）

从女且声。
本义:同父母或同族同辈中年龄比自己大的女子。例:大姐;姐妹;堂姐。
引申为:
1. 同辈亲戚中年龄比自己大的女子。例:表姐。
2. 对年轻或年龄跟自己差不多的女子的称呼。例:李姐;王姐。

二、书写技法

1. 女字旁窄长,"且"部比女字旁稍短。
2. 女字旁朝右的笔画缩短。"且"部的四个横距离相等。

三、规范提示

"且"部中间的两个短横只和左竖相连,不和右竖相连。

四、课件参考

1. "且"部有四个横画,它们之间的距离是相等的。
2. 如下图右图画上三条虚线,标出A、B、C,引导学生观察,这三个图形的面积基本相等,这样字形匀称。

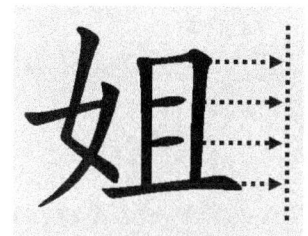 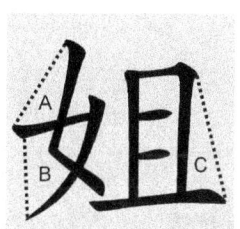

一、字理分析

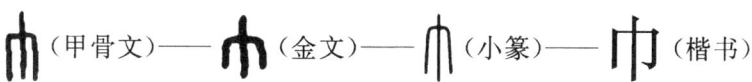

"巾"字甲骨文像佩巾下垂之形。
本义:用来擦抹、包裹或盖东西的小块织物。例:毛巾;手巾;枕巾;围巾;纱巾。

二、书写技法

1. 左右两竖角度对称,右竖稍粗稍长。
2. 左竖和横折钩的位置稍偏上。

三、规范提示

1. 左竖和横折钩相连,左竖出头。
2. 中间的竖画是悬针竖,不要写成垂露竖。

四、课件参考

如下图在左竖的中点画一个圆点,由这个圆点向右画一条横虚线,这条虚线穿过中间的竖的黄金分割点。

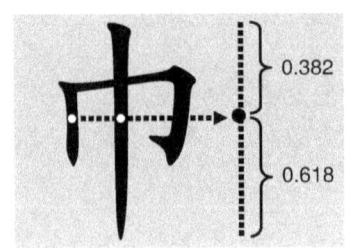

一、字理分析

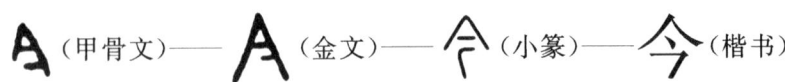

"今"字甲骨文、金文在"亼"字上增加一区别性符号。

本义：现在。例：今非昔比；从今以后。

引申为：

1. 现代。例：古为今用；厚古薄今。
2. 代词，这，此。例：今生今世。

二、书写技法

1. 撇和捺角度对称，末端水平对齐。
2. 点在人字头里面，横折在人字头外面。

三、规范提示

1. 撇和捺相连，撇出头。
2. 末笔横折的末端要顿笔，不要写出尖儿。因为撇和捺的末端有尖儿，点和横折的末端没有尖儿，这样才能形成收放对比。

四、课件参考

1. 如下图左图在撇和捺的连点、点的中点、横部的中点、横折的末端各画一个白点，这四个白点竖直对齐。
2. 如下图右图从撇和捺的末端画一条横虚线，以示这两个笔画的末端水平对齐，同时，点在这条虚线上边，横折在这条虚线下边。

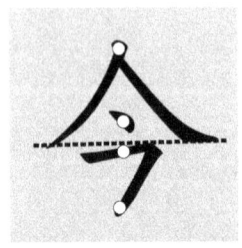

一、字理分析

"金"字金文左边两个圆点像金属块形；到小篆演变为"从土；左右注，象金在土中形；今声"。

本义：金属总名。例：五金；黄金；冶金。

引申为：

1. 货币，钱。例：拾金不昧；现金；金钱；奖金；金额。
2. 金属制成的器物。例：金文；鸣金收兵。
3. 黄金。例：金戒指。
4. 比喻珍贵，尊贵。例：金口玉言；金科玉律；金婚。
5. 金色的。例：金灿灿；金菊。

二、书写技法

1. 整体左右对称，左边的点稍短，右边的撇稍长。
2. 横和横角度平行，撇和捺角度对称，点和撇角度对称，横和竖角度垂直。

三、规范提示

1. 撇和捺相连，撇出头。
2. 不要把字的下半部分写成"玉"。

四、课件参考

1. 如下图左图在撇和捺的连接点、三个横的中点各画一个白点，再画一条垂线，以示这四个点竖直对齐。

2. 如下图右图从撇的末端向右画一条水平线，"金"字第二横正好在这条线上，说明"金"字属于上包下结构的字，人字头包住的是下部的一小部分，下部中的大部分是露在外面的，这样字形上下联系，内紧外松。

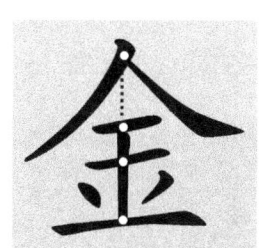 

进(jìn)

一、字理分析

⿓(甲骨文)——⿔(西周金文)——進(小篆)——進(繁体楷书)——进(简体楷书)

"进"字甲骨文从隹从止,"隹"像鸟形,"止"像脚形,鸟能进不能退,因此用"隹""止"表示"向前移动"。

本义：向前移动。例：推进；跃进；进军；进步。

引申为：

1. 从外面到里面。例：进门；进屋。
2. 呈上。例：进言；进奉。
3. 接纳,收入。例：进人；进款；进货。
4. 趋向动词,表示"到里面"。例：走进；攻进；打进。

二、书写技法

"井"部窄长,位置高；走之宽扁,位置低。

三、规范提示

1. "井"部的竖由单字的悬针竖改为垂露竖。
2. 横折弯撇不要写成横折折撇。

四、课件参考

1. 走之底中的点画、横折弯撇中横的末端、横折弯撇与平捺的交点竖直对齐。
2. 书写平捺时要注意方向变化。

京(jīng)

一、字理分析

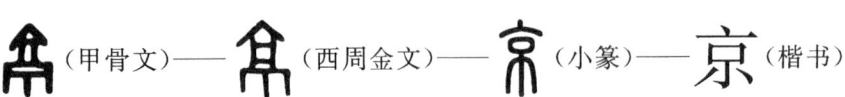

"京"字甲骨文像高大的亭楼形。下边三条竖线表示三根立柱。"京"是古代一切建筑物中最高的,而拥有最高建筑物的地方往往是国都。

本义:大的都城,国都。例:京城;京都。

二、书写技法

1. 整体重心稳定,左右对称。
2. 中间的"口"部最窄,上边的京字头和下边的"小"部都比"口"部宽,这是内紧外松结构规律的体现。

三、规范提示

"小"部左侧是垂点,不能写成撇,否则它和右边的点的联系就不够紧密。

四、课件参考

如下图京字头的宽度为A,"口"部的宽度为B,"小"部的宽度为C,B<C<A以示整个字中间最窄,上下都宽,内紧外松。

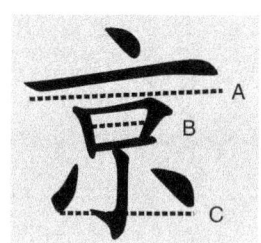

一、字理分析

"经"字金文像织布机上的纵线形。后增加表义构件"糸"。类推简化为"经"。

本义:织布机上的纵线。例:经纬;经线。

引申为:

1. 中医指人体内气血运行通路的主干。例:经脉;经络。
2. 经度。例:东经;西经。
3. 经营,治理。例:经商。
4. 上吊。例:自经。
5. 经过。例:经年累月;几经周折。
6. 历久不变的,正常。例:经常;不经之谈。
7. 经典。例:佛经;十三经。
8. 月经。例:行经;经血。

二、书写技法

左半部分稍窄,右半部分稍宽,左右两部分联系紧密。

三、规范提示

右半部分不要写成"圣"。

四、课件参考

1. 绞丝旁在两条平行线之间。
2. 横折撇中横的中点、"工"部两个横画的中点在一条垂线上,上下对正才能保证字形重心平稳。

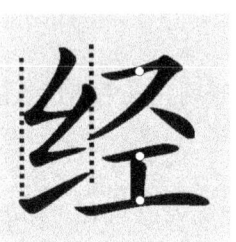

一、字理分析

（甲骨文）——（金文）——九（小篆）——九（楷书）

原始记数符号用一至四横画,表示数字一至四。从五开始,不再用积画的形式,而是用不同组合形式的两条线来表示。"九"的最早字形像两条曲线相交,其中较长的曲线如肘臂,较短的曲线像手形,后隶变作"九"。

本义：八加一之和。例：九十。又表序数第九。例：九等；九级。

引申为：

1. 泛指多数。例：九重天；九死一生。
2. 中国古代哲学概念,《周易》卦中以阳爻为九。例：初九；上九；《说文解字》将九解说为："阳之变也"。
3. 时令名称,从冬至起,每九天为一九。例：三九；四九；九九艳阳天。

二、书写技法

撇和横折弯钩的交点在整个字中偏左偏上,是这个字的黄金分割点。

三、规范提示

先写撇,后写横折弯钩。

四、课件参考

1. 如下图在撇和横折弯钩的交点画一个白点,再分别以虚线画出这个字的宽度和高度,以示无论是横向看还是纵向看,这个交点都是这个字的黄金分割点。

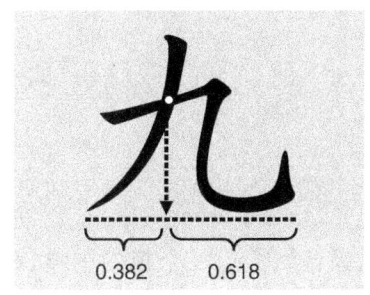
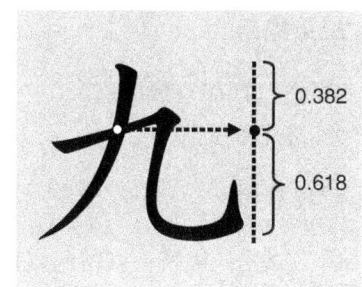

2. 如下图画出四条虚线,以示"九"字各部分的宽度接近,字形匀称。

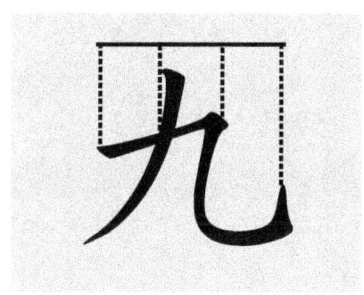

就（jiù）

一、字理分析

𡰱（籀文）——𡰱（小篆）——就（楷书）

从京从尤。"京"有"高"义。整字表示人就高而居。
本义：趋向,往……去。例：水流湿,火就燥。
引申为：
1. 凑近,靠近。例：迁就;避难就易。
2. 到,开始从事。例：就位;就业;就寝;就职。
3. 完成,确定。例：成就;功成名就;铸就。
4. 介词,趁着。例：就近,就便。
5. 菜蔬、水果与主食或酒搭着吃或喝。例：饺子就酒。
假借为：
1. 副词,表示在很短的时间内。例：马上就来。
2. 副词,表示事情发生或结束得很早。例：十六岁就参加革命了。
3. 副词,表示前后事情紧接着。例：撂下炊帚就拿扫帚。

二、书写技法

1. 左右两部分都变窄,距离较近。
2. "京"部的第一横的右半部分明显缩短,"京"部左下的点大,右下的点小,这些都是内紧外松的体现。

三、规范提示

1. 不要把"口"部写成"日"。
2. "尤"部不要丢掉点。

四、课件参考

1. 如下图左图,从第一点的起点向下画一条虚线,这条虚线穿过三个横的中点,和竖钩对齐。这就说明第一点的位置要偏右,才能使左右结构的字内紧外松。
2. 如下图右图,画一大一小两个圆圈,以示"小"部左边的点大,右边的点小,这是内紧外松结构规律的体现。

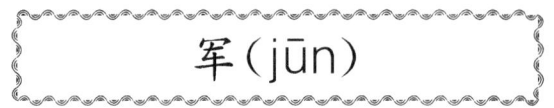

一、字理分析

"军"字古文字形体由两个构件组成,一个是"车",一个是取像环绕之形的"勹"。古代战争中,休止时往往用战车环绕围成营垒。简化为"军"。

本义:营垒,军营。例:《左传·成公十六年》:"宋、齐、卫皆失军"。

引申为:

1. 驻扎。例:沛公军霸上。
2. 武装部队。例:扩军;军人;军工。
3. 军队的编制单位,下辖若干师。例:军长;一个军。

二、书写技法

1. 上下对正,重心稳定。
2. 字的中间最窄,下边最宽。

三、规范提示

1. 第一笔是向左下写的垂点,不是撇,不是竖,也不是向右下写的斜点。
2. 点和横钩相连,点出头。

四、课件参考

1. 如下图左图,在横钩的中点、三个横的中点以及竖的起点各画一个白点,以示这些点竖直对齐,可以使字的重心稳定。

2. 如下面右图画四条白线,分别标为 A、B、C、D,B≈C＜A＜D,即为内紧外松,上紧下松。

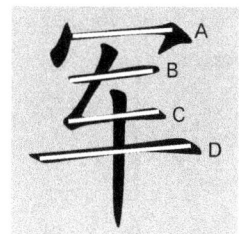

一、字理分析

🞂（石鉢）——🞂（说文古文）——🞂（小篆）——開（繁体楷书）——开（简体楷书）

"开"字古文字形像双手取去门栓之形,本义是"开门"。后来双手形构件变作"廾",汉字简化时又将"门"构件简省。

本义:开门。泛指打开。例:开锁;开箱子;开口。

引申为:

1. 打通,开辟。例:开路;开矿。
2. 展开,分离。例:开花;扣子开了。
3. 解冻。例:七九河开。
4. 发动或操纵。例:开枪;开车。
5. 开办。例:开工厂;开医院。
6. 开始。例:开学;开工。
7. 解除。例:开戒;开禁;开释。
8. 开除。例:双开。

二、书写技法

1. 第一横短,第二横长。
2. 撇短,竖长。
3. 撇和竖把第二横分成三段,中间的部分最短,即为内紧外松。

三、规范提示

第一笔是横,不是撇。

四、课件参考

1. 如下图左图第二横的中点是字高度的黄金分割点。
2. 如下图中图画出虚线,以示字形左紧右松。

3. 如下图右图标出 A、B、C，B＜A＜C，即为内紧外松，左紧右松。

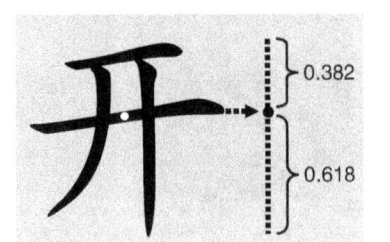 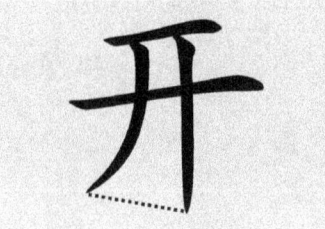 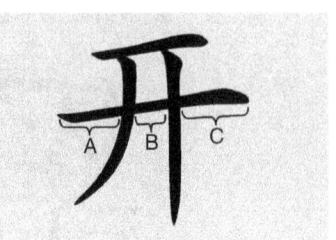

看（kàn 或 kān）

一、字理分析

👁 或 👁（小篆）—— 看（楷书）

"看"字小篆从手下目，或从目乾声。统一作"看"。

本义：主动使视线接触客观事物。读作"kàn"。例：看电影；观看；看花。

引申为：

1. 观察，判断。例：看问题；看本质。
2. 对待。例：刮目相看。
3. 料理。例：照看。
4. 诊治。例：看病；看牙。
5. 探望，访问。例：看望；看病人；看朋友。
6. 守护，照管。读作"kān"。例：看护；看门；看孩子。
7. 监视，监管。例：看守。

二、书写技法

1. 第一撇角度很平，和下边的六个横角度平行，距离相等。
2. "手"部的第二撇位置要偏左，"目"部的位置要稍偏右，以达到字形匀称。

三、规范提示

"目"部中间的两个短横只和左侧的竖相连，不和右侧的竖相连。

四、课件参考

画出九条横虚线，以示横向笔画之间距离基本相等。

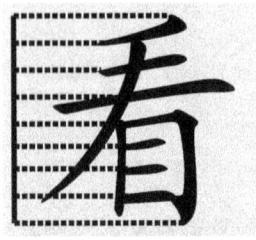

一、字理分析

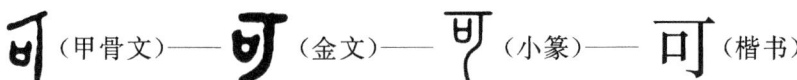

从口丂声。

本义：许可，肯定。例：许可；认可；模棱两可。

引申为：

1. 可以。例：不可忽视；可望不可即。
2. 值得，应该。例：可爱；可恶；可恼；可取。
3. 连词，表示转折。例：话不多，可分量重。

假借为：

适合。例：可心；可人。

二、书写技法

1. 三个横距离相等，三个竖距离相等。
2. "口"部的中心是这个字高度的黄金分割点。

三、规范提示

1. 竖钩从横的中点偏右处起笔。
2. 竖钩的钩部指向横的起点。

四、课件参考

如下图在"口"部的中心画一个黑点，以示这个点是这个字高度的黄金分割点。

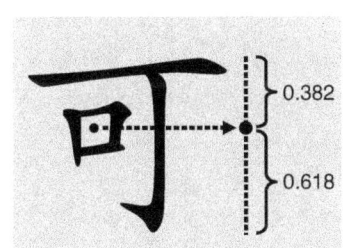

一、字理分析

课(小篆)——課(繁体楷书)——课(简体楷书)

从言果声。类推简化为"课"。

本义：考核。例：课吏。

引申为：

1. 讲授或学习。例：课徒；课诗。
2. 按规定分段进行的教学活动。例：上课；备课；旷课；课堂。
3. 教学活动的时间单位。例：课间；两节课。
4. 按内容性质划分的教学科目。例：语文课；数学课；专业课。
5. 课文。例：这册语文教材有30课。
6. 征收。例：课税。
7. 赋税,租税。例：国课；纳课。
8. 一种占卜方法。例：占课；卜课。

二、书写技法

1. 左半部分窄,右半部分宽。
2. 左右两部分联系紧密。

三、规范提示

1. 口框中的短横不与左右两个竖画相连。
2. "果"部的长竖不带钩。
3. "果"部的撇、捺不写成点。

四、课件参考

1. 言字旁中的点画与横折提的转折处竖直对齐。
2. "果"部四个横画之间的距离相等。
3. "果"部长竖与横画的交点都是横画的中点。

一、字理分析

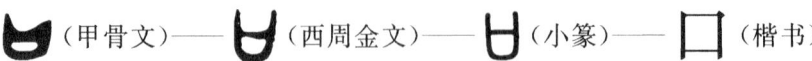

"口"字甲骨文像张口之形。

本义：人和动物用来说话和进饮食的器官。例：口吻；口服；口福；口红；口型。

引申为：

1. 口味。例：口轻；口重。
2. 人口。例：户口；家口。

3. 容器通外面的地方。例：碗口儿；瓶子口儿。

4. 出入通过的地方。例：出口儿；门口儿；关口。

二、书写技法

1. 左右两个竖部角度对称。

2. 横折的横部和竖部长度相等。

三、规范提示

左上、左下都是竖出头，右下是横出头。

四、课件参考

规范书写"口"字，需要注意的是笔画之间的衔接关系，我们把它简单地概括为"顶和拦"，即横折的起笔顶在竖画上，横的起笔顶在竖画上，最后一笔横拦住横折的竖部。

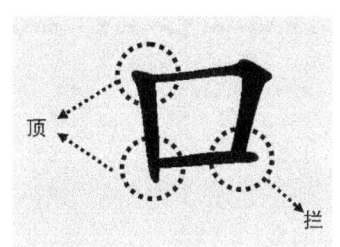

一、字理分析

㗊（小篆）——哭（楷书）

《说文解字》说解为："哀声也。从吅，獄省声"。

本义：因悲伤或过分激动而流泪。例：哭泣；号啕大哭。

引申为：

诉说。例：哭穷。

二、书写技法

1. 两个"口"部的四个竖之间距离相等，第二个"口"部稍大。

2. 上下要对正。

3. 整体上边窄，下边宽，腰部最细。

三、规范提示

1. "口"部的横折不能写成横折钩。

2. "犬"部的点画不要漏写。

四、课件参考

1. "哭"的字形上紧下松,左紧右松。
2. "犬"部的撇画与捺画是对称关系,且撇捺的末端在一条水平线上。

快（kuài）

一、字理分析

从心夬声。

本义：高兴,喜悦。例：大快人心；快事；愉快；快乐。

引申为：

直爽,直截了当。例：心直口快；快人快语；办事爽快。

假借为：

1. 速度大,用时短。例：快车；快速；快刀。
2. 反应快,敏捷。例：手疾眼快；脑子快。
3. 速度。例：你能跑多快？
4. 副词,赶快。例：快走；快说。
5. 副词,表示短时间内就要出现某种情况或接近某一时刻。例：天快黑了；快写完了。

二、书写技法

1. 竖心旁窄,"夬"部宽。左右两部分高度相等,联系紧密。
2. 竖心旁是左松右紧,"夬"部是左紧右松,合起来是内紧外松。

三、规范提示

1. 末笔捺不宜写成点。
2. 竖心旁的正确笔顺是先两边后中间,左点长且垂,不与竖相连,右点短且平,与竖画相连,竖画是垂露竖。

四、课件参考

1. 如下图做出辅助线,撇画与捺画是对称关系,且收笔在一条水平线上。
2. 横折与撇的交点（第一个白点）是横折的横部的中点。
3. 撇与横的交点（第二个白点）、横折与横的交点（第三个白点）将横三等分。

来（lái）

一、字理分析

"来"字甲骨文像一株麦之形。

本义：麦子。

假借为：

1. 从别的地方到说话人所在的地方。例：来往；来宾。
2. 发生，来到。例：问题来了。
3. 未来。例：来日；来年。

二、书写技法

1. 横和竖角度垂直，点和第一撇角度对称，第二撇和捺角度对称。
2. 第二横和竖的交点是这个字的中心。
3. 整个字上窄下宽，左小右大。

三、规范提示

1. 不要把竖写成竖钩。
2. 不要把第二撇和捺写成点。

四、课件参考

如下图在第二横和竖的交点画一个白点，引导学生观察，上边的点和撇都指向这个白点，下边的撇和捺都从这个白点起笔，所以这个白点是这个字的中心。

一、字理分析

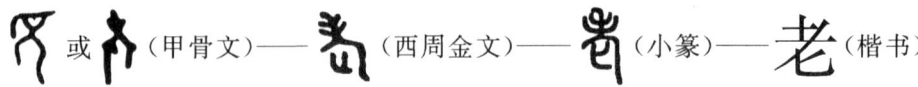

"老"字甲骨文像老者倚杖之形。

本义：年龄大。例：老人；老大爷。

引申为：

1. 老年人。例：敬老院；扶老携幼。

2. 婉辞，指人死（必带"了"）。例：老了人了。

3. 对某些方面富有经验，老练。例：老手。

4. 很久以前就存在的。例：老厂；老脾气。

5. （蔬菜）长得过了适口的时期或食物火候大，或事物变质。例：油菜太老了；鸡蛋煮老了；老化。

6. 副词，意义相当于"很久""经常""很"。例：老好了；老恐怖了。

7. 陈旧。例：老脑筋；老机器。

假借为：

名词的前缀。例：老师；老鼠；老虎。

二、书写技法

1. 横平竖直。

2. 竖的上半部分长，下半部分短。

3. 竖弯钩的起点和上面的竖竖直对齐。

三、规范提示

"匕"部的撇不能出头。

四、课件参考

1. 如下图左图画出虚线，以示上边的竖和下边的竖弯钩的竖部基本对齐。

2. 如下图右图画出虚线，以示字的结构匀称。

乐（yuè 或 lè）

一、字理分析

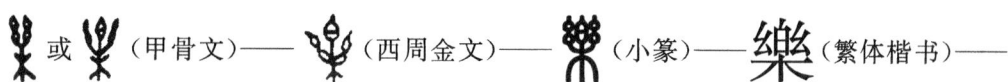

"乐"字甲骨文像丝绳附着于木上，表示琴瑟之意，有的字形还有像调弦之器的"θ"构件。简化为"乐"。

本义：音乐。读作"yuè"。例：奏乐；乐器。

引申为（以下读作 lè）：

1. 快乐。例：欢乐；乐事。
2. 乐于。例：乐此不疲。
3. 笑。例：逗乐。

二、书写技法

1. 竖钩对准撇的中点，穿过横的中点。
2. 两个点角度对称，长度相等。
3. 整个字上边窄，下边宽。

三、规范提示

1. 不要把竖折写成竖和横两笔。
2. 左下的是垂点，不要写成撇，否则失去和右边的点的联系。

四、课件参考

1. 如下图撇的中点、竖钩的起笔处、撇折中横部的中点竖直对正，且它们之间形成的两段距离相等。
2. 两个点的末端在同一条水平线上。

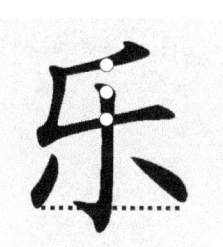

一、字理分析

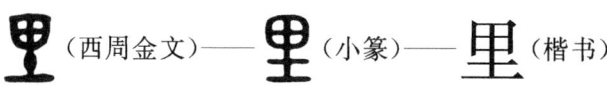

"里"有两个来源，为了区别，分别称之为"里₁""里₂"。

"里₁"字金文从田从土。

"里₂"从衣里声。简化为"里"。

"里₁"本义：人所居住的地方。例：里居。

引申为：

1. 家乡。例：故里；乡里。
2. 街坊。例：邻里；里弄。
3. 量词，长度单位。例：里程；公里。

"里₂"本义：衣服的内层。例：衣里；被里。

引申为：

里边。例：里屋；里脊。

二、书写技法

1. 五个横距离相等，中点竖直对齐。
2. 三个竖距离相等。
3. 中间三个横短，上边的横稍长，下边的横最长，这就是内紧外松，上紧下松。

三、规范提示

1. 横折不要写成横折钩。
2. 口框中间的短横不与左右的竖画相连。

四、课件参考

如下图，"里"字中五个横画的中点上下对正，横画之间的距离相等。

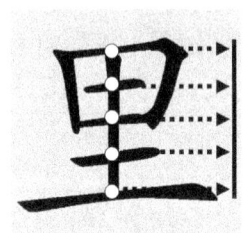

一、字理分析

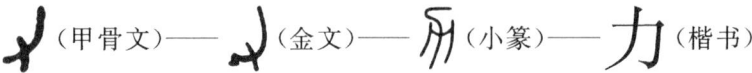

"力"字甲骨文像古代农具耒之形。用耒劳作要用力。

本义：力气。例：有力如虎；韩愈《马说》："是马也，虽有千里之能，食不饱，力不足，才美而不外见。"

引申为：

1. 能力。例：眼力；听力；财力。
2. 事物的效能。例：火力；战斗力；药力。
3. 物理学上能改变物体运动状态的作用。例：冲击力；引力；弹力。
4. 努力，尽力。例：力作；工作不力。
5. 副词，尽力地，竭力地。例：力挽狂澜；力排众议。

二、书写技法

1. 撇穿过横部的中点。
2. 撇和横折钩的竖部角度平行。

三、规范提示

注意"力"字正确的笔顺，先写横折钩。

四、课件参考

1. 在撇与横折钩的交点画一个白点，引导学生观察，撇穿过横折钩的横部的中点。
2. 在横折钩的起点画一个正方形，在撇的末端画一个三角形，在横折钩的最低处画一个六边形，引导学生观察：三角形比正方形偏左，才能避免字形上宽下窄；六边形比三角形偏下，才能避免字形左大右小。
3. 在横折钩的起点和撇的末端之间画一条虚线，引导学生观察，这条虚线和横折钩的竖部角度平行，字形才匀称。

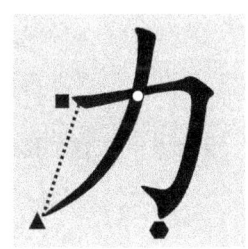

一、字理分析

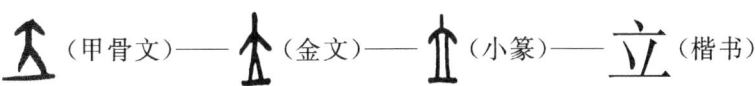

"立"字甲骨文像人立于某处。

本义：站立。例：立正；肃立。

引申为：

1. 使竖立，使物体的上端向上。例：立竿见影。
2. 直立的。例：立领；立柜。
3. 建立，树立。例：立功；立志。
4. 制定，订立。例：立法；立约。

5. 存在，生存。例：自立；独立。
6. 确定继承地位。例：立嗣。

二、书写技法

1. 这个字左右基本对称，只是左边的点短，右边的撇长。
2. 这个字上边窄，下边宽。

三、规范提示

字中的第二个点不与上下两横相连，撇画与第二横相连，且交点是横的中点。

四、课件参考

1. 如下图左图，在第一个点的中点、两个横的中点各画一个白点，再画一条垂线，以示这三个点竖直对齐。
2. 如下图右图，在第二个点和撇中间画一条虚线，引导学生观察这条虚线比上边的横和下边的横都短，以示这个字的腰部较细，即内紧外松。

脸（liǎn）

一、字理分析

臉（繁体楷书）——脸（简体楷书）

从肉佥声。类推简化为"脸"。

本义：两颊。例：两脸紫涨；两脸明且光。

引申为：

1. 头上从额到下巴的部分。例：洗脸；脸庞（盘儿）；脸色。
2. 面子。例：不要脸；没脸；丢脸；赏脸。
3. 脸上的神态表情。例：愁眉苦脸；笑脸；翻脸。
4. 某些物体的前部。例：门脸儿；鞋脸儿。

二、书写技法

1. "月"部窄而短，"佥"部宽而长。
2. 左右两部分联系紧密。

三、规范提示

"月"部中两个短横与撇画相连,不与竖部相连。

四、课件参考

1. 如下图左图,在撇和捺的连点、两个横的中点和第二点的中点各画一个白点,再画一条虚线,以示这四个点竖直对齐。

2. 如下图右图,在"月"部两个短横之间画一个白点,在"佥"部的第一横的起点画一个白点,在这两个白点之间画一条虚线,引导学生观察这两个白点分别是左右两个部件的高度的黄金分割点。

两(liǎng)

一、字理分析

"两"字金文像古代车辕前部衡上著以双軛之形,即缚双軛于衡,后来上加"一"作为饰笔。简化为"两"。

本义:两个,双重。例:两扇门;两半;两岸;两栖。

引申为:

1. 双方。例:两便;两可;两全其美。
2. 表示不定的数目,和"几"差不多。例:有两下子;过两天。

假借为:

质量或重量单位,古代十六两等于一斤(现代十两等于一斤)。例:半斤八两。

二、书写技法

1. 两个横角度平行,两个撇角度平行,两个点角度平行。
2. 两个竖角度对称,撇和点角度对称。

三、规范提示

两个点不要写成捺。

四、课件参考

1. 如下图左图,在两个竖、两个撇的起点各画一条垂线,可以看出这四条线之间距离相等。

2. 如下图右图,在这个字的左边、中间、右边各画一个箭头,以示处在内部的撇、点最短,外边的竖和横折钩则比较长,这就是内紧外松结构规律的体现。左边的竖和右边的竖弯钩相比,右边的笔画长,这就是左紧右松结构规律的体现。

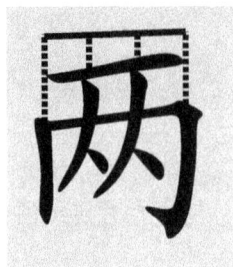 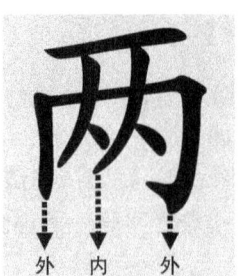

亮(liàng)

一、字理分析

本义:明亮。例:亮堂堂;雪亮。

引申为:

1. 动词,显现出光亮。例:天亮了;亮着灯。
2. 名词,光线。例:里面一点儿亮儿没有。
3. 灯火等照明物。例:拿个亮儿来。
4. 声音大而清脆悦耳。例:洪亮;嘹亮;响亮。
5. 明白。例:打开窗子说亮话。
6. 摆在明处,显露出来。例:把底牌亮出来;亮相。

二、书写技法

1. 五个横的距离相等,中点竖直对齐。
2. 各部分中"口"部最窄,秃宝盖和"几"部最宽。

三、规范提示

第六笔是垂点,不要写成斜点。

四、课件参考

1. 在每个横的起点画一条虚线,以示这些横之间的距离相等。
2. "口"部的底横就是这个字高度的黄金分割点。

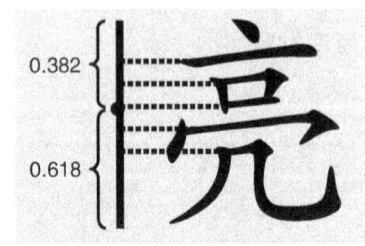

了(liǎo 或 le)

一、字理分析

了(小篆)—— 了(楷书)

"了"字小篆字形与"子"形相近,但是没有手臂,《说文解字》说解为:"尦也。从子无臂。象形"。本义:走路时足胫相交。这个意义已不使用。

假借为:

1. 结束。读作"liǎo"。例:了结。
2. 决定,决断。读作"liǎo"。例:了断。
3. 聪明,有才智。读作"liǎo"。例:聪了。
4. 明白,知道得很清楚。读作"liǎo"。例:了然于胸;了解。
5. 助词,用在动词、形容词后表示完成。读作"le"。例:走了;完了。
6. 语气词,用于句末。读作"le"。例:走远了;写好了。

二、书写技法

1. 横折撇的末端和横部的中点竖直对齐。
2. 弯钩比较长。

三、规范提示

两个笔画相连,弯钩出头。

四、课件参考

如下图,在横的中点、横折撇和弯钩的连点、弯钩的最低点各画一个白点,再画一条垂线,以示这三个点竖直对齐。

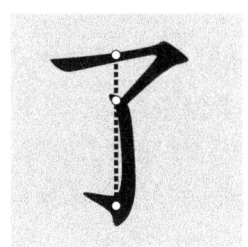

一、字理分析

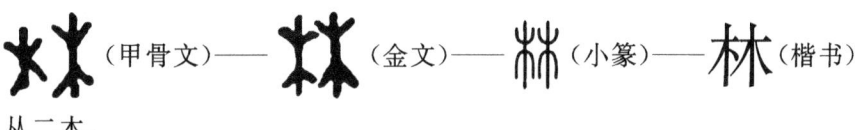

从二木。

本义：成片的竹、木。例：树林；桃林；竹林。

引申为：

1. 林业。例：农林牧副渔。
2. 比喻聚集在一起的同类事物。例：石林；碑林；儒林；艺林。

二、书写技法

1. 左半部分小，右半部分大。
2. 左半部分朝右的笔画缩短，右半部分朝左的笔画缩短。

三、规范提示

左边的"木"的捺缩短为点。

四、课件参考

让两个学生表演，如下图左图为结构内紧外松，右图是内松外紧。

六（liù）

一、字理分析

原始记数符号用一至四横画，表示数字一至四。从五开始，不再用积画的形式，而是用不同组合形式的两条线来表示。"六"的最早字形用两条线相接成上尖形表示，隶变作"六"。

本义：数词，五加一的和。例：六十；十六。又表序数第六。例：六级；六等。

引申为：

中国古代哲学概念，《周易》称卦中阴爻为六。例：上六；阴变于六。

二、书写技法

1. 第一点的中点和横的中点竖直对齐。
2. 撇和第二点角度对称，长度相等。
3. 撇和第二点之间距离稍近。

三、规范提示

1. 第三笔是撇，不是点。
2. 第四笔是点，不是捺。

四、课件参考

按照下图画四条虚线,以示左右距离相等,中间距离较紧,这样既能保证字形匀称,又稍内紧外松。

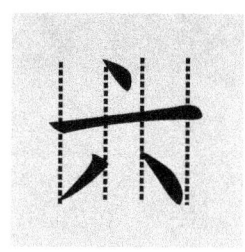

一、字理分析

媽(繁体楷书)——妈(简体楷书)

从女馬声。类推简化为"妈"。

本义:母亲。例:爹妈;老妈;妈妈。

引申为:

1. 对长辈亲属中已婚女性的称呼。例:大妈;舅妈;姨妈;姑妈。
2. 对年岁大的已婚妇女的尊称。例:老大妈;李大妈。
3. 旧时称老年女仆。例:王妈;张妈。

二、书写技法

1. 左右两部分长度相近,左半部分窄,右半部分宽。
2. 左右两部分联系紧密。
3. 女字旁朝右的笔画(即横、点)缩短。

三、规范提示

1. 第一笔撇点不要写成撇捺。
2. 女字旁的第三笔提右边不出头。

四、课件参考

1. 如下图画出圆圈,以示横变为提后右边不出头。
2. 如下图画出圆形、正方形和三角形,引导学生观察三个图形所指的笔画的长短,进而理解结构的内紧外松和左紧右松。

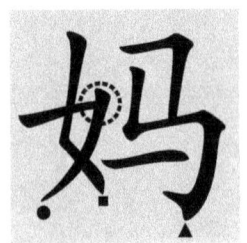

一、字理分析

"马"字甲骨文像马之形。简化为"马"。
本义：哺乳动物"马"。例：枣红马；千里马。
引申为：
大。例：马勺；马蜂。

二、书写技法

1. 字的第一个横部的长度是第二个的 0.6 左右。
2. 字的第二个横部和末笔横长度相等。

三、规范提示

竖折折钩的起笔处不与横折相连。

四、课件参考

1. 如下图左图，在字的左右两侧画斜线，这两条斜线角度对称，可以保证字形稳定。
2. 如下图左图，从钩的末端向竖折折钩的左端画一条虚线，这条虚线和横的交点是横的中点，这样可以使字形匀称。
3. 如下图中图，竖折折钩的横部被横折分成 AB 两段，A 段短，B 段长，即为内紧外松。
4. 如下图右图，画两条虚线，以示"马"字第三笔横和竖折折钩的横部的距离等于它和竖折折钩的钩尖之间的距离。

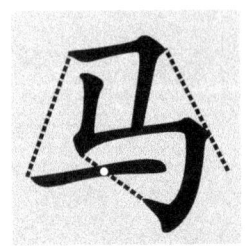 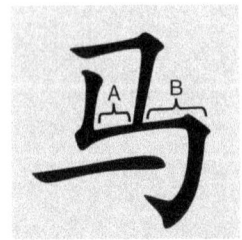 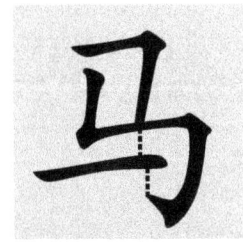

猫（māo）

一、字理分析

从豸苗声，简化为"猫"。
本义：一种哺乳动物，喜捕老鼠。例：花猫；黑猫；白猫。
引申为：
躲藏。例：猫冬；猫在家里。

二、书写技法

1. 左右两部分长度相近，左半部分窄，右半部分宽。
2. 左右两部分的联系很紧密。

三、规范提示

1. 反犬旁的第二撇不出头。
2. "田"部中间的短横不要与左右两竖相连。

四、课件参考

1. 如下图画四个白点，以示"苗"部四个横画的中点竖直对齐。
2. 如下图画两条虚线，以示反犬旁和"苗"部长度基本相等，位置水平对齐。

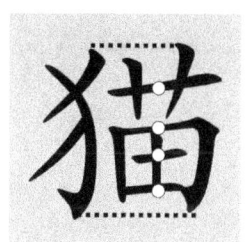

毛（máo）

一、字理分析

《说文解字》解释为："眉发之属及兽毛也。象形"。
本义：动植物皮上所生的丝状物；鸟的羽毛。例：猪毛；鸟毛；鸡毛。
引申为：
1. 特指人的须发。例：眉毛；鬓毛；汗毛。
2. 细小，细微。例：毛细血管；毛毛雨。

3. 货币贬值。例：钱毛了。
4. 物体上长的丝状霉菌。例：馒头长毛了。
5. 量词，用于钱的单位。例：一毛钱；毛票。

二、书写技法

1. 撇的角度很平，两个横左低右高，这样前三笔的角度接近平行。
2. 竖弯钩穿过两个横的中点。
3. 整个字上窄下宽，左紧右松，内紧外松。

三、规范提示

第一笔撇不要写成横。

四、课件参考

如下图标出四条虚线，以示字形的松紧变化。

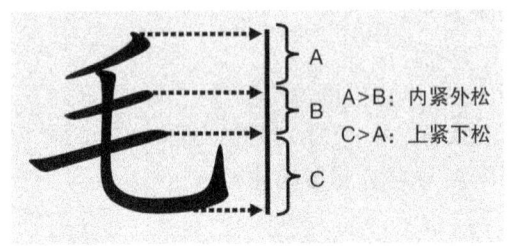

没(mò 或 méi)

一、字理分析

"没"字小篆从水从殳。

本义：沉入水中。读作 mò。例：没水；沉没。

引申为：

1. 终，尽。例：没世；没齿难忘。
2. 消失。例：神出鬼没；隐没。
3. 收归公有或据为己有。例：没收；罚没。
4. 漫过或高过。例：积雪没膝；没顶。
5. 没有，无。读作"méi"。例：没做；没说；没来。

二、书写技法

1. 左半部分窄而短，右半部分宽而长。
2. 左右两部分联系紧密。
3. "殳"部的上半部分占总高度的 0.4 左右，下半部分占总高度的 0.6 左右。

三、规范提示

"殳"部的第二笔是横折弯,不是横折弯钩。

四、课件参考

1. 如下图,从提的末端向下一笔撇的起点画一个箭头,以示左半部分的最后一笔和右半部分的第一笔相联系。
2. 在第二点的中点画一个白点,以示这里是这个字的高度的黄金分割点。
3. 从第二点的中点向右画一条横线,到达"殳"部的横折弯的低处,以示"殳"部的上半部分占总高度的0.4左右。

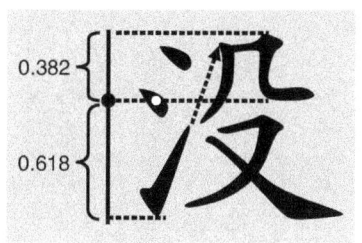

一、字理分析

——————每(楷书)

"每"字甲骨文像女人戴头饰之形。因字形演变丧失原始构意,《说文解字》把小篆字形说解为:"艸盛上出也。从中母声"。

本义:美。这个意义已不使用。

假借为:

1. 全体中的任何个体,强调个体的共同点。例:每人;每个。
2. 表示同一动作有规律地反复出现。例:每逢双月出版。
3. 表示动作、行为发生的次数多,相当于"常常"。例:每为人所欺。

二、书写技法

1. 上下对正。
2. 笔画之间的横向距离基本相等,竖向距离基本相等,字形匀称。
3. 整体上窄下宽,左小右大。

三、规范提示

1. 竖折的右边要出头。
2. 两个点不要连成一笔。

四、课件参考

1. 如下图左图,从撇的起点向下画一条垂线,穿过长横的中点,和横折钩的末端竖直对齐。

2. 如下图中图画六条横线,以示这个字内的横向笔画之间的距离基本相等,字形匀称。
3. 如下图右图画四条竖线,以示字形匀称。

 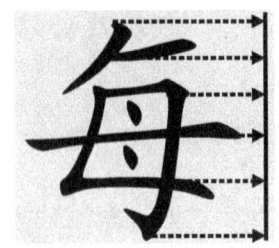 

美(měi)

一、字理分析

"美"字甲骨文像人头戴兽角毛羽之类的装饰物形。早期社会,人们为了猎取野兽,往往披皮戴角,装扮成野兽的样子,以便于接近野兽而射击之,这是远古时期常用的狩猎方法。原始巫术和舞蹈是对日常劳动生产活动的再现,再现狩猎活动的巫术和舞蹈中,巫师和舞者常常模仿猎者形象——头戴兽角毛羽,这种道具逐渐被先民看作是美观的,可见,甲骨文"美"字突出的是头饰之美。

本义:美丽,好看。例:美观;美貌。

引申为:

1. 使美丽。例:美容;美发。
2. 令人满意的,好。例:美酒;美满。
3. 美好的事物。例:美不胜收;夺人之美。

假借为:

"美国""美洲"的简称。例:美式;英美;北美。

二、书写技法

1. 上下对正。
2. 四个横的中点竖直对齐,距离相等,长度不同。
3. 整体左右基本对称,右边稍大。

三、规范提示

1. 四个横中第二横最短,第四横最长。
2. 撇和竖不要连成一笔。

四、课件参考

1. 如下图画四个白点,以示四个横的中点竖直对齐。
2. 如下图画两条虚线,以示字形左右对称,上窄下宽。

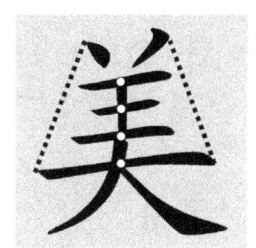

妹（mèi）

一、字理分析

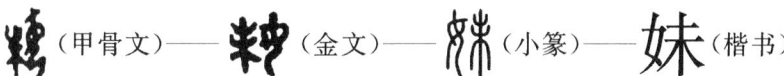

从女未声。

本义：同父母或同族同辈中年龄比自己小的女子。例：小妹；姐妹；堂妹。

引申为：

1. 同辈亲戚中年龄比自己小的女子。例：表妹。
2. 年轻女子，姑娘。例：外来妹；打工妹。

二、书写技法

1. 女字旁窄而短，朝右的笔画（横、点）缩短。
2. "未"部宽而长。
3. 左右两部分联系紧密。

三、规范提示

1. "女"做女字旁后横变为提，而且右边不出头。
2. "未"部第一横短，第二横长，不要写成"末"。

四、课件参考

如下图在字的左下画一个圆点，在字的正下画一个正方形，在字的右下画一个三角形，它们三个分别代表字的左、中、右，引导学生观察，正方形的位置最高，即在这个位置的笔画最短，即为字形的内紧；三角形的位置最低，即在这个位置的笔画最长，即为字形的外松、右松。

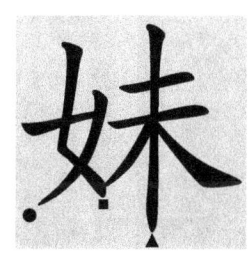

门（mén）

一、字理分析

𠁣（甲骨文）——𠁣（金文）——門（小篆）——門（繁体楷书）——门（简体楷书）

"门"字甲骨文像双扇门之形。后简化为"门"。

本义：房屋、车船等的出入口。例：房门；大门；正门；车门。

引申为：

1. 器物上可以打开和关闭的部分。例：冰箱门；柜门儿；炉门儿。
2. 起开关作用的或像门的东西。例：闸门；球门；电门；油门。
3. 家族或家庭。例：长门长子；门风；寒门。
4. 学术、思想或宗教上的派别。例：佛门；教门。
5. 特指老师或师傅的门庭。例：同门；门生；门徒。
6. 泛指一般事物的类别。例：专门；五花八门；分门别类。
7. 生物学分类范畴的第二级。例：被子植物门。
8. 途径，诀窍。例：门道；门路；窍门儿。
9. 量词，用于课程、技术、亲戚、火炮等。例：两门课；一门亲戚；一门大炮。

二、书写技法

1. 竖在点的左下，用垂露竖。
2. 横折钩在点的右下。
3. 两竖的角度对称。
4. 整体上边窄，下边宽；左边短，右边长。

三、规范提示

简化字"门"的笔顺是点→竖→横折钩。

四、课件参考

1. 展示"门"字的甲骨文、金文、小篆、隶书写法，引导学生理解字形、字义。

甲骨文	金文	小篆	隶书
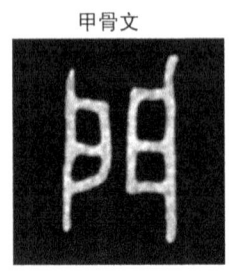		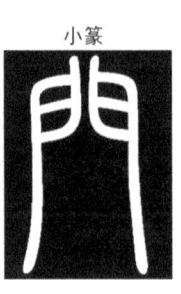	

2. 展示"门"字的繁体楷书、行书、草书、简体楷书写法,引导学生理解字形简化的过程。

| 繁体楷书 | 行书 | 草书 | 简体楷书 |

  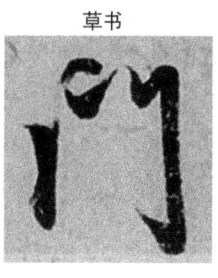 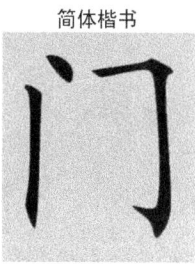

们（men 或 mén）

一、字理分析

們（繁体楷书）——们（简体楷书）

从人门声。后来类推简化为"们"。

们,读作"men",本义:词缀,用在人称代词或指人的名词后面表示复数。例:我们;孩子们。

们,读作"mén",图们江。

二、书写技法

1. 单人旁窄而长,"门"部宽而短。

2. 单人旁中的竖画从撇画的中点处起笔,竖画为垂露竖。

三、规范提示

两个竖均为垂露竖,不要写成悬针竖。

四、课件参考

1. 如下图左图所示,画五条垂线,以示字内的纵向距离基本相等,字形匀称。

2. 如下图右图所示,在左竖、中竖、右竖的下边分别画一个圆形、正方形、三角形,以示竖向笔画中中间的(正方形的位置)最短,右边的(即三角形的位置)最长,即字形内紧外松,左紧右松。

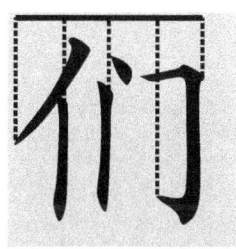 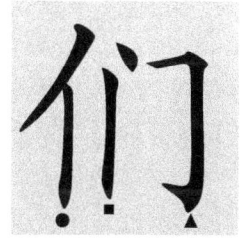

一、字理分析

"米"字甲骨文像米粒琐碎纵横之状。
本义：稻米，大米。例：糯米。
引申为：
1. 泛指去掉壳或皮后的种子，多指可以吃的。例：小米；高粱米；花生米。
2. 小粒像米的东西。例：海米；米兰。
假借为：
长度单位。例：三米。

二、书写技法

1. 点和撇角度对称。
2. 横和竖角度垂直。
3. 撇和捺角度对称。
4. 整体上窄下宽，左小右大，内紧外松。横和竖的交点是这个字高度的黄金分割点。

三、规范提示

撇和捺都从横和竖的交点起笔。

四、课件参考

1. 如下图左图，把字的左右两侧的笔画用虚线连起来，可以看出这两条虚线角度对称，这样字形稳定。
2. 如下图右图，从第二撇向第一撇画一个箭头，以示两个撇之间的联系。
3. 如下图右图，从捺向点画一个箭头，以示两个笔画之间的联系。

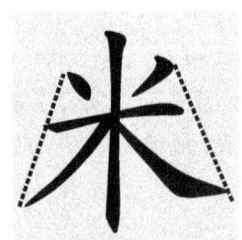 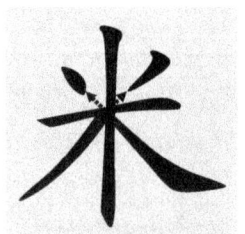

一、字理分析

（甲骨文）—— （小篆）—— 面（楷书）

麵（繁体楷书）—— 面（简体楷书）

"面"有两个来源，即"面"和"麵"，为了区别，分别称之为"面₁""面₂"。

"面₁"甲骨文字形像人面形，外像面部轮廓，内像眼睛，因五官中最引人注意者莫过于眼睛。

"面₂"从麥，面声。后来简化为"面"。

"面₁"本义：脸。例：面部；面孔。

引申为：

1. 物体的表面。例：水面；地面。
2. 东西露在外面的那一层或纺织品的正面。例：鞋面；布面。
3. 向着，对着。例：背山面水；面南坐北。
4. 几何学术语，即一条线移动所构成的图形。例：面积。

"面₂"本义：麦子磨成的粉，也泛指粮食磨成的粉。例：豆面；玉米面。

引申为：

1. 粉末。例：药面；胡椒面。
2. 面条。例：挂面；汤面；凉面。

二、书写技法

1. 第一横稍短。撇从横的中点偏左的位置起笔。
2. 字的下半部分的四个横距离基本相等，四个竖之间的距离也基本相等。
3. 字的下半部分上宽下窄。

三、规范提示

1. 撇和横折相连，不出头。
2. 字的下半部分中间的两个短横只和左侧的竖相连，不和右侧的竖相连。

四、课件参考

如下图，用白点标出中间的两个竖画的起点和终点，上面的两点和下面的两点将横折的横部和最后一个横画三等分，这样才能保证字形的匀称。

民（mín）

一、字理分析

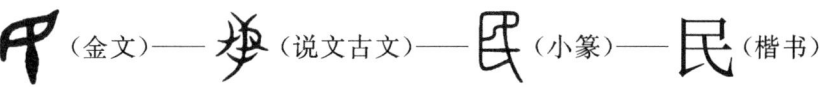
（金文）——（说文古文）——（小篆）——民（楷书）

"民"字金文像一尖锐之物刺向左眼之形。远古时期,把俘虏作为奴隶时,常常刺瞎其左眼作为奴隶的标志。

本义:奴隶。这个意义已不使用。

引申为:

1. 以劳动群众为主体的社会基本成员。例:人民;民生;民主;国民;民众。
2. 民间。例:民谣;民歌;民俗。
3. 某个民族的人。例:回民;藏民。
4. 从事某种工作的人。例:农民;牧民;渔民。
5. 非军人,非军事的。例:民用;民航。

二、书写技法

1. 三个横都左低右高,角度平行,距离相等。
2. 整体上窄下宽,左小右大。

三、规范提示

1. 斜钩和第二笔横是相接而不是交叉关系。
2. 第四笔是横,不是撇。

四、课件参考

要注意"民"上部扁口的规范写法:横折与竖提的交接处是竖画出头,横折与横画的交接处是横画出头。第四笔与斜钩的交点是横的中点。

一、字理分析

"明"字甲骨文、说文古文字形从日从月,金文、小篆字形从月从囧,囧像窗棂之形。后来统一规范为"明"。

本义:光明,明亮。例:若明若暗;照明;明珠;明亮。

引申为:

1. 特指天亮。例:黎明。
2. 晚于当前的。例:明天;明年;明春;明早。

3. 清楚,明白。例:爱憎分明;说明;查明;简明;明快。
4. 懂得,了解。例:深明大义;读书明理;不明真相。
5. 使清楚,表明。例:开宗明义;明志。
6. 公开的,显露的。例:有话明说;明争暗斗;明码标价。
7. 副词,表示显然如此或确实如此。例:明知故问。
8. 视觉,视力。例:失明;明察秋毫。
9. 视力好,目光敏锐。例:耳聪目明;眼明手快;精明;高明;明智。

二、书写技法

1. "日"部的长度是"月"部的 0.6 左右,符合黄金分割比。
2. 四个竖向笔画之间距离相等。
3. "日"部在字中的位置稍偏上。

三、规范提示

1. "日"部中间的短横只和左侧的竖相连,不和右侧的竖相连。
2. "月"部中间的两个短横只和左侧的撇相连,不和右侧的竖相连。

四、课件参考

1. 如下图左图,从"日"部的三个横向"月"部的三个横画箭头,以示它们之间的相互位置。
2. 如下图右图,在字的上边画一条水平线,再向下画四条垂线,以示四个竖向笔画之间距离相等。

 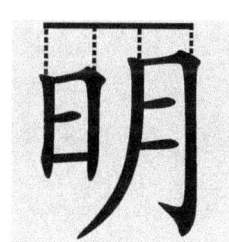

木(mù)

一、字理分析

"木"字甲骨文像一棵树之形(上像树冠,下像树根)。
本义:树,木本植物的通称。例:十年树木;伐木;乔木;林木;果木。
引申为:
1. 木材,木料。例:槐木;楠木。
2. 棺材。例:行将就木;寿木。
3. 朴实。例:木讷。
4. 呆,愣,反应不快。例:木然;呆头木脑。

5. 局部感觉丧失。例：脑袋发木；手冻木了。

二、书写技法

1. 横短，竖长。
2. 竖穿过横的中点，上半部分短，下半部分长。
3. 横和竖角度垂直。
4. 撇和捺都从横和竖的交点起笔，角度对称，末端水平对齐。

三、规范提示

1. 竖不要写成竖钩。
2. 撇和捺的末端要高于竖的末端。

四、课件参考

比较"木""本""末"三个字的小篆和楷书写法，引导学生观察理解："木"字的本义是树，"本"指树根，"末"指树梢。

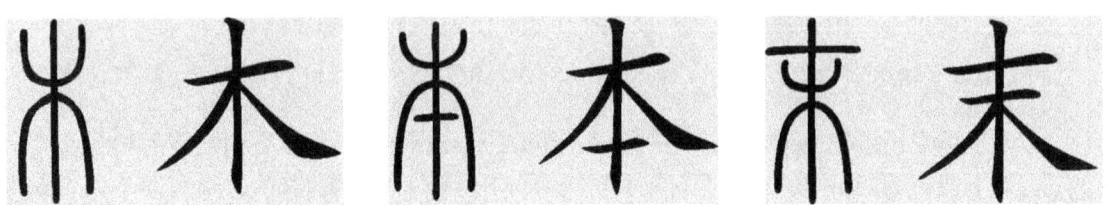

一、字理分析

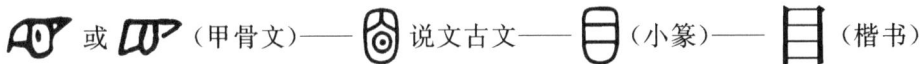

"目"字甲骨文像眼睛之形。

本义：眼睛。例：耳闻目睹；耳目一新；目视。

引申为：

1. 看，看待。例：一目了然；目为奇迹。
2. 网上的孔。例：纲举目张；纲目。
3. 项目。例：细目；要目。
4. 目录。例：书目；剧目；节目；账目。
5. 生物学分类范畴的一个等级。例：灵长目；蔷薇目。
6. 名称，标题。例：题目；名目。

二、书写技法

1. 整体为长方形。
2. 四个横距离相等。

三、规范提示

1. 中间的两个短横只和左侧的竖相连,不和右侧的竖相连。
2. 字的下边是竖出头。

四、课件参考

1. 展示"目"字和"臣"字的甲骨文、金文、小篆、楷书写法,引导学生观察,"臣"字像竖立的眼睛,地位低的人经常低着头看人,这时从侧面看他的眼睛是竖立的,所以"臣"字引申为地位低的人。

2. 人在睡觉时多采用侧卧姿势,这时人的眼睛也是竖立的,所以"卧"字的左半部分是"臣"。

那(nà 或 nā 或 nǎ)

一、字理分析

𨙻(小篆)——那(楷书)

从邑冄声。后来写作"那"。
本义:古代西夷国名。读作"nuó"。这个意义现已不用。
假借为:
指示代词。读作"nà"。例:那个;那人;那些。
那,读作"nā",姓。
那,读作"nǎ",旧同"哪"。

二、书写技法

1. 左半部分的撇被分成三部分,第一、二部分之和等于第三部分。
2. 右耳刀的横撇弯钩的高度是竖的 0.6 左右。
3. 整体左半部分宽而短,右半部分窄而长。

三、规范提示

1. 左半部分的两个横不和右边的竖相连。
2. 右耳刀的左上是竖出头,不是横撇弯钩出头。

四、课件参考

如下图,在撇的三段左侧标出 A、B、C,引导学生观察,A=B,A+B=C,这样就达到了匀称基础上的上紧下松。

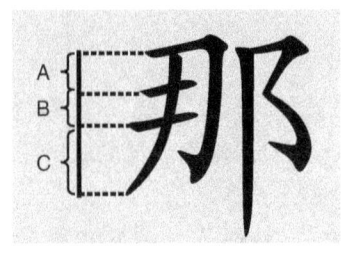

一、字理分析

奶 或 嬭(繁体楷书)——奶(楷书)

从女乃声。

本义:乳房。

引申为:

1. 乳汁,乳制品。例:喂奶;吃奶;奶粉;奶油。
2. 妇女用乳汁喂养(孩子)。例:奶孩子。
3. 婴儿时期的。例:奶名;奶牙。

二、书写技法

1. 女字旁窄而短,朝右的笔画(横、点)缩短。
2. "乃"部笔画少,所占空间大,为了和女字旁的内部空间达到基本相等,"乃"部要写得小一点。
3. 左右两部分距离较近,联系紧密。

三、规范提示

1. "女"做女字旁后横变为提,而且右边不出头。
2. "乃"部左上是横折折折钩出头,撇不能出头。

四、课件参考

如下图,在字的下边分别画一个圆形、正方形、三角形,引导学生观察,从横向看,处在正方形位置的中间的笔画最短,处在三角形的位置的右边的笔画最长,即字形内紧外松,左紧右松。

你（nǐ）

一、字理分析

从人从尔。
本义：第二人称代词。例：你们；不分你我。

二、书写技法

1. 单人旁的竖从撇画的中点处起笔，竖是垂露竖。
2. 横钩的起笔处在撇画较低的位置。
3. 左右两个撇画是斜向平行的关系。

三、规范提示

注意竖钩不与横钩相连。

四、课件参考

1. 如下图左图所示，从"尔"部的撇的起点向下画虚线，和竖钩竖直对齐，可以保证重心稳定。
2. 如下图右图所示，从两个点的中点画一条水平线，正好穿过竖钩的中点，这样可以帮助学生把握笔画的相互位置。

 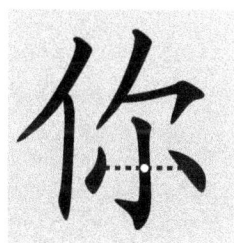

3. 如下图左图所示，沿字的上下轮廓各画一条斜线，这两条斜线角度对称，以示字形匀称。
4. 如下图右图所示，从最后一笔点向第一笔撇的起点画一条线，以示最后一笔和第一笔相呼应，即首尾呼应，前后联系。

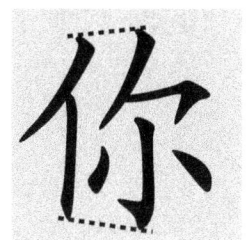 

年（nián）

一、字理分析

"年"字甲骨文像人背禾之形,表示丰年收获之意。
本义:五谷成熟。例:有年。
引申为:
1. 一年中庄稼的收成。例:丰年;年成;歉年。
2. 时间单位。例:今年;闰年。
3. 每年的。例:年会;年鉴。
4. 年龄,岁数。例:年纪;年龄。
5. 一生中按年龄划分的阶段。例:童年;少年;青年;中年;老年。

二、书写技法

1. 撇和水平线的夹角约为 45°。
2. 三个横的中点竖直对齐,距离相等。
3. 竖被分成三段,第一段和第二段长度相等,第一、二段之和等于第三段。
4. 第三横被分成三段,第二段短,即为内紧外松。

三、规范提示

第四笔是竖,不要写成点。

四、课件参考

如下图,从竖的第二段的中点画一个白点,这个点就是这个字高度的黄金分割点。

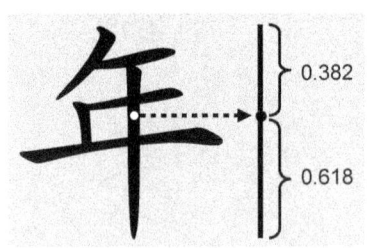

一、字理分析

"鸟"字甲骨文像鸟形。演变并简化为"鸟"。
本义:有羽毛的脊椎动物。如:飞鸟;小鸟;鸟兽;鸟语花香。

二、书写技法

1. 撇从左右居中的位置写。
2. 横折钩短,竖折折钩长,即为上紧下松。

三、规范提示

撇不要出头。

四、课件参考

1. 如下图左图,把字的左右轮廓用虚线连接起来,这两条虚线角度对称,可以使字形稳定。
2. 如下图右图,画一条虚线,这条虚线恰好穿过末笔横的中点,这样便于掌握末笔横的位置和长度。

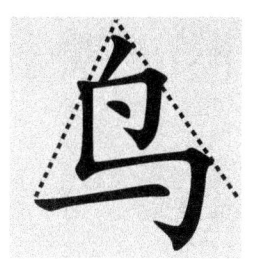 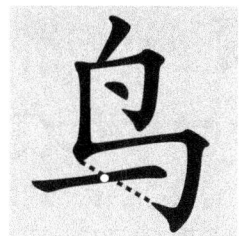

牛（niú）

一、字理分析

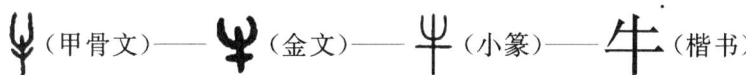

"牛"字甲骨文像牛的头角形。

本义：食草类哺乳动物,身体大,头上有两支角,趾端有蹄,尾巴尖端有长毛。例：黄牛；水牛；牦牛。

引申为：

1. 倔强,固执。例：牛脾气；牛性子。
2. 二十八星宿之一。

二、书写技法

1. 撇的倾斜角度约为 45°。
2. 第一横从撇的中点起笔。
3. 横和竖垂直,竖穿过两个横的中点,稳定而匀称。
4. 竖被两个横分成三段,第二段最短,第三段最长。第一、二段之和等于第三段。第二段的中点即字高度的黄金分割点。

三、规范提示

竖用悬针竖写法。

四、课件参考

从竖的第二段的中点画一个圆点,以示其为字高度的黄金分割点。

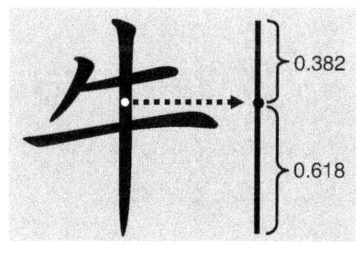

农（nóng）

一、字理分析

🗛 或 🗛（金文）——🗛 或 🗛（说文古文）——🗛（籀文）——🗛（小篆）——農（繁体楷书）——农（简体楷书）

金文"农"由"辰、田、艸、又"四个构件组成，"辰"像蜃形，蜃壳是远古时期常用的除草工具。整字构意是手拿蜃壳在田间除草。楷书字形演变为"農"，简化为"农"。

本义：农业劳动。例：农夫；农具；农时。

引申为：

1. 种田的事，农业。例：务农；农林牧副渔。
2. 种田的人。例：老农；贫农；菜农。

二、书写技法

1. 秃宝盖稍窄。
2. 撇和捺角度对称。

三、规范提示

第一笔是垂点，不要写成撇。

四、课件参考

如下图所示，把字的左右轮廓用虚线连接起来，这两条虚线角度对称，可以使字形稳定。

女（nǚ）

一、字理分析

"女"字甲骨文像一个女人跪跽而双手交叉于胸前之状。

本义：女人。例：男女老少；少女；妇女；女教师。

引申为：

女儿。例：儿女；长女。

二、书写技法

1. 撇和点角度对称。
2. 撇点的起点、横的中点、撇点和撇的交点竖直对齐。
3. 横被分成三段，第二段最短，即字形内紧外松。

三、规范提示

1. 第一笔是撇点，不要写成撇捺。
2. 第二笔撇上边出一点头。

四、课件参考

1. 如下图左图，从第一笔撇点的起笔处向下画一个箭头垂线，穿过横的中点，到达第一笔、第二笔的交点，上下对正。
2. 如下图右图，第二笔撇被撇点分成 A、B 两段，处在字的内部的 A 段短，处在字的外部的 B 段长，即为内紧外松。

 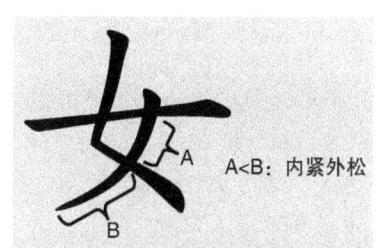

胖（pàng 或 pán）

一、字理分析

胖（小篆）——胖（楷书）

从肉半声。
本义：肉厚，含脂肪多。读作"pàng"。例：肥胖；胖子。
引申为：
宽舒，舒坦。读作"pán"。例：心宽体胖。

二、书写技法

1. 横平竖直，点撇对称。
2. 左半部分窄而短，右半部分宽而长。

三、规范提示

"月"部的两个短横只和左侧的撇相连，不和右侧的竖相连。

四、课件参考

如下图,在"月"部的撇的两个短横之间画一个白点,在"半"部的第一横和竖的交点画一个白点,以示这两个点都是字的高度的黄金分割点。

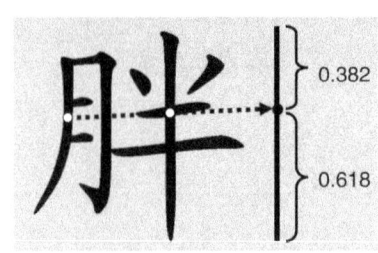

一、字理分析

从足包声。

本义:两只脚或四条腿迅速前进。例:奔跑;赛跑;短跑;飞跑。

引申为:

1. 逃走。例:别让他跑了;跑了和尚跑不了庙。
2. 走。例:跑了几十里路。
3. 为某种事物而奔走。例:跑码头;跑材料;跑买卖。
4. 物体离开应该在的位置。例:跑调儿;跑题。
5. 气体、液体等泄漏或挥发。例:跑油;跑电;跑气。

二、书写技法

1. 左半部分小,右半部分大。
2. 左右两部分联系紧密。

三、规范提示

1. "足"部的末笔是提,不是横。
2. "巳"部不要写成"巴"部。

四、课件参考

如下图标出字的长短比例,以示字高度的黄金分割点所在的位置。

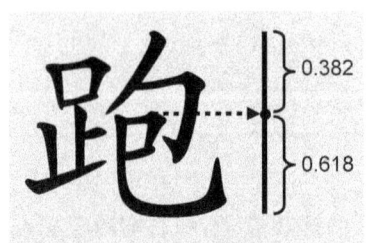

一、字理分析

"朋"字甲骨文像穿成串儿的贝。

本义：古代货币单位，五贝为一朋。例：《诗经·小雅·菁菁者莪》："既见君子，锡我百朋。"

引申为：

1. 同学，朋友。例：有朋自远方来；老友新朋；亲朋。
2. 结党，勾结。例：朋比为奸。

二、书写技法

1. 撇的上半段角度比较竖。
2. 横折钩的横部很短。
3. 短横的位置稍偏上。
4. 左半部分稍小，右半部分稍大。

三、规范提示

"月"部的两个短横只和左侧的撇相连，不和右侧的竖相连。

四、课件参考

1. 如下图左图画出四条虚线，以示竖向笔画之间的距离相等。
2. 如下图右图画出四条虚线，表示短横的位置及撇的各段的长度比例。

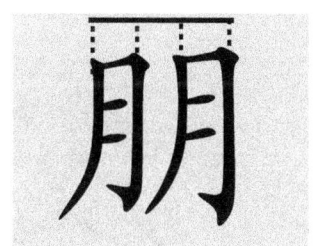
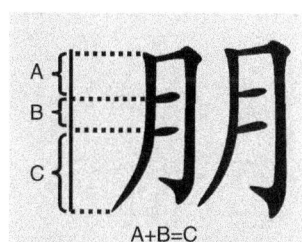

一、字理分析

"皮"字金文像用手剥取兽皮之形。

本义：剥皮。例：《战国策·韩策二》："因自皮面抉眼，自屠出肠"。

引申为：

1. 动植物体表面的一层组织。例：蛇皮；树皮；橘子皮；虎皮。
2. 鞣制过的兽皮。例：皮鞋；皮衣；皮革。
3. 有韧性，不脆。例：皮糖。
4. 食品因受潮而不再酥脆。例：花生米皮了。
5. 不娇嫩，结实。例：皮实。
6. 橡胶。例：胶皮；橡皮；皮筋；皮球。
7. 物体的表面。例：地皮；水皮儿。
8. 表面的，肤浅的。例：皮相；浮皮。
9. 包在外面的东西。例：包袱皮；封皮；书皮。
10. 薄片状的物品。例：铁皮；粉皮。
11. 顽皮，淘气。例：调皮；这孩子太皮。
12. 由于多次受斥责而满不在乎。例：打皮了。

二、书写技法

1. 横平竖直，撇捺对称。
2. 上窄下宽，左短右长，内紧外松。

三、规范提示

撇和横钩相连，撇出头。

四、课件参考

1. 如下图左图画一个白点，以示竖和横折撇的连点是这个字的中点。
2. 如下图中图在字的下边分别画一个圆形、正方形、三角形，引导学生观察，从横向看，处在正方形位置的中间的笔画最短，处在三角形的位置的右边的笔画最长，即字形内紧外松，左紧右松。
3. 如下图右图所示画出字的各部分的宽度，以示字形内紧外松，上紧下松。

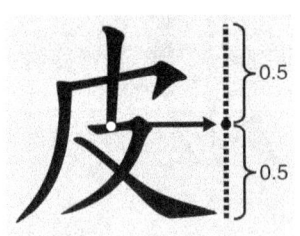  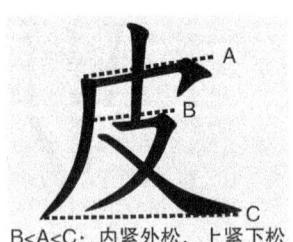

片（piān 或 piàn）

一、字理分析

片（甲骨文）——片（小篆）——片（楷书）

"片"字小篆字形像将小篆"木"字从中间劈开。

本义：木片，泛指扁平而薄的东西（也读作"piān"）。例：铁片；眼镜片；照片；胶片。

引申为：

1. 单。例：片面之词。
2. 零星的，简短的。例：片言只语；片刻；片时。
3. 用刀削成薄片。例：片羊肉；片豆腐。
4. 特指影片（也读作"piān"）。例：故事片；科教片；外国片；片约。
5. 整体中的一小部分或较大地区内划分出来的较小地区。例：分片；片段。
6. 量词。例：一片面包；一片草地；一片好心。

二、书写技法

1. 横平竖直。
2. 上边的竖和横折的竖部竖直对齐。

三、规范提示

这个字一共四笔，横折不要写成横和竖两笔。

四、课件参考

1. 如下图左图把字的上下轮廓用虚线连接起来，可以看出这两条线角度对称。
2. 如下图右图画出四条虚线，以示字的松紧变化。

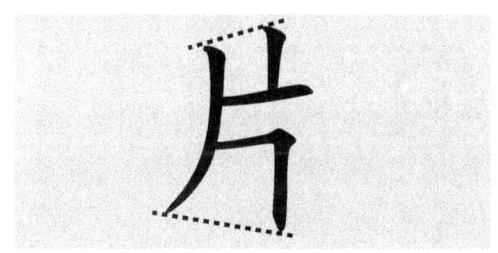 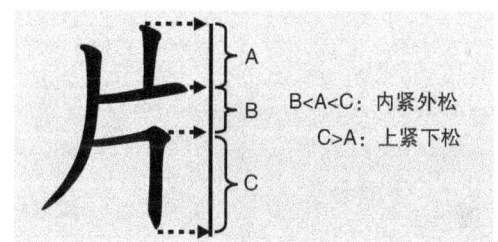

票（piào 或 piāo）

一、字理分析

㶼（小篆）——票（楷书）

小篆从火，从𦥑省。𦥑像四手向上托举之形，有升高意。合起来表示火光升起。后来"𦥑"变异为"覀"，"火"与上边的"一"组合变异为"示"。

本义：腾起的火光。读作"piāo"。这个意义已不使用。

引申为：

轻举的样子。读作"piào"。例：《汉书·礼乐志》："票然逝，旗逶蛇"。

假借为：（以下读作"piào"）

1. 印刷或手写的作为凭证的纸片。例：买票；车票；票据。
2. 纸币。例：毛票；钞票。
3. 被匪徒绑架用以勒索钱财的人质。例：绑票；撕票。

4. 业余爱好者的戏曲表演。例：票友；玩票儿。

二、书写技法

1. 五个横的中点竖直对齐，距离相等，长度不同。
2. 四个竖之间的距离也基本相等。
3. 两个点长度相等，角度对称。

三、规范提示

字头里边的笔画是两个竖，不要写成撇和竖弯。

四、课件参考

如下图，从第一横的中点向下画虚线，这条线穿过四个横的中点，和竖钩对齐。

平（píng）

一、字理分析

丙（金文）—— 丙（说文古文）—— 丂（小篆）—— 平（楷书）

"平"字金文像古代天平之形。

本义：两相比较没有高低、先后，不相上下。例：平辈；平列；平局。

引申为：

1. 表面没有高低凹凸，不倾斜。例：平坦；铺平。
2. 达到相同的高度。例：平槽；平记录。
3. 平均，公平。例：平分。
4. 安定。例：风平浪静；心平气和。
5. 用武力镇压。例：平叛；平乱。
6. 经常的，普通的。例：平时；平淡。
7. 平声。例：平仄；阴平。

二、书写技法

1. 横平竖直，点撇对称。
2. 第二横和竖的交点是这个字高度的黄金分割点。

三、规范提示

竖是悬针竖。

四、课件参考

如下图,在第二横和竖的交点画一个白色圆点,以示这个点是这个字高度的黄金分割点。

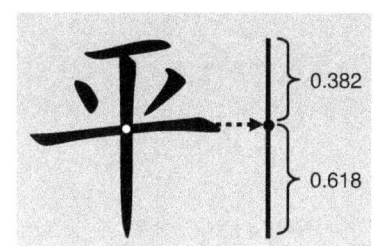

一、字理分析

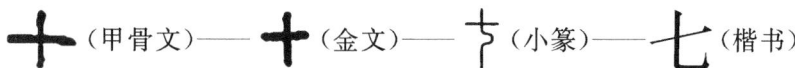

"七"的最早字形用一横一纵两条线相交组成,横线较长,纵线较短,像把横线从中切开之形。后来为了与"十"字相区别,纵线弯曲,隶变作"七"。

本义:六加一之和。例:七十。又表序数第七。例:七等;七年级。

引申为:

1. 人死后,每七天一祭,俗称"七"。例:五七;满七。
2. 人日,农历正月初七。例:唐代韩愈《人日城南登高》:"初正候才兆,涉七气已弄"。
3. 中国古代哲学概念,《周易》卦中以七为少阳。例:《说文解字·七》:"阳之正也"。

二、书写技法

1. 横要左低右高。
2. 竖弯钩和横的交点偏左,使横的左半部分占总长度的 0.382,右半部分占总长度的 0.618。
3. 竖弯钩和横的交点偏下。

三、规范提示

第一笔是横,不能写成撇。

四、课件参考

1. 如下图左图,以示横的左右两段的长度比例。
2. 如下图右图,把字的右侧轮廓连起来,以示 A、B 的面积基本相等。

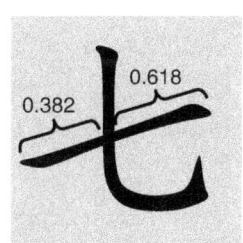 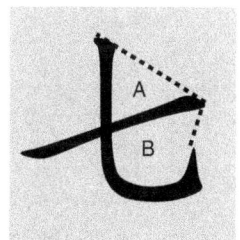

一、字理分析

奇（小篆）—— 奇（楷书）

从大从可，可亦声。

本义：特殊，稀罕，不寻常。例：奇异；奇观；奇特。

引申为：

1. 出人意料的，令人难测的。例：奇兵；奇招；出奇制胜。
2. 惊奇。例：不足为奇；惊奇。

二、书写技法

1. 撇和点角度对称。
2. 横和竖角度垂直。
3. 三个竖距离相等。
4. 整体上窄下宽，左小右大。

三、规范提示

1. "大"部的捺缩短为点。
2. 上半部分小，下半部分大。

四、课件参考

如下图所示，A、B、C、D 长度接近，即为匀称；B、C 稍短，即为内紧，A、D 稍长，即为外松；A＜D，即为左紧右松。

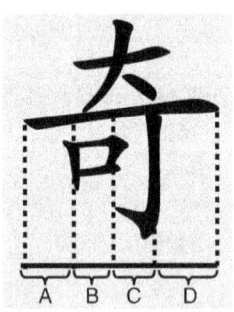

一、字理分析

起（说文古文）—— 起（小篆）—— 起（楷书）

"起"字说文古文从辵己声，小篆从走己声。

本义:由躺而坐,由坐而立。例:起床;起立;起来。

引申为:

1. 离开原来的位置。例:起身;起飞。
2. 物体由下往上升。例:皮球不起了。
3. 长出。例:起痱子。
4. 把收藏或嵌入的东西弄出来。例:起钉子。
5. 发生。例:起风了;起疑心;起作用。
6. 发动,兴起。例:起兵;起事。
7. 拟写。例:起草。
8. 建立。例:白手起家;平地起高楼。
9. 领取。例:起照。
10. 开始。例:起止;起讫。

二、书写技法

1. 横竖垂直,撇捺对称。
2. "走"部宽大,"己"部窄小。
3. 整体内紧外松。

三、规范提示

"己"部不要写成"已"或者"巳"。

四、课件参考

如下图标出笔画的长短比例,引导学生理解内紧外松。

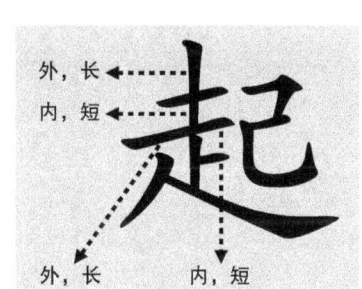

气（qì）

一、字理分析

三（甲骨文）—— 三（金文）—— 气（小篆）—— 氣（繁体楷书）—— 气（简体楷书）

"气"字小篆像云气之形。楷书繁体字写作"氣",后又简化为"气"。

本义:气体。例:毒气;煤气;沼气。

引申为:

1. 特指空气。例：气压；透气。
2. 气息。例：喘气儿；没气儿。
3. 气味。例：香气；臭气。
4. 人的精神状态。例：勇气；朝气。

二、书写技法

1. 三个横的距离相等，长度不同。
2. 横折斜钩的斜钩部分先竖后弯。

三、规范提示

末笔是横折斜钩，不是横折弯钩。

四、课件参考

如下图标出字的长度比例。横折斜钩的横部在整个字高度的黄金分割点上。

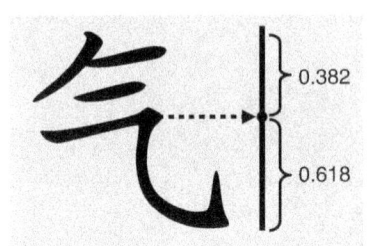

千（qiān）

一、字理分析

甲骨文"千"字比甲骨文"人"字多一短横。"千"与"人"古音相近，"人"具有标示读音的作用，短横具有区别作用。

本义：数字，十百为千。例：五千。
引申为：
多。例：千层浪；千方百计；千里之外。

二、书写技法

1. 撇的角度比较平，和横角度平行。
2. 竖穿过横的中点，和横垂直。
3. 横和竖的交点是这个字高度的黄金分割点。

三、规范提示

竖是悬针竖。

四、课件参考

如下图标出字的高度的黄金分割点。

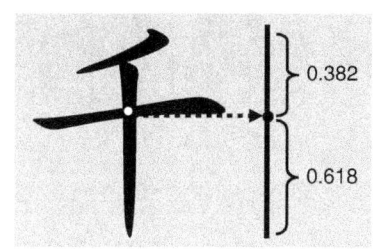

前（qián）

一、字理分析

"前"字甲骨文字形由"止"和"凡"组成。其中"止"像足趾形,表示意义与行走有关,"凡"表示读音。简化为"前"。

本义：前进,往前走。例：勇往直前；畏缩不前。

引申为：

1. 表示位置在正面的或次序在头里的。例：前门；前排；前三名。
2. 未来的。例：前程；前景。
3. 过去的,较早的,从前的。例：前天；前几年；前无古人；前总统。
4. 某事物产生之前。例：前科学。

二、书写技法

1. 点和撇角度对称。
2. 横平竖直,横竖角度垂直。
3. 竖之间距离相等,长度不同。

三、规范提示

左下的"月"部的两个短横只和左边的竖相连,不和右边的竖相连。

四、课件参考

如下图所示,A、B、C、D、E长度接近,表示字形比较匀称；但又有一定变化,其中处在字的中间的B、C、D稍短,即为内紧,处在字的外部的A、E稍长,即为外松。

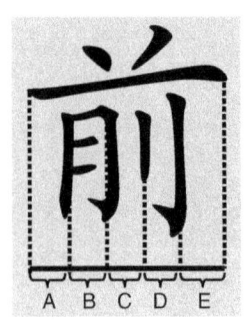

一、字理分析

《说文解字》将"青"说解为"东方色也。木生火。从生丹。""生丹"即"生火"之意,即"木"的特点,代表木,代表春。

本义:春季植物叶子的绿色。例:青天;青色。

引申为:

1. 黑色。例:青丝;青眼。
2. 青色的东西。例:踏青;返青;杀青。
3. 比喻年龄不大。例:青年;青春;青工。

二、书写技法

1. 前四横中点竖直对齐,长度不同。
2. 第一竖穿过前三横的中点,和横垂直。
3. 六个横距离相等。
4. "月"部两竖角度对称。

三、规范提示

"月"部的两个短横只和左边的竖相连,不和右边的竖相连。

四、课件参考

如下图所示,标出字的高度的黄金分割点。

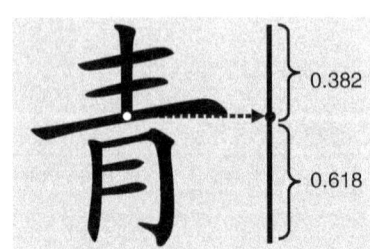

一、字理分析

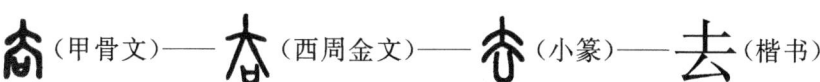

"秋"字甲骨文像火烧蝗虫之形,秋季蝗虫蛰伏时是治蝗的最佳季节,因此,用火烧蝗虫的意象表示秋季。

本义:秋季。例:中秋;秋风。

引申为:

1. 庄稼成熟或成熟时节。例:麦秋;大秋。
2. 一年的时间。例:千秋万岁;如隔三秋。
3. 某个时期。例:多事之秋。

二、书写技法

1. "禾"部的第一撇和横角度平行。横和竖的交点位置偏上偏右。第二撇和点角度对称。
2. "火"部的点和短撇角度对称,在字中的位置稍偏上。长撇和捺角度对称,末端水平对齐。长撇和捺的连点在字中的位置稍偏上。
3. 左右两部分距离较近,联系紧密。

三、规范提示

"禾"部的末笔变为点,不要写成捺。

四、课件参考

如下图,从末笔捺向第一笔撇的起点画一个箭头,以示首尾呼应。

一、字理分析

"去"字甲骨文字形从大从口,"口"像坎穴之形,"大"为正面之人形,整字像人跨越坎陷,表示离开。

应用：

本义：离开。例：离世；离职。

引申为：

1. 失去，失掉。例：大势已去。
2. 距离。例：相去四十里；去今十年。
3. 除去，除掉。例：去病；去火。

二、书写技法

1. 竖穿过两个横的中点。竖的上下两段长度相近，上段稍长，即内紧外松。
2. 撇折从竖和第二横的连点起笔。
3. 点指向撇折和横的连点。
4. 字高度的黄金分割点在竖的下段的中点。

三、规范提示

撇折是一笔写成，不要断为两笔。

四、课件参考

如下图标出字的高度的黄金分割点。

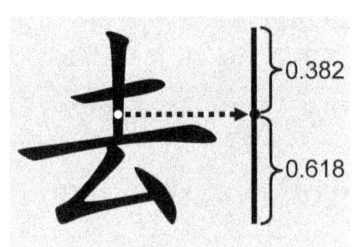

一、字理分析

"全"字小篆字形从入从工，或从入从玉。到楷书，"入"构件变为"人"字头。

本义：纯玉。例：《周礼·考工记·玉人》："天子用全，上公用龙"。

引申为：

1. 完整，齐备，不缺任何一部分。例：十全十美；齐全。
2. 使完整无缺或不受损害，保全。例：两全其美；苟全。
3. 整个的，全体的。例：全世界；全民；全神贯注；全部。
4. 副词，表示所指范围内没有例外，相当于"都"。例：全来了。

二、书写技法

1. 撇捺角度对称，末端水平对齐。

2. 横平竖直。竖上边和撇捺连点竖直对齐,下穿过横的中点。
3. 三个横的距离相等,长度不同,第二横最短,第三横最长。
4. "王"部有一小部分在"人"字头里,大部分在"人"字头外。

三、规范提示

撇和捺相连,撇出头。

四、课件参考

1. 如下图左图所示,在撇和捺的连点画一个点,向下画一个箭头,以示和下面的三个横的中点以及竖竖直对齐,保证字的重心稳定。
2. 如下图右图所示,第一横和竖的连点是这个字高度的中点,在田字格里书写时要把第一横写在田字格的横虚线上。

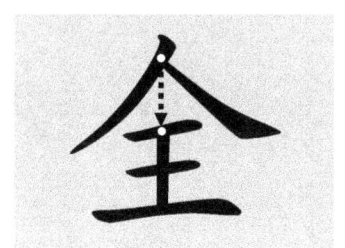 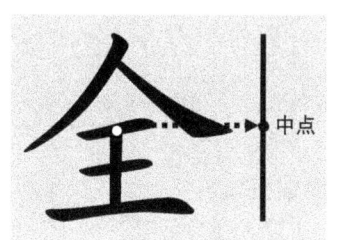

然(rán)

一、字理分析

"然"字小篆从火肰声,或从艸難。后统一作"然"。
本义:烧。后来写作"燃"。
假借为:
1. 代词,这样,那样。例:使然;不尽然;理所当然。
2. 词的后缀。例:突然;忽然;显然。
3. 连词,表示转折。例:然而。
4. 对,正确。例:不以为然。

二、书写技法

1. "夕"部的两个撇角度平行,两个点角度平行。
2. "犬"部的撇和捺角度对称。横和撇的交点是这个字的高度的黄金分割点。
3. 四点底的四个点距离相等,处在外部的第一点、第四点长,处在内部的第二点、第三点稍短。

三、规范提示

1. 左上部为"肉"字的变形,不要写成"夕"。

2. 四点底的第一个点是垂点，右上细，左下粗，不要写成撇。

四、课件参考

如下图标出字的高度的黄金分割点。

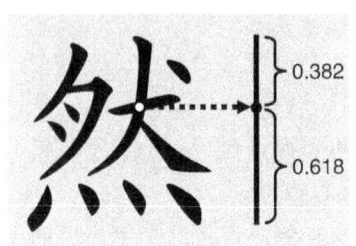

让（ràng）

一、字理分析

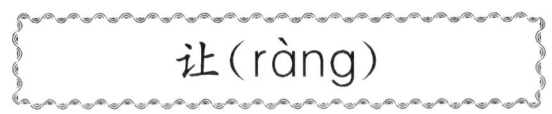

从言襄声。重造简化字"让"。

本义：责备。例：《新唐书·哥舒翰传》："翰以书招诸将，诸将皆让翰不死节"。

引申为：

1. 谦让。例：让步；让路；退让；避让。
2. 把某种政治权利或财产的所有权、使用权转移给别人。例：让位；让贤；割让；出让。
3. 邀请。例：让茶；把客人让进客厅。
4. 容许，使。例：让您久等了；让你去。
5. 表示一种愿望，用于号召。例：让我们荡起双桨。
6. 介词，相当于"被"。例：他让人数落了一顿。

二、书写技法

1. 言字旁略向右倾斜。
2. 左半部分稍小，右半部分稍大。
3. 言字旁的横折提的上沿和"上"部的第一横水平对齐，都处在字高度的黄金分割点上。

三、规范提示

1. 言字旁的横折提不要写成横折折。
2. "上"部的第一横不要写成撇。

四、课件参考

如下图标出字的高度的黄金分割点，帮助学生掌握字形比例。

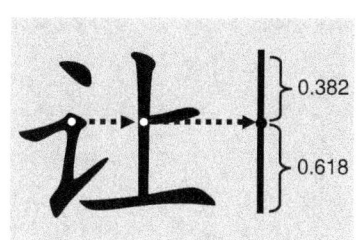

人(rén)

一、字理分析

(甲骨文)——(金文)——(小篆)——人(楷书)

"人"字的甲骨文、金文均像人侧面站立之形。

本义：人。例：男人；女人；人类；人民。

引申为：

1. 某种人。例：证明人；主婚人；外国人。
2. 成年人。例：长大成人。
3. 别人。例：舍己救人；助人为乐；待人接物。
4. 每个人或一般人。例：人所共知；人手一册。
5. 人才或人手。例：缺人；招人；进人。
6. 指人的品质。例：人很好。
7. 人格或声誉。例：丢人。
8. 指人的身体。例：人在心不在。

二、书写技法

1. 撇的倾斜角度约为 45°。
2. 捺从撇的中点偏上的地方写。
3. 捺和撇角度对称，末端水平对齐。

三、规范提示

撇和捺相连。

四、课件参考

1. 如下图，在撇和捺的末端画一条水平线，以示这两个笔画的末端水平对齐。
2. 如下图，在撇和捺的连点画一个白点，以示这里是字的高度的黄金分割点。

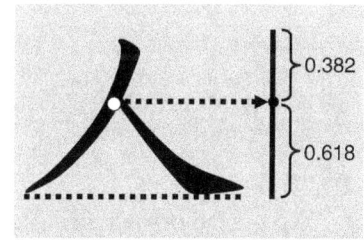

日（rì）

一、字理分析

"日"字甲骨文像太阳之形。
本义：太阳。例：旭日；落日；日落；日光；日照；烈日。
引申为：
1. 白天，从天亮到天黑的一段时间。例：夜以继日；日行百里；日班。
2. 一昼夜。例：明日；昨日。
3. 每天，一天天。例：日新月异；日积月累；蒸蒸日上；江河日下。
4. 特指某一天。例：生日；忌日；节日；纪念日。
5. 泛指某一段时间。例：往日；昔日；来日；夏日。

二、书写技法

1. 横平竖直。
2. 三横距离相等。
3. 整体为长方形。

三、规范提示

中间的短横只和左侧的竖相连，不和右侧的竖相连。

四、课件参考

如下图，画三个虚线圆圈，以示左侧的竖上下都出头，字的右下角是横折出头。

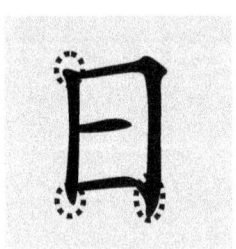

三（sān）

一、字理分析

原始记数符号用一至四横画表示数字一至四。
本义：数词，二加一的和。例：三十。又表序数第三。例：三级；三哥。

引申为：

1. 泛指多次或数次。例：举一反三；白发三千丈；三思而行。
2. 中国古代哲学概念，表示天、地、人。例：《说文解字·三》："天地人之道也；"三纲五常。

二、书写技法

1. 三个横的中点竖直对齐。
2. 三个横之间的距离相等。
3. 第二横最短，第三横最长，即字形上紧下松，内紧外松。
4. 第一横向下凸，第三横向上凸，显示相互吸引，同时也使字形内紧外松。

三、规范提示

1. 第一横不要写成撇。
2. 三个横的长度比例不要错。

四、课件参考

如下图，在三个横的中点各画一个白点，再画一个箭头，以示三者竖直对齐。

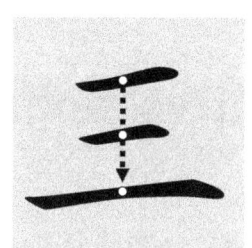

一、字理分析

川（甲骨文）—— 山（金文）—— 山（小篆）—— 山（楷书）

"山"字甲骨文像三座山峰并立。
本义：地面上由土石构成的隆起部分。例：山峰；山清水秀；山区。
引申为：

1. 像山的东西。例：冰山。
2. 比喻声音大。例：山呼万岁；山响。
3. 供蚕吐丝做茧的设备。例：蚕山；蚕上山了。

二、书写技法

1. 先写中竖，从中竖的中点稍偏下的位置写竖折。
2. 从中竖的中点稍偏上的位置写第三笔竖。
3. 三个竖部中左竖最短，中竖最长。
4. 三个竖部的距离接近，但是左紧右松。

三、规范提示

第三笔竖的下边要出头，可使字形左紧右松。

四、课件参考

1. 如下图左图标出竖折的横部的左右两端，可以看出处于左侧的 A 稍短，处于右侧的 B 稍长，即字形左紧右松。

2. 如下图右图所示，从第三笔竖的起笔处画一个箭头，和它水平对齐的是中竖的黄金分割点，也就是这个字高度的黄金分割点，这样可以帮助学生掌握第三笔竖的起笔位置和长度。

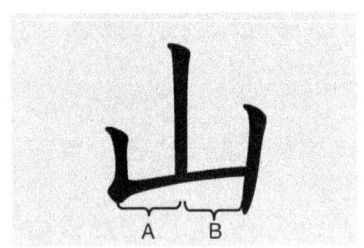
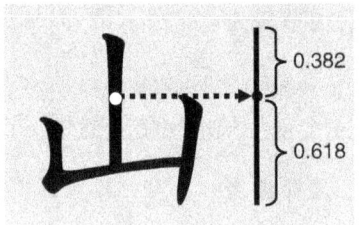

上（shàng）

一、字理分析

$\smile$（甲骨文）—— 二（西周金文）—— 上（小篆）—— 上（楷书）

"上""下"无法用象形方法表示，于是以"—"作为标志，用一短横放在"—"之上来表示"上"。

本义：位置在高处的。例：上部；上游；上边；上面；上层。

这个意义的"上"还可以作状语，意思是"向上面"。例：上缴；上升；上进。

由本义"位置在高处的"引申为：

1. 等级或品质高的。例：上等；上级；上品。

2. 次序或时间在前的。例：上卷；上次；上午；上半年。

3. 由低处到高处。例：上楼；上山；上车。

4. 到，去（某个地方）。例：上街。

又进一步引申为：到规定的时间、地点去工作或学习。例：上班；上课；上学。

由引申义"由低处到高处"可以引申为：

1. 向上级呈递。例：上书。

2. 把饭菜等端上桌子。例：上饭；上菜；上茶。

3. 把一件东西安装在另一件东西上，或把一件东西的两部分安装在一起。例：上刺刀；上螺丝。

4. 涂，抹。例：上药；上颜色。

5. 登载。例：上报；上账。

二、书写技法

1. 先写竖，从竖的中点偏上一点的位置写第一横。

2. 第二横的长度和竖相等。
3. 第二横被竖分成左右相等的两段。

三、规范提示

第一横不要写成撇。

四、课件参考

在短横与竖的交点处画一个白点,这个点是整个字高度的黄金分割点。

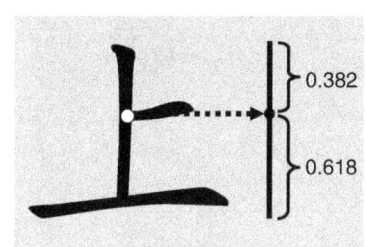

少(shǎo 或 shào)

一、字理分析

"少"字甲骨文像沙尘类小物状。
本义:数量小,跟"多"是反义词,读作"shǎo"。例:少量;少数。
引申为:
1. 缺少。例:少不了;少礼。
2. 年纪轻。读作"shào"。例:少年;少小。
3. 少爷的简称,读作"shào"。例:阔少;恶少。

二、书写技法

1. 先写竖,再写两个点,右边的点比左边的点位置稍高,角度稍平。
2. 竖和撇的中点竖直对齐。

三、规范提示

1. 竖不要写成竖钩。
2. 左侧的点不要写成撇。

四、课件参考

1. 如下图左图所示,从竖向下画一条虚线,再在撇的中点画一个白点,以示竖和撇的中点竖直对齐。
2. 如下图右图所示,标出字高度的中点,可以引导学生理解字的笔画长度和位置。在田字格中书写时,竖和第一点的末端都写在横虚线上即可。

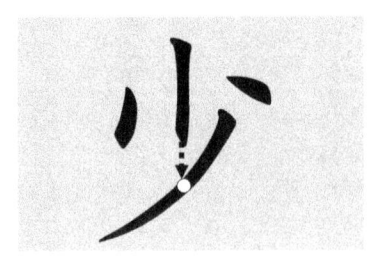 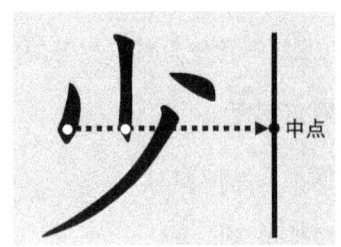

舌（shé）

一、字理分析

"舌"字甲骨文像张口伸舌之形。
本义：舌头。例：舌尖；舌根。
引申为：
像舌头的东西。例：帽舌；火舌。

二、书写技法

1. 撇的角度较平。
2. 三个横的中点竖直对齐，距离相等。

三、规范提示

1. 第三笔竖的下边不要出头，即不要写到"口"部的左侧。
2. "口"部的横折不要写成横折钩。

四、课件参考

1. 如下图左图画四个白点，以示这四个点竖直对齐。
2. 如下图中图标出字高度的黄金分割点。
3. 如下图右图标出 A、B、C，引导学生观察它们的面积接近，即为字形匀称。不要因为结构要上紧下松就把"口"写得很宽大，那样会造成字形不匀称。

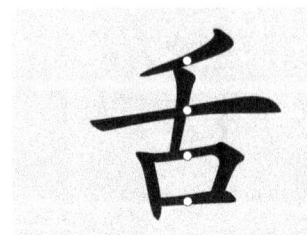 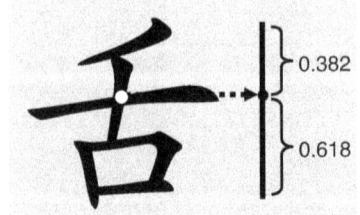 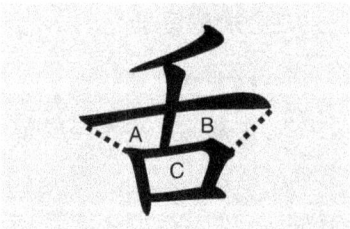

一、字理分析

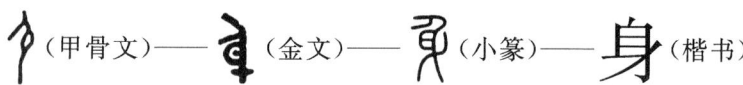

"身"字甲骨文像人而隆其腹之形。

本义：身孕，胎儿。例：怀身子；《诗经·大雅·大明》："大任有身，生此文王"。

引申为：

1. 身体。例：身上；转身；身高；翻身。
2. 生命。例：奋不顾身。
3. 自己，本身。例：以身作则；身先士卒；身临其境。
4. 人的品格和修养。例：修身；立身处事。
5. 物体的中部或主要部分。例：车身；船身；机身。
6. 量词，用于衣服。例：一身西装。

二、书写技法

1. 上下对正。
2. 左边的竖向右下写，横折钩的竖部向左下写，这样可以使字的中部稍窄，使字形内紧外松。
3. 四个横之间的距离相等。
4. 整体上紧下松。

三、规范提示

1. 第一撇和竖、横折钩相连，竖出头。
2. 两个短横只和左侧的竖相连，不和右侧的竖相连。
3. 最后一横右边不出头。

四、课件参考

如下图，从第一撇的起点向下画一条虚线，穿过横折钩的横部的中点，到达横折钩的末端。这三个点竖直对齐，可以使字的重心比较稳定。

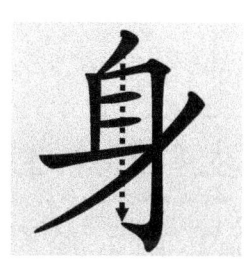

什(shén 或 shí)

一、字理分析

什(小篆)——什(楷书)

从人从十。

本义：以十个为单位的。读作"shí"。例：二伍为什。

引申为：

1. 数字十，多用于分数或倍数。例：什一(十分之一)；什则围之。
2. 各种各样的，混杂的。例：什锦；什物；家什。

假借为(以下读作"shén")：

1. 组成"什么"，作疑问代词。例：这是什么？
2. 组成"什么"，表示惊讶。例：什么？您都七十了？
3. 组成"什么"，表示不满意、不同意或不以为然。例：嚷什么？有话慢慢说。

二、书写技法

1. 撇和水平线的夹角约为60°。竖从撇的中点起笔。
2. 横平竖直。
3. 单人旁稍窄稍短，"十"部稍宽稍长。

三、规范提示

左侧的竖是垂露竖，右侧的竖是悬针竖。

四、课件参考

如下图标出字高度的黄金分割点。

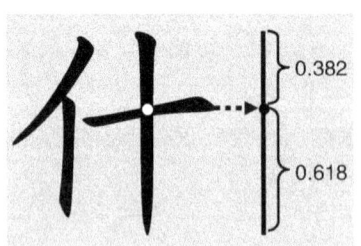

生(shēng)

一、字理分析

业(甲骨文)——生(西周金文)——生(小篆)——生(楷书)

"生"字甲骨文像草木生出地上之形。

本义：长出,生长。例：生芽;生根。
引申为：
1. 生育,出生。例：胎生;生孩子。
2. 产生,发生。例：生病;生效。
3. 果实没有成熟。例：生柿子。
4. 存,活。例：生死;生存。
5. 生计,谋生。例：营生;谋生。
6. 生命。例：丧生;舍生取义。
7. 有生命力的。例：生物;生龙活虎。
由引申义"果实没有成熟"引申为：
1. 食物没有煮过,或煮得不够。例：夹生饭;生菜。
2. 没有进一步加工或炼过的。例：生石灰;生铁。
3. 生疏。例：生人;生字。

二、书写技法

1. 撇的倾斜角度约为45°。
2. 三个横的中点竖直对齐,距离相等,第二横最短,第三横最长。
3. 竖写在中间,第一段最长。

三、规范提示

竖上边要出头,不要误写成"乍"(gǎ)。

四、课件参考

如下图所示,第一横和竖的交点是这个字高度的黄金分割点。

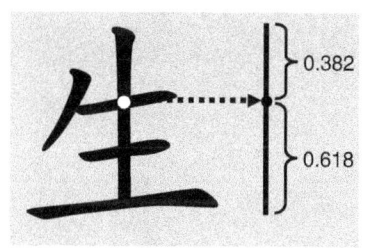

声（shēng）

一、字理分析

"声"字甲骨文像以殳击磬,"耳"部表示乐声闻于耳之意。
本义：乐音。例：《国语·晋语一》"变非声章,弗能移也"。
引申为：
1. 声音。例：说话声;雨声。
2. 发出声音,宣布,陈述。例：声明;不声不响。
3. 名声。例：声誉;声望。

4. 声母。例：双声叠韵。
5. 声调。例：平声；四声。

二、书写技法

1. 四个横中点竖直对齐，距离相等，长度不同。
2. 竖写在中间。第一竖的上半部分长，下半部分短。
3. 撇的下半部分较长。

三、规范提示

撇和横折相连，撇出头。

四、课件参考

1. 如下图左图所示，在四个横的中点各画一个白点，既可以标出四个横的中点竖直对齐，距离相等，还能标出竖的位置。
2. 如下图右图标出字的高度的黄金分割点，以便于学生把握笔画的位置。

 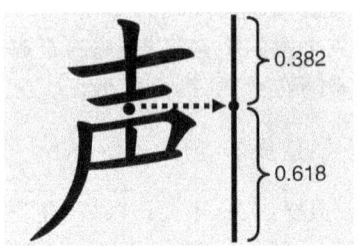

一、字理分析

"师"字甲骨文像丘陵之形，古代帝王"宅丘陵以配天，居师卫以镇众"。因此，用丘陵形表示军旅所守。

本义：师旅，军队。例：出师；班师。
引申为：
军队的编制单位，隶属于军或集团军，下辖若干团。例：师长。
假借为：
1. 某些传授知识技能的人。例：教师；师傅。
2. 学习的榜样。例：师表。
3. 掌握专门学术或技艺的人。例：技师；医师。
4. 仿效，学习。例：师法。

二、书写技法

1. 竖向笔画之间的距离基本相等，长度不同，角度接近平行。

2. 第一笔在字中的位置稍偏上。
3. 横和竖角度垂直。

三、规范提示

"师"字右部最后一个竖画是悬针竖。

四、课件参考

如下图标出竖向笔画之间的距离,以示竖向笔画距离基本相等。在此基础上,处在中间的 B、C 比处在外边的 A、D 短,即内紧外松;而处在左边的 A 比处在右边的 D 短,即左紧右松。

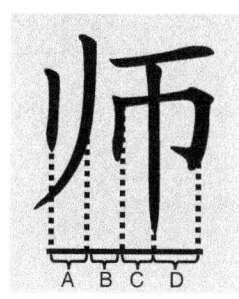

一、字理分析

————十(小篆)——十(楷书)

原始记数符号用一至四横画,表示数字一至四。从五开始,不再用积画的形式,而是用不同组合形式的两条线来表示。"十"的最早字形用一纵线表示,后来在纵线上加一粗点,像竖直绳上打结之形。粗点进一步延长为短横,隶变作"十"。

本义:九加一之和。例:十年。又表序数第十。例:十等;十级。

引申为:

1. 特指十倍。例:《孙子兵法·谋攻篇》"故用兵之法,十则围之,五则攻之……"
2. 表示完备甚至到达极点。例:十分,十足,十全十美。

二、书写技法

1. 横平竖直。
2. 竖穿过横的中点。
3. 竖的上半部分短,下半部分长,上下长度比例约为 4∶6,符合黄金分割比。

三、规范提示

横是不带尖儿的静态笔画,所以竖要用带尖儿的、动态的悬针竖,以达到动静、收放对比。

四、课件参考

在横和竖的交点画一个白点,这个白点既是横的中点,又是竖的黄金分割点。

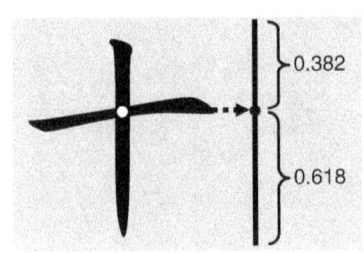

石(shí 或 dàn)

一、字理分析

⼫或⼫（甲骨文）——石（金文）——石（小篆）——石（楷书）

"石"字甲骨文像山石之形。

本义：岩石。读作"shí"。例：水落石出；矿石；石匠；石刻；碑石。

引申为：

1. 指刻有文字、图画的石制品。例：金石。
2. 指能做药材的矿物。例：药石。

假借为：

量词，容量单位。读作"dàn"。例：两千石。

二、书写技法

1. 横左边低，右边高。
2. 撇从横的中点起笔。
3. "口"部的位置稍偏右。

三、规范提示

撇和横相连，横出头。

四、课件参考

如下图，在横和撇的连点画一个白点，从这个白点向撇的末端画斜线，从横和撇的连点向"口"部的右端画斜线，这两条斜线角度对称。从两条斜线的末端画一条水平线，这条水平线的中点和上边的白点竖直对齐，这样既能帮助学生掌握"口"部的位置和宽度，还能直观展示如何把握字的重心。

时（shí）

一、字理分析

从日寺声。简化为"时"。

本义：季节。例：四时；农时；应时。

引申为：

1. 时间，岁月。例：时不我待；时过境迁；时差；时钟。
2. 某一段时间。例：古时；旧时；平时；战时。
3. 规定的时间。例：过时；按时；准时；届时。
4. 时辰。例：卯时；午时。
5. 小时。例：时速；9时30分。
6. 当前的，目前的。例：时局；时事；时价。
7. 一时的，适时地。例：时机；时运；时尚；时鲜；时装。
8. 时机，时宜。例：时来运转；待时而动；入时。
9. 副词，表示时间、频率。例：时有新意；时断时续。

二、书写技法

1. "日"部呈窄长形，在字中的位置稍偏上，其短横即字的高度的黄金分割点。
2. "寸"部稍宽大，竖钩的位置偏右下，以便使字内空白均匀。
3. 左右两部分联系紧密。

三、规范提示

"日"部的左下、右下都是竖出头，横不出头。

四、课件参考

如下图标出字的高度的黄金分割点的位置。

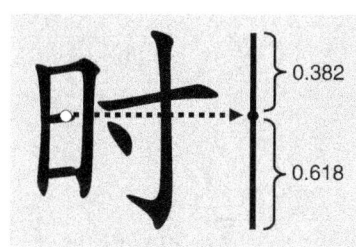

市（shì）

一、字理分析

《说文解字》把"市"的小篆字形说解为:"买卖所之也。市有垣,从冂从㇇。㇇,古文及,象物相及也。之省声。"

本义:集中进行交易的场所。例:市场;菜市;夜市;上市。

引申为:

1. 买卖货物。例:市惠。
2. 城市。例:市容;市区;都市。
3. 行政区划单位。例:天津市;沈阳市;广州市。
4. 属于市制的。例:市尺;市斤。

二、书写技法

1. 点和横的中点、横折钩和竖的交点竖直对齐。
2. 左右两竖稍斜,角度对称。

三、规范提示

竖和横折钩相连,竖出头。

四、课件参考

1. 如下图左图所示,在点的中点、横和竖的连点、横折钩和竖的交点各画一个白点,可以看出这三个点竖直对齐,可以保证字形稳定。
2. 如下图右图,画出五条虚线,以示字形匀称。

 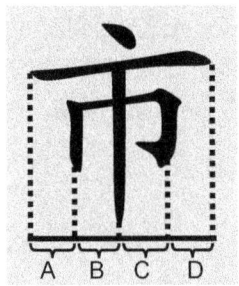

是(shì)

一、字理分析

从日从正。

本义:正,直。例:《易经·未济卦》:"濡其首,有孚失是"。

引申为:

1. 对,正确。例:自以为是;一无是处;是非分明。
2. 正确的论断。例:实事求是;莫衷一是;各行其是。
3. 认为正确。例:是古非今;甚是其言。
4. 表示答应。例:是!保证完成任务。

5. 判断词。例：李白是唐朝人。
6. 副词，的确。例：他的字是漂亮。
7. 适合。例：你来的正是时候。
8. 代词。例：是可忍孰不可忍。

二、书写技法

1. 上下对正。
2. "日"部的左右两竖角度对称。撇和捺角度对称。
3. 五个横之间的距离相等。
4. 撇和捺的连点偏上，才能使字形内紧外松。
5. 整体是上边窄，下边宽，左边小，右边大。

三、规范提示

"日"部中间的短横只和左侧的竖相连，不和右侧的竖相连。

四、课件参考

1. 如下图左图画出三个白点，以示字上下对正，重心平稳。
2. 如下图右图画出水平虚线，以示字形匀称。

 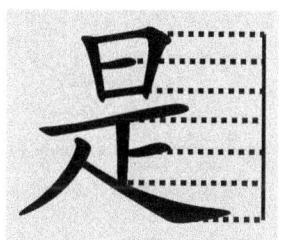

手（shǒu）

一、字理分析

（金文）—— 说文古文 —— （小篆）—— 手（楷书）

"手"字金文像手之形，取像五个手指和手掌的形象。
本义：腕以下的指掌部分。例：赤手空拳；拍手称快；招手；拱手。
引申为：

1. 人体上肢。例：手舞足蹈；手脑并用。
2. 拿着。例：人手一册。
3. 小巧的，便于携带或使用的。例：手册；手枪；手炉。
4. 亲手写的。例：手稿；手谕；手令；手迹。
5. 副词，亲手。例：手抄；手记；手书。
6. 本领、技艺或手段。例：眼高手低；妙手回春；心灵手巧。
7. 在某一方面有特殊技艺的人。例：国手；高手；歌手；多面手。

8. 泛指做某种事的人。例：凶手；打手；杀手；助手。

9. 量词，用于技术、本领，或用于经手的次数。例：露一手；留两手；二手货。

二、书写技法

1. 第一笔是平撇，它的角度和横接近平行。
2. 第一横短，第二横长。
3. 弯钩的起点和最低点竖直对齐。
4. 弯钩的前两段之和等于第三段。
5. 第二横和弯钩长度相等。

三、规范提示

字中是弯钩，不要写成竖钩。

四、课件参考

1. 如下图左图所示，在撇和弯钩的连点、两个横的中点、弯钩的最低处各画一个白点，引导学生观察，这四个白点竖直对齐，字形就稳定。

2. 如下图右图画出字高度的黄金分割点，引导学生掌握字内各部分的比例。

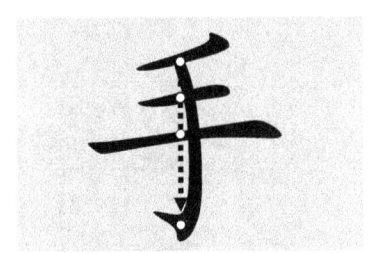 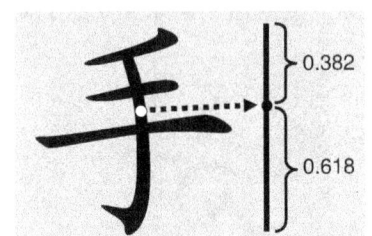

书（shū）

一、字理分析

"书"字金文、小篆字形从聿者声。"聿"的甲骨文字形像手拿笔。

本义：书写，记载。例：书法；书记。

引申为：

1. 书籍。例：一本书；四库全书。
2. 字体。例：草书；隶书。
3. 文件。例：说明书；证书；申请书。
4. 特指信件。例：家书；书信。

二、书写技法

1. 横折和横折钩都是横部长，竖部短。
2. 横折短，横折钩长，可使字形上窄下宽。

3. 竖穿过两个横的中点。竖的第二段最短,第三段最长。
4. 点写在横折的右上。

三、规范提示

最后写点。

四、课件参考

1. 如下图左图画出两条虚线,这两条虚线角度对称,可以保证字形稳定。
2. 如下图右图所示,标出竖的各部分的长度比例,引导学生观察和理解字形的松紧变化。

 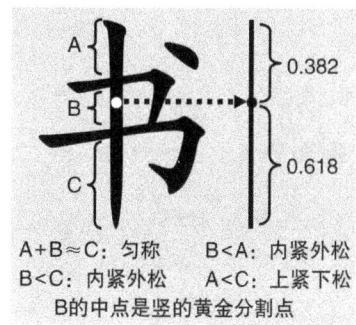

一、字理分析

"树"字小篆从木尌声,简化为"树"。
本义：木本植物的总名。例：杨树;柳树;槐树;果树。
引申为：
1. 种植,培养。例：十年树木,百年树人。
2. 树立,建立。例：树碑立传;树雄心;建树;独树一帜。
3. 量词,用于树木。例：一树梅花;千树万树梨花开。

二、书写技法

1. 三个部分都比较窄,距离较近。
2. "又"部最短,左右都比它长,即为内紧外松。
3. 左右相比,"木"部短,"寸"部长,即为左紧右松。

三、规范提示

1. "木"部的末笔是点。
2. "又"部的末笔也是点。

四、课件参考

1. 如下图左图所示,"又"部横折撇和点的交点处在这个字纵向中点。

2. 如下图右图所示，这个字的各部分宽度相近，字形匀称。

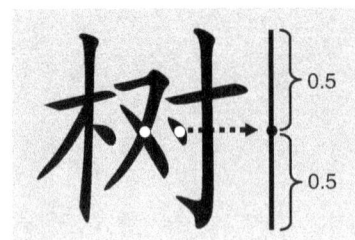 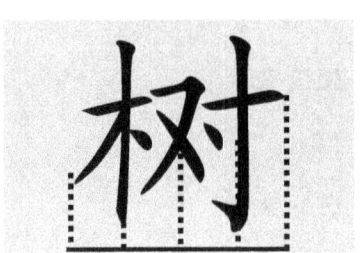

双（shuāng）

一、字理分析

"双"字小篆字形像一手持两只鸟之形。

本义：两个。例：双手；双翅。

引申为：

1. 偶数的。例：双数；双号。
2. 加倍的。例：双料；双份。
3. 量词，用于成对的东西。例：一双手套；一双鞋。

二、书写技法

1. 撇和点、捺角度对称。
2. 横和横、撇和撇、点和捺角度平行。
3. 点穿过横撇的撇部的中点。点的上半部分长，下半部分短，即为内紧外松。
4. 捺穿过横撇的撇部的中点。捺的上半部分短，下半部分长，也是内紧外松。
5. 整体左边小，右边大，上边窄，下边宽。

三、规范提示

1. 第二笔是点，不要写成捺。
2. "又"部的左上角不封口。

四、课件参考

1. 如下图所示，横折撇和点的交点是撇部的中点，横折撇和捺的交点是撇部的中点。
2. 如下图，标示出点和捺的各部分的长度比例，引导学生理解字形的内紧外松。

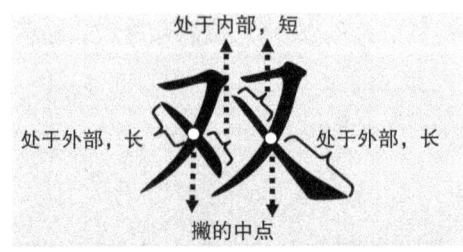

谁（shuí 或 shéi）

一、字理分析

雖（小篆）——誰（繁体楷书）——谁（简体楷书）

从言隹声。类推简化为"谁"。
本义：代词，表示疑问。例：你是谁？谁的笔？
引申为：
1. 指代不能肯定的人。例：好像有谁在说话。
2. 指代任何人。例：谁也不认识谁。
3. 表示没有一个人。例：谁能比得上你？

二、书写技法

1. 言字旁窄小，"隹"部宽大。
2. "隹"部的单人旁很长。
3. "隹"部的四个横距离相等，上下对正，第二、第三横最短，第四横最长，即为内紧外松、上紧下松。
4. 左右两部分联系紧密。

三、规范提示

1. "隹"部不要少写一横。
2. "隹"部的第一个竖是垂露竖。

四、课件参考

1. 如下图左图所示，在字的外围画一个圆圈，引导学生观察哪些笔画在圆圈上，从而深刻理解外圆内方的哲学思想在汉字楷书的体现。
2. 如下图右图所示，言字旁的横折提的横部在字的高度的黄金分割点上。

 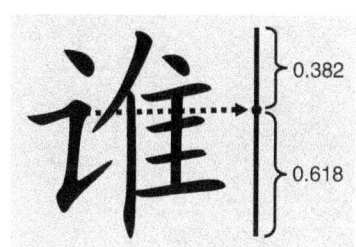

水（shuǐ）

一、字理分析

古文字形像水流之形。

本义：水。例：喝水；开水；流水。

引申为：

1. 河流。例：汉水。
2. 泛指一切水域。例：水陆；三面环水；跋山涉水。
3. 洪水，水灾。例：发水。
4. 某些含水或像水的液体。例：血水；药水；铁水；花露水。
5. 游泳。例：会水；水性好。
6. 量词，用于洗涤的次数。例：洗两水。

二、书写技法

1. 竖钩要正。
2. 撇、捺角度对称。
3. 整体左边小，右边大，上边窄，下边宽，结构内紧外松。

三、规范提示

1. 右边的撇和捺是两笔，不是一笔。
2. 横折撇与竖钩分开，撇、捺与竖钩相连。

四、课件参考

如下图所示，在竖钩和撇、捺的连点画一个白点，引导学生观察，这个白点是这个字的中心，左边的横撇指向它，右边的撇指向它，捺也指向它，这样笔画之间相互联系。同时，这个白点在字的中间偏上的位置，即高度的黄金分割点。

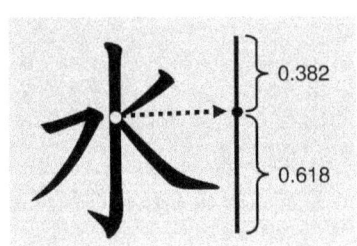

说（shuō 或 shuì）

一、字理分析

說（小篆）——說（繁体楷书）——说（简体楷书）

从言兑声。类推简化为"说"。

本义：用言语表达意思。读作"shuō"。例：说笑；说谎；叙说。

引申为：

1. 解释，阐明。例：说解；说明；说理。
2. 观点，主张，道理。例：自圆其说；著书立说；学说。

3. 劝告,责备。例:挨说;说了他一顿。
4. 说合,促成别人的事。例:说媒;说亲。
5. 谈论。例:他们在说电影。
6. 曲艺的一种语言表演手段。例:说学逗唱;说评书。

由引申义"解释,阐明"可引申为:

说服别人同意自己的主张。读作"shuì"。例:游说;说客。

二、书写技法

1. 言字旁稍窄稍短,"兑"部稍宽稍长。
2. 左右两部分联系紧密。

三、规范提示

"兑"部下边的撇和竖弯钩不要连在一起。

四、课件参考

1. 如下图左图所示,在言字旁的竖部的起点画一个白点,在右半部分的"口"部中心画一个黑点,再用虚线把两个点连接起来,以示这两个点在字中的位置稍偏上,即字的高度的黄金分割点。

2. 如下图右图所示,在字的上部、下部各画上圆形、正方形和三角形,引导学生观察。从横向看,两个正方形之间的笔画处在字的内部,所以最短;两个圆形之间的笔画处在字的外部,所以长;而处在两个三角形之间的笔画不仅处于字的外部,而且还是字的右部,所以最长,这就是结构的内紧外松、左紧右松。

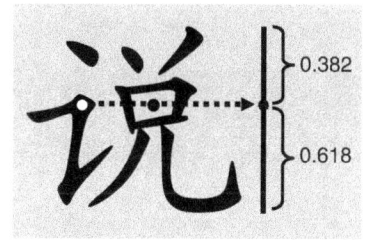 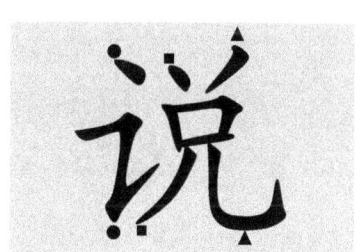

四(sì)

一、字理分析

三(甲骨文)——三(金文)——三(籀文)——丌(说文古文)——四(楷书)

原始记数符号用一至四横画,表示数字一至四。"四"的甲骨文和西周早期金文字形都作四条横线。后来写作"四"。

本义:数词,三加一的和。例:四十。又表序数第四。例:四级;四叔。

引申为:

中国古代哲学概念。例:《说文解字》注解为"阴数也。"

二、书写技法

1. 左右两竖角度对称。

2. 撇和竖弯之间的距离稍小,竖弯和横折之间的距离稍大。

三、规范提示

1. 竖弯不要写成竖弯钩或者竖折。
2. 字的左下、右下都是竖出头。

四、课件参考

1. 如下图左图画出箭头,可以帮助学生掌握笔画的位置——竖弯的末端写在字的中间,可以保证比例匀称。
2. 如下图右图画出四条虚线并标出虚线间距离 A、B、C,A、B、C 长度相近,即为字形匀称,在此基础上,B<A<C,即为内紧外松,左紧右松。

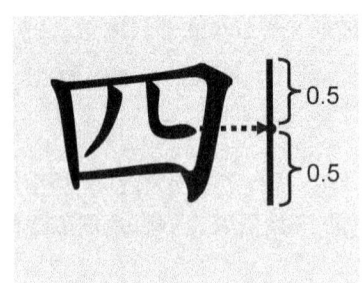
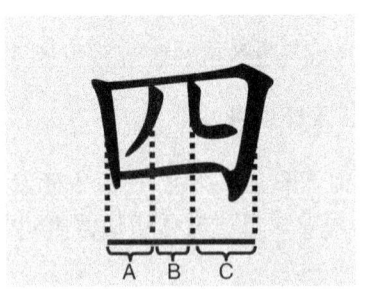

岁(suì)

一、字理分析

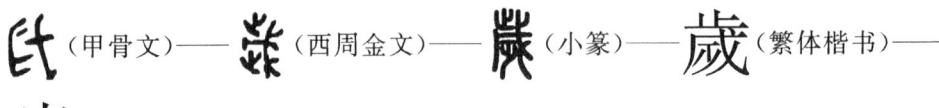

"岁"的甲骨文本像斧钺之形,后被借用记载"木星"的名称"岁"。到西周金文,增加表示行走的"步"构件,成为"从步戌声"的形声字,因此成为"岁星"(即木星)的本字。后简化为"岁"。

本义:岁星。这个意义已不使用。

引申为:

1. 年。例:岁月;岁末。
2. 表示年龄的单位。例:岁数;三岁。
3. 时间。例:岁不我与。
4. 年成。例:歉岁;丰岁。

二、书写技法

1. 山字头稍宽稍扁,"夕"部较窄较长。
2. 上下两部分要对正。

三、规范提示

1. "山"部的右竖下边要出头。

2. "夕"部的点不能出头。

四、课件参考

如下图,在竖折和竖的连点画一个白点,在横撇的撇部的中点画一个白点,再画一条竖虚线,把这两个点连起来,引导学生观察,这两个点竖直对齐,字形就正。

一、字理分析

从人从也。
本义:指示代词,别的。例:他山之石;其他;无他。
引申为:
第三人称代词。例:他们;他的。

二、书写技法

1. 单人旁较窄,"也"部较宽。
2. 左右两部分距离较近。

三、规范提示

单人旁的竖处于字的左侧,要写成垂露竖,不要写成悬针竖。

四、课件参考

1. 如下图左图所示,标出字高度的黄金分割点。
2. 如下图右图所示,标出撇、竖弯钩、竖的起点。可以看出处于中间的竖弯钩的起点最低,即为内紧;而处于两边的撇和竖的起点高,即为外松。

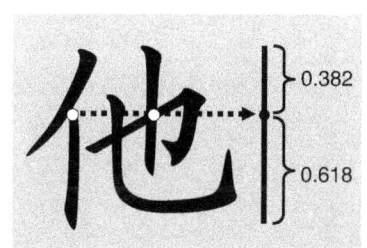

她（tā）

一、字理分析

从女从也。
本义：第三人称代词，指代女性。例：她是我的姐姐。
引申为：
称自己敬爱或珍爱的事物，如祖国、国旗等。

二、书写技法

1. 女字旁稍窄稍短，"也"部稍宽稍长。
2. 左右两部分联系紧密。
3. 指向字的内部的笔画（如女字旁的横的右部、点）缩短，即为内紧，指向外部的笔画（如女字旁的横的左部、撇）伸长，即为外松。

三、规范提示

女字旁的横变为提，右边不出头。

四、课件参考

如下图画出圆形、正方形和三角形，引导学生观察：
1. 正方形标示的笔画处在字的中间，所以比较短；圆形和三角形标示的笔画处在外边，所以比较长。这就是结构的内紧外松。
2. 圆形标示的笔画处在左边，比较短；三角形标示的笔画处在字的右边，笔画比较长。这就是结构的左紧右松。

台（tái）

一、字理分析

檯（楷书）——台（简化字）

颱（楷书）——台（简化字）

"台"有四个来源，即"台""臺""檯""颱"。为了区别，分别称为"台₁""台₂""台₃""台₄"。

"台₁"从口㠯声。

"台₂"《说文解字》说解为"从至从之从高省"。简化作"台"。

"台₃"从木臺声。简化作"台"。

"台₄"从风臺声。简化作"台"。

"台₁"本义：喜悦。读作"yí"。后来增加"心"构件作"怡"。

假借为：

星名，用来比喻三公，后来又用来称呼对方或跟对方有关的动作。读作"tái"。例：兄台；台鉴。

"台₂"本义：用土筑成的四方的高而平的建筑物。例：塔台；亭台楼阁。

引申为：

1. 公共场所室内外高出地面便于讲话或表演的设备。例：舞台；主席台；讲台。
2. 某些做座子用的器物。例：锅台；灯台；蜡台。
3. 像台的东西。例：井台；窗台。

"台₃"本义：树木名称。这个意义已不使用。

"台₄"本义：台风。

二、书写技法

1. 点和撇提的撇部角度对称。
2. 撇提的提部、横折的横部、末笔横之间距离相等。
3. 撇提的起点、横折的横部的中点和末笔横的中点竖直对齐。
4. 上边宽，下边窄，但是字内空白面积相等。

三、规范提示

1. 第一笔是撇提，不要写成撇折。
2. "口"部没有钩，横折不出头。

四、课件参考

1. 如下图左图，在撇折的起点、两个横的中点各画一个白点，再画一条竖虚线，引导学生观察，这三个点竖直对齐，字形重心就稳定。
2. 如下图右图，用虚线把字头连起来，引导学生观察，虽然字头比字底宽，但是字头的面积 A 和字底的面积 B 相等，即为字形匀称。进一步引导学生认识，字形的匀称不是简单的宽度、长度相等，而是字内的空白面积相等。

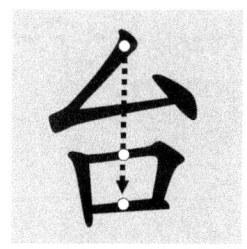
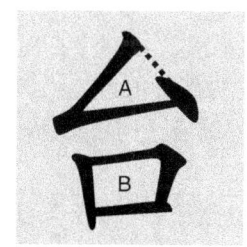

太（tài）

一、字理分析

比"大"字多一点，以相互区别。

本义：高，大。例：太空；太湖；太学。

引申为：

1. 极，最。例：太古。
2. 身份最高或辈分更高的。例：太爷；太姥爷。
3. 副词，表示程度过分、极高等。例：太热；太好了。

二、书写技法

1. 横左边低，右边高。
2. 撇从横的中点穿过，上半部分短，下半部分长。
3. 撇和捺角度对称。
4. 点的末端和撇的起点、横的中点竖直对齐。

三、规范提示

点不和其他笔画相连。

四、课件参考

如下图，在撇的起点、横的中点、点的末端各画一个白点，这三个点竖直对齐，可以保证字的重心稳定。

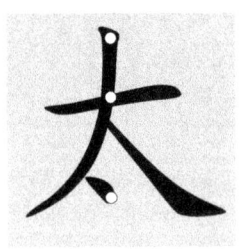

天（tiān）

一、字理分析

 (甲骨文)—— (商金文)—— (西周金文)—— (小篆)—— 天(楷书)

"天"字商代金文像一个正面站立的人形，突出其头部。本义就是"头"，或者说"脑袋"。后来像"头"形的构件简化为"一"，变为"从一大"。"一大"就是最大的意思。

本义：头，脑袋。例：天庭；天灵盖；刑天。

引申为：

1. 位置在顶部的。例：天棚；天窗；天头；天花板。

2. 凌空架设的。例：天车；天桥。
3. 天空。例：天边；天空；天际；天河；天蓝；天亮；天色；天日；天穹。
4. 天然的，天生的。例：天性；天才；天资；天分；天赋。
5. 自然的。例：天籁；天灾；天敌；天理；天年；天堑；天时。
6. 传说中神、佛、仙人居住的地方。例：天堂；天国。
7. 自然界的主宰者。例：天意；天命；天使。
8. 一昼夜，也专指白天。例：今天；每天；天天。
9. 天气。例：阴天；晴天。
10. 季节。例：春天；夏天；秋天；冬天。

二、书写技法

1. 第一横短，第二横稍长。
2. 撇从第一横的中点起笔，上半部分短，下半部分长。
3. 捺从第二横和撇的交点起笔，和撇的角度对称。

三、规范提示

第一笔是横，不要写成撇。

四、课件参考

1. 如下图左图所示，用虚线分别把字的左右侧连起来，可以看出这两条虚线的角度对称，这样字形稳定。
2. 如下图右图所示，标出字高度的黄金分割点。

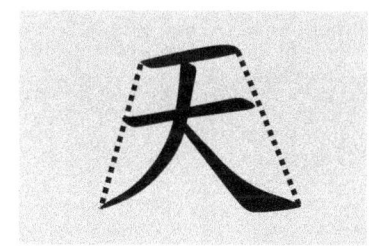 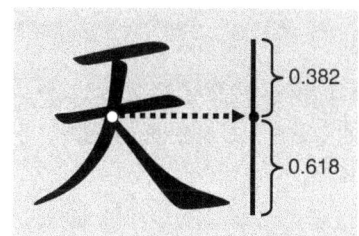

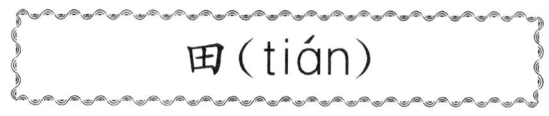

田（tián）

一、字理分析

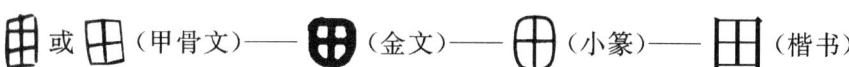

"田"字甲骨文像方块田形。
本义：耕种的土地。例：种田；棉田；稻田；田野；梯田。
引申为：
蕴藏矿物质的地带。例：煤田；油田；气田。

二、书写技法

1. 左右两个竖角度对称，左边的稍短，右边的稍长。

2. 三个横的距离相等,中点竖直对齐。
3. 整体上边宽,下边窄,呈开放式。

三、规范提示

1. 中间的短横和左右的竖都不相连。
2. 字的左下角、右下角都是竖出头,横不出头。

四、课件参考

如下图标出字高度的黄金分割点。

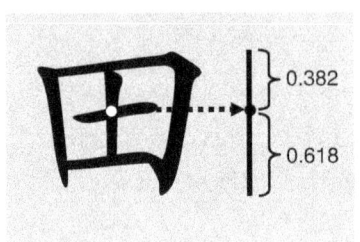

条(tiáo)

一、字理分析

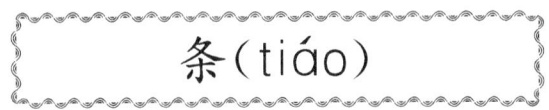

从木攸声。后简化为"条"。
本义:小枝,树木细长的枝条。例:柳条;枝条。
引申为:
1. 泛指细长的东西。例:面条;布条;金条。
2. 细长形的。例:条纹;条幅;条凳。
3. 量词,用于细长的东西。例:两条腿;一条肥皂。

二、书写技法

1. 撇和捺角度对称。
2. 横和竖角度垂直。
3. 点和点角度对称。
4. 整体上边宽扁,下边窄长。

三、规范提示

"条"字的木字底是变形的,按照现行规范,不要写成"木"形。

四、课件参考

如下图,在撇的起点、撇和捺的交点、横和竖钩的交点各画一个白点,再画一个箭头,以示这三个点竖直对齐,可使字的重心稳定。

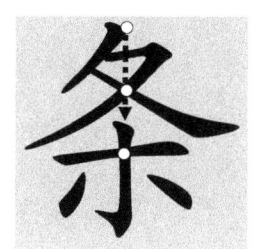

跳(tiào)

一、字理分析

跳(小篆)——跳(楷书)

从足兆声。

本义：腿上用力，使身体突然离开所在的地方。例：跳高；跳远；连蹦带跳。

引申为：

1. 物体由于弹性作用突然向上移动。例：皮球跳得很高。
2. 一起一伏地动。例：心跳；眼跳。
3. 越过应该经过的一处而到另一处。例：跳级。

二、书写技法

1. 足字旁稍窄稍短，"兆"部稍宽稍长。
2. 左右两部分联系紧密。

三、规范提示

足字旁的末笔是左边低、右边高，左边粗、右边细的提。

四、课件参考

如下图画一个黑点，引导学生观察，"兆"部的四个短笔画都指向这个黑点，这样它们之间有紧密的联系。同时，这个黑点在字中的位置稍偏上，即这个字高度的黄金分割点。

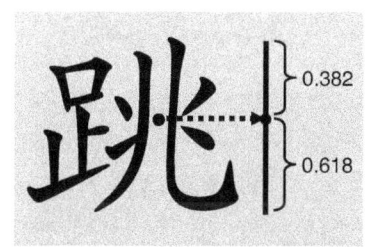

听（tīng）

一、字理分析

听（甲骨文）—— 听（西周金文）—— 聽（小篆）—— 聽（繁体楷书）—— 听（简体楷书）

"听"字甲骨文、金文都从口耳会意，言口有所言，耳得之而为声，其得声之动作则为听。简化为"听"。

本义：用耳朵接受声音。例：听音乐；听见。

引申为：

1. 听从，接受。例：听话；言听计从。
2. 治理，判断。例：听讼；听政。
3. 听凭，任凭。例：听任；听便；听其自然。

假借为：

用镀锡或镀锌的薄铁皮做成的装食品、饮料、香烟等的筒子或罐子。例：听装；三听咖啡。

二、书写技法

1. "口"较小，在字中的位置偏上。
2. 笔画之间的距离比较均匀。

三、规范提示

"斤"部的两个撇相连的地方第二撇出头，第一撇不出头。

四、课件参考

如下图画出虚线，引导学生观察字的各部分的宽度相近，即字形匀称。

同（tóng）

一、字理分析

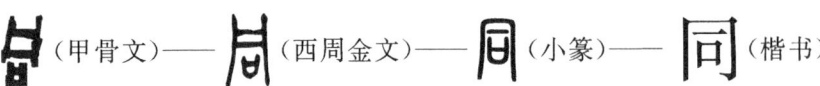

"同"字甲骨文、金文从凡从口。

本义：会合，聚集。

引申为：

1. 相同，一样。例：同类；同岁；异同。
2. 共同。例：一同；陪同；会同。

二、书写技法

1. 第一笔竖向左下书写，横折钩的竖部向右下书写，这样可以做到整体字形上窄下宽。
2. 四个横的中点竖直对齐，距离相等。
3. 四个竖之间的距离也基本相等。
4. 整体略微上窄下宽，左短右长，内紧外松。

三、规范提示

第一笔是竖，不是撇。

四、课件参考

1. 如下图左图所示，在四个横的中点各画一个白点，引导学生观察，这四个白点竖直对齐，就可以保证字的重心稳定。
2. 如下图中间两图，标出这个字的横向笔画、纵向笔画之间的距离，引导学生书写时做到字形匀称。
3. 如下图右图所示，指出"口"部的上沿位于"同"字高度的黄金分割点。

头（tóu）

一、字理分析

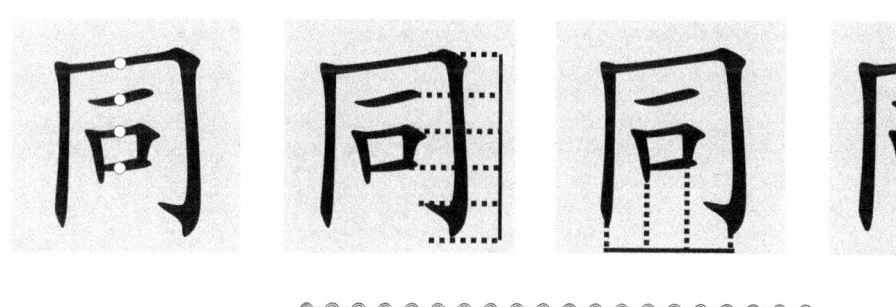

"头"字小篆从页（本义是"头"）豆声。后简化为"头"。

本义：脑袋。例：头颅；头重脚轻。

引申为：

1. 头发。例：剃头；白头。
2. 首领。例：工头；头人。
3. 第一。例：头回；头版。
4. 表示次序在前的。例：头半个月；头几天。
5. 用于某一时点以前的。例：头年；头一天。

6. 在……之前，临。例：头睡觉；头八点。
7. 事物的顶端或末梢。例：山头；源头；中间粗，两头儿细。
8. 事物的起点或终点。例：起头儿；从头说起；这种日子什么时候才是个头儿啊！
9. 某些东西的残存部分。例：粉笔头儿；烟头儿。
10. 方面。例：分头寻找。

二、书写技法

1. 三个点角度平行。
2. 撇和点角度对称。

三、规范提示

三个点不和其他笔画相连。

四、课件参考

1. 如下图，标出横和撇的交点处于字高度的中心，书写时便于掌握比例。
2. 如下图，从最后一笔点向第一笔点画一个箭头，以示首尾呼应。

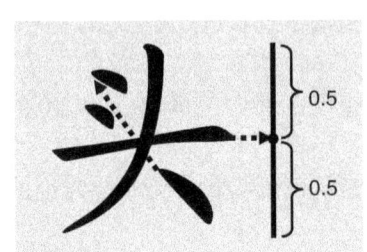

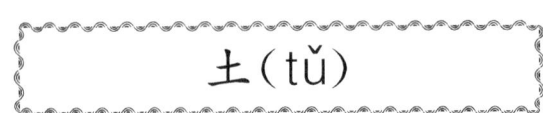

一、字理分析

"土"字甲骨文像筑土为坛之形，这是远古时期先民祭祀时用来代表土地神的土坛形象。

本义：土地神，后来写作"社"。

引申为：

1. 土壤，泥土。例：松土；黄土；黑土。
2. 领土，土地。例：国土；疆土。
3. 家乡，本地。例：本土；热土；故土；土生土长。
4. 本地的，具有地方性的。例：土产；土著；土语。
5. 不时兴，不开通。例：土头土脑；土气；土包子。
6. 出自民间的，民间沿用的。例：土洋结合；土方。
7. 粗制的鸦片。例：烟土。

假借为：

土家族，我国少数民族之一。

二、书写技法

1. 第一横短。第一横的长度是第二横的 0.6 左右。
2. 竖穿过第一横的中点,和第二横的中点相连。
3. 竖的上下两部分长度相等。

三、规范提示

第一横不要写成撇。

四、课件参考

如下图,在第一横和竖的交点画一个白点,这个点既是第一横的中点,又是竖的中点。

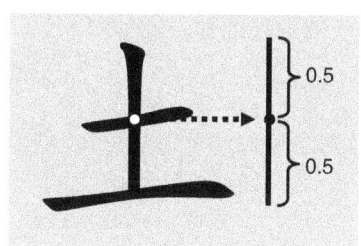

一、字理分析

卜 或 丫（甲骨文）—— 外（金文）—— 外（小篆）—— 外（楷书）

"外"字甲骨文跟"卜"字方向刚好相反,它的特点是指向龟甲或胛骨的"外侧"。后增加"夕"构件。

本义：外边。例：内外；外伤。

引申为：

1. 自己所在地以外的。例：外地；外省。
2. 外国,外国的。例：中外；外文。
3. 称母亲、姐妹或女儿方面的亲戚。例：外甥；外孙。
4. 关系疏远的。例：外人；见外。

二、书写技法

1. 撇和撇角度平行。
2. 点和点角度平行。
3. 撇和点角度对称。
4. 整体上边窄,下边宽,左边短,右边长。

三、规范提示

1. "夕"部的点不能出头。

2. 竖要写成垂露竖,不要写出尖儿。
3. "卜"部的点和竖相连,而不是相交。

四、课件参考

如下图,从第一点的起点到第二点的中点画一个箭头,这条线就处于字的高度的黄金分割点上。

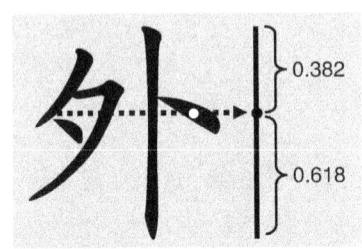

玩(wán)

一、字理分析

"玩"字小篆从玉元声,或从贝元声。统一作"玩"。

本义:拿在手里摆弄。

引申为:

1. 供观赏之物。例:古玩;玩好;珍玩。
2. 观赏,欣赏。例:游山玩水;游玩。
3. 体味,研习。例:玩味;细玩文意。
4. 以不严肃、不认真的态度对待。例:玩世不恭;玩忽职守。
5. 耍弄。例:玩花招;玩手段。
6. 游戏,玩耍。例:玩得高兴。
7. 进行某种文体活动。例:玩牌;玩球。

二、书写技法

1. 左半部分稍窄稍短,右半部分稍宽稍长。
2. 左右两部分联系紧密。

三、规范提示

左半部分的末笔变为提。

四、课件参考

如下图,左半部分的第二横和竖的交点、右半部分撇和横的连点都处于字的高度的黄金分割点,也就是中间偏上的位置。

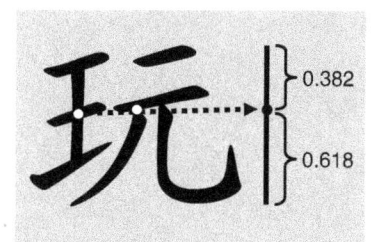

一、字理分析

从日免声。

本义：日落的时候。例：晚霞。

引申为：

1. 天黑以后到深夜以前的时间。例：今晚；晚会；夜晚。
2. 迟，过了原定的或合适的时间。例：大器晚成；晚婚；晚了 10 分钟。
3. 时间上靠后的或临近终了的。例：晚秋；晚唐；晚期。
4. 接近末尾的一段时间，特指人生的最后一段时间。例：晚节；晚境。
5. 后来的。例：晚辈；晚娘。
6. 晚生，旧时晚辈对长辈的自称。例：晚生某某敬上。

二、书写技法

1. 左半部分窄而短，右半部分宽而长。
2. 左右两部分距离较近。

三、规范提示

1. "日"部中间的短横只和左侧的竖相连，不和右侧的竖相连。
2. "免"部不要误加点，变成"兔"。

四、课件参考

1. 如下图左图画三个白点，分别是第一撇的起点、横折撇与横折的连点、"免"部第五笔横的中点，这三个点要竖直对齐。
2. 如下图右图，引导学生观察，"日"部中间的短横、右半部分的"口"部的中心都处于字的中间偏上的位置，即字的高度的黄金分割点。

 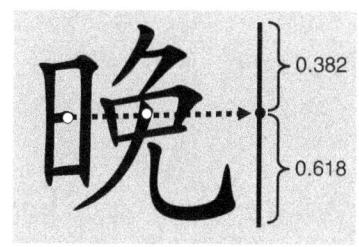

万(wàn)

一、字理分析

"万"字甲骨文像蝎子之形。后简化为"万"。
本义：蝎子。后来写作"虿"。
假借为：
1. 数词，千的十倍。例：一万；亿万。
2. 很多。例：万国；万事；万物。
3. 极，很，绝对。例：万全；万不得已。

二、书写技法

1. 横很长，左边低，右边高。
2. 撇和横折钩的竖部角度平行。
3. 横的中点和横折钩的最低点竖直对齐。

三、规范提示

第二笔是横折钩，第三笔才是撇。

四、课件参考

如下图，在横的中点（也是撇和横的连接点）和横折钩的最低点各画一个白点，这两个白点竖直对齐，字的重心就会稳定。

王(wáng)

一、字理分析

王(甲骨文)——王(商金文)——王(西周金文)——王(小篆)——王(楷书)

"王"字甲骨文像斧钺之形。上古时期，斧钺是最高军事统帅权的象征，可见，造字时期，

"王"在人们心目中就是最高军事统帅。随着汉字形体的发展演变,"王"的小篆字形已经丧失了"象斧钺之形"的象形功能;同时,"王"在人们心目中的形象也不再是最高军事统帅,而是行仁政、得民心,如民父母,因而天下归往的人。于是《说文解字》把"王"解释为"天下所归往也。董仲舒曰:'古之造文者,三画而连其中谓之王。三者,天、地、人也,而参通之者王也。'孔子曰:'一贯三为王'"。

本义:最高统治者的称号。例:王朝;王法;王宫;王国;王后;王权。

引申为:

1. 封建社会的最高爵位。例:王爵;亲王;王侯。
2. 首领,头目。例:占山为王;擒贼先擒王。
3. 同类中居首位的或者特别大的。例:蜂王;王蛇。
4. 最强的。例:王水;王牌。

二、书写技法

1. "王"字中三个横画之间的两段距离相等。
2. 竖画与三个横画的交点分别是横的中点。
3. "王"字的三个横画中,中间的横最短,下面的横最长。字形结构上紧下松、左紧右松、内紧外松。

三、规范提示

第一笔是横,不要写成撇。

四、课件参考

如下图分别展示"王""玉"二字的甲骨文、金文、小篆和楷书写法,引导学生进行对比,理解字义,记忆字形。

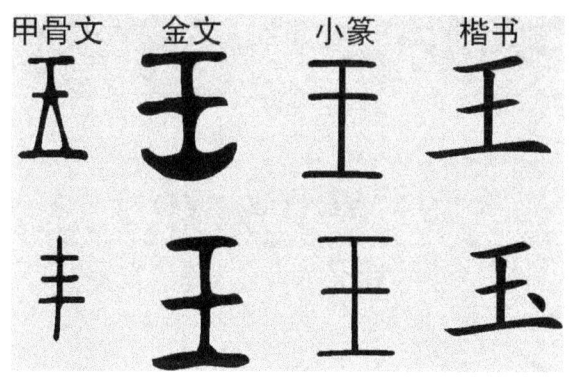

一、字理分析

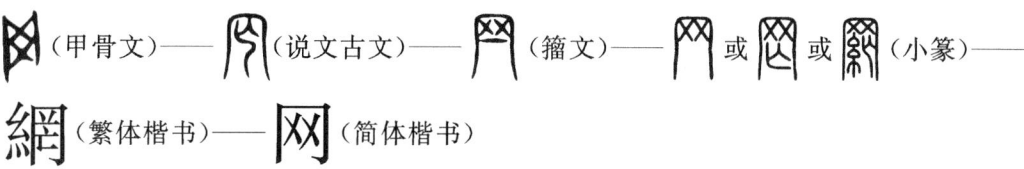

"网"字甲骨文像渔网之形。后增加示音构件"亡"和表义构件"糸"。后简化为"网"。

本义：渔网。例：撒网；织网。

引申为：

1. 形状像网的东西。例：蜘蛛网；电网；铁丝网。
2. 纵横交错像网一样的组织、系统。例：通讯网；交通网。
3. 动词，像网似的笼罩着。例：眼睛里网着血丝。
4. 动词，用网捕捉。例：网罗；网了三条鱼。

二、书写技法

1. 字形基本呈长方形，左右基本对称，稍微上窄下宽，左短右长。
2. 撇和点角度对称，交点处于字的中间偏上的位置，即字的高度的黄金分割点。

三、规范提示

点不要写成捺。

四、课件参考

1. 如下图左图画出虚线，以示字的各部分比例匀称。
2. 如下图右图，在撇和点的交点各画一个白点，以示这两个白点都处于中间偏上的位置，即字高度的黄金分割点。

 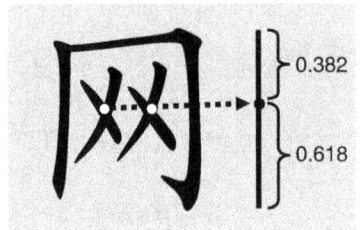

为（wéi 或 wèi）

一、字理分析

（甲骨文）——（西周金文）——（小篆）——爲（繁体楷书）——为（简体楷书）

"为"字甲骨文像手牵象之形，是远古时期役象以助劳现象的反映。

本义：做，为。读作"wéi"。例：有为；敢作敢为；大有可为。

引申为：

1. 充当。例：为首。
2. 变成，造成。例：一分为二；为害。
3. 是。例：十寸为一尺。

假借为：

介词,表示行为的对象或原因目的。读作"wèi"。例:为人民服务;为了您和家人的幸福。

二、书写技法

1. 点和撇角度对称。
2. 撇和横折钩的交点是这个字的高度的黄金分割点。

三、规范提示

先写点,再写撇,再写横折钩,最后再写点。

四、课件参考

1. 如下图左图所示,在撇和横折钩的交点画一个白点,以示横折钩和撇的交点是这个字的黄金分割点。
2. 如下图右图所示,从最后一笔点向第一笔点画一个箭头,以示首尾呼应。

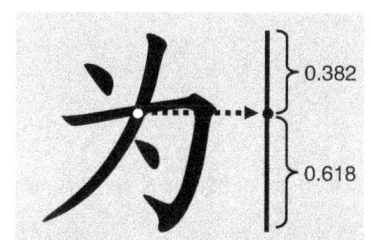

3. 如下图所示,分别列出"为"字的甲骨文、小篆和隶书写法,引导学生观察这个字中的手和大象的形象,进而理解这个字的本义是人赶着大象去干活儿,引申为"做,为"。然后依次展示"为"字的繁体楷书、行书、行草书、草书和简体楷书的图片,引导学生观察这个字是如何由繁到简的。再告诉学生,"为"字的简化字楷书写法即由繁体字的草书楷化而来,因此,笔顺必须是点→撇→横折钩→点,这才符合文字的演变规律,同时也有利于表现笔画之间的联系。

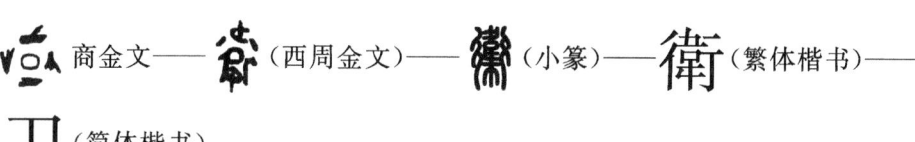

一、字理分析

商金文——————衛(繁体楷书)——

卫(简体楷书)

"卫"字商代金文字形,中间的圆形像某一地方,四旁的足迹环绕着这个地方,表示守卫之意。

本义:守卫,防护。例:保卫;捍卫。

引申为:

1. 任守卫防护之职者。例:门卫;侍卫。
2. 明代军队屯田驻防编制名,以后相沿成地名。例:威海卫;天津卫。

二、书写技法

1. 横折钩的横部稍长,竖部稍短。
2. 竖从横折钩的横部中点偏左的位置起笔。
3. 竖的长度和横折钩的竖部的长度之比约为 1∶0.618,即黄金分割比。
4. 横比较长,左半部分稍短。

三、规范提示

横折钩的末端不要和竖相连。

四、课件参考

1. 如下图左图所示,横折钩的末端处在这个字的中间偏上的位置,即这个字高度的黄金分割点。
2. 横折钩的竖部的长度是"卫"字第二笔竖的长度的 0.618 左右。

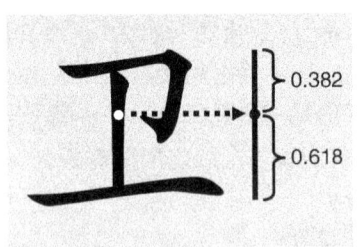   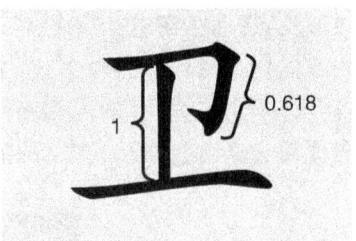

文(wén)

一、字理分析

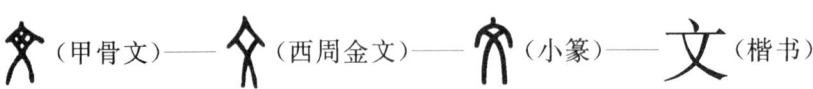

"文"字甲骨文像胸部有花纹的正立人形。

本义:花纹。后来写作"纹"。

引申为:

1. 字,文字。例:甲骨文;金文;英文。
2. 在身上、脸上刺花纹或字。例:文身。
3. 自然界的某些现象。例:天文;水文。
4. 文章。例:散文;作文。
5. 社会发展到较高阶段所表现出来的状态。例:文化;文明。

6. 礼节,仪式。例:虚文;繁文缛节。
7. 非军事的。例:文武;文官。
8. 柔和,不猛烈的。例:文雅;文弱。

二、书写技法

1. 点和横分开。
2. 撇和捺角度对称。
3. 点的起点和撇、捺的交点竖直对齐。
4. 整体上边窄,下边宽,左边小,右边大。

三、规范提示

捺的起点不和横相连。

四、课件参考

1. 如下图左图所示,在点的起点和撇、捺的交点各画一个白点,这两个点竖直对齐,字的重心就稳定。
2. 如下图右图所示画出四条虚线,以示字的各部分纵向距离基本相等。

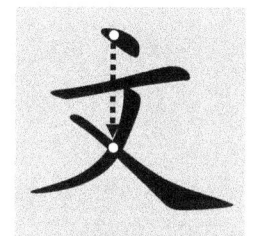
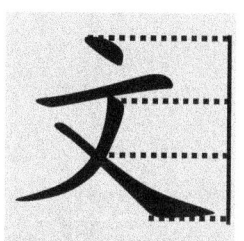

一、字理分析

㘎(甲骨文)——㘎(金文)——問(小篆)——問(繁体楷书)——问(简体楷书)

从口門声。类推简化为"问"。

本义:询问。例:不懂就问;问事处。

引申为:

1. 关切地询问。例:慰问;问候;问安;问好。
2. 审讯。例:问案;审问;拷问。
3. 责问,追究。例:问罪;问责。
4. 管,干涉。例:不问青红皂白;不闻不问;过问。

二、书写技法

1. 从点的左下写竖。
2. 从点的右下写横折钩。

3. 整体左右基本对称,稍微上窄下宽,左短右长。

三、规范提示

1. "门"字的繁体写法第一笔写竖,简化写法第二笔写竖。
2. 竖处于字的左侧,要写成垂露竖。

四、课件参考

1. 如下图左图和中图所示,字内的笔画横向、竖向距离接近。
2. 在"口"部的中心画一个黑点,这个黑点就处于字高度的中心。

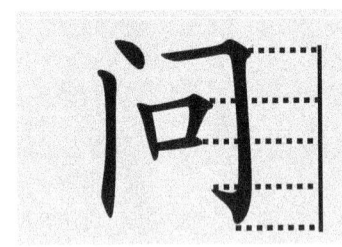

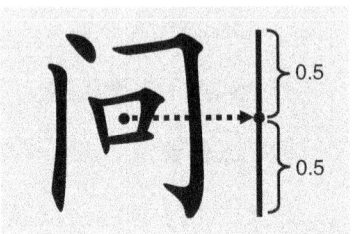

我(wǒ)

一、字理分析

丑(甲骨文)——我(西周金文)——我(小篆)——我(楷书)

"我"字甲骨文字形取象于一种刃部有齿的斧钺形器。
本义:一种刃部有齿的斧钺形器。这个意义已不使用。
假借为:
第一人称代词。例:我们;我军;我国。

二、书写技法

1. 竖钩与斜钩将横画三等分。
2. 字形结构左短右长,左紧右松。
3. 斜钩要写得长而舒展,斜钩被横与撇分成的三段中,上下两段稍长,中间一段稍短。

三、规范提示

"我"字中左部的竖向笔画是竖钩,不要写成弯钩。

四、课件参考

1. 如下图左图所示,标出字左右两侧的轮廓线,一是说明字形上边窄,下边宽;二是这两条虚线角度对称,可以使字形重心稳定。
2. 如下图右图所示,在横的中点画一个白点,这个白点在字的中间偏上的位置,即字的高度的黄金分割点。

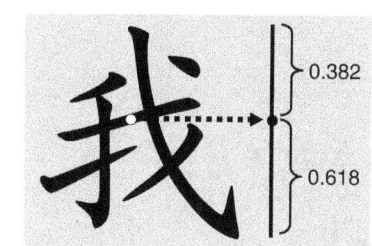

五（wǔ）

一、字理分析

✕（甲骨文）——✕（金文）——✕（说文古文）——✕（小篆）——五（楷书）

"五"的最早字形用两条线交叉表示，后来上下各加一横，隶变作"五"。

本义：数词，四加一的和。例：五十；五行。又表序数第五。例：五级，五嫂。

引申为：

中国古代哲学概念，阳数；又指五行（指金、木、水、火、土）。例：《说文解字·五》："五行也。"

二、书写技法

1. 竖从第一横的中点起笔，向左下方写。
2. 横折穿过竖的中点，其竖部也向左下方写。
3. 竖和横折把下面的横分成中间短、两边长的三段，达到内紧外松。

三、规范提示

1. 第一笔是横，不是撇。
2. 特别要讲清楚，如果把竖写成竖直的，那么它只能写在第二横的中点，这样字的右侧有横折的竖部，左侧没有，会导致左松右紧，字形不匀称。所以竖和横折的竖部都要写成斜的，才能使字形匀称。

四、课件参考

1. 如下图所示，在两个横、横折的横部的中点各画一个白点，这三个白点竖直对齐，字形重心稳定。
2. 如下图所示，把最后一横的三段分别标上 A、B、C，可以看出处在中间的 B 段最短，处在左边的 A 段稍长，处在右边的 C 段最长，即为结构的内紧外松、左紧右松。

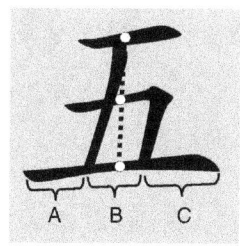

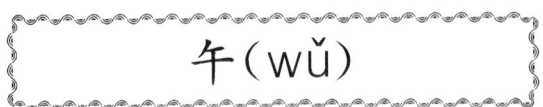

一、字理分析

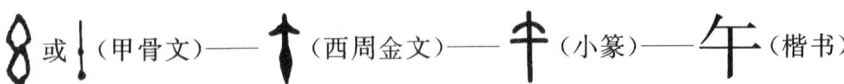

"午"字甲骨文像杵之形。

本义：杵。后来写作"杵"。

假借为：

1. 地支的第七位。例：辰巳午未。
2. 日中的时候。例：中午；上午；午睡。

二、书写技法

1. 撇的倾斜角度约为60°。
2. 第一横从撇的中点偏下的位置起笔，比较短。
3. 第二横的位置处于字的中间偏上的位置，即字高度的黄金分割点。

三、规范提示

竖要写成悬针竖。

四、课件参考

1. 如下图画出四条虚线，标上 A、B、C，引导学生观察 A、B、C 的长度比例。
2. 如下图在第二横和竖的交点画一个白点，引导学生观察，这个点就是字的高度的中心。

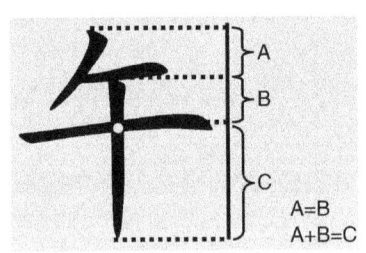

一、字理分析

"西"字甲骨文像鸟巢之形。鸟巢是鸟类歇息之所，因此"西"的本义就是"鸟类歇宿"。

本义：鸟类歇宿。后来写作"棲"，简化为"栖"。

引申为：

1. 太阳落下的一方，即方位词"西"。例：西面；河西。

2. 西洋,内容或形式属于西洋的。例:西餐;西医;西服;中西。

二、书写技法

1. 整体左右基本对称,稍微左小右大。
2. 撇和竖弯之间的距离较小。

三、规范提示

1. 竖弯不要写成竖弯钩。
2. 字的左下角、右下角都是竖出头。

四、课件参考

1. 如下图左图标出黄金分割点。
2. 如下图右图给横折的横部的三段标出 A、B、C,引导学生观察,处于字的内部的 B 最短,即为内紧,处在字的外部的 A、C 稍长,即为外松;处于左边的 A 稍短,处于右边的 C 稍长,即为左紧右松。

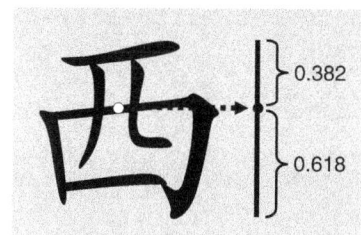 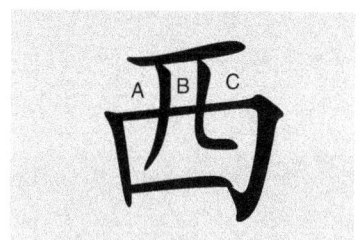

习(xí)

一、字理分析

"习"字甲骨文从羽从日,表示小鸟于晴日学飞。
本义:小鸟频频试飞。例:《礼记·月令》:"鹰乃学习"。
引申为:
1. 学习,复习,练习。例:自习;实习。
2. 对某事物常常接触而熟悉。例:习见;习以为常。
3. 习惯。例:积习;恶习。

二、书写技法

1. 横折钩的竖部长、弯、斜。
2. 点和提角度对称,点短提长。
3. 点在字的中间偏上的位置,其末端即字的高度的黄金分割点。

三、规范提示

提不要写成横。

四、课件参考

1. 如下图左图从横折钩的起点和提的起点画一条虚线,把二者连接起来,告诉学生这条线和横折钩的竖部角度平行,字形就匀称。
2. 如下图右图,在点的末端画出白点,引导学生观察,点的末端在字的中间偏上的位置,即字高度的黄金分割点。

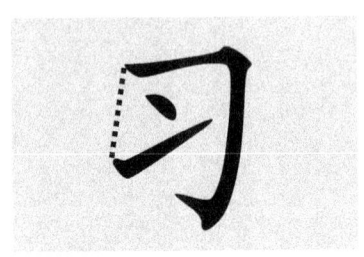
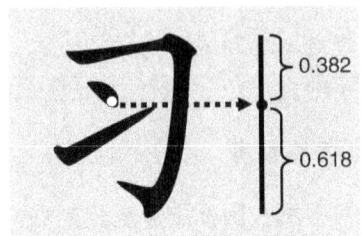

洗(xǐ 或 xiǎn)

一、字理分析

洗(小篆)——洗(楷书)

从水先声。

本义:洗脚。读作"xiǎn"。这个意义现在已不使用。《汉书·黥布传》:"汉王方踞床洗"。

引申为(以下读作"xǐ"):

1. 用水或其他溶剂除掉物体上的污垢。例:洗碗;洗衣;刷洗。
2. 古代盥洗用的器皿,形状像浅盆;泛指形状像洗的东西。例:笔洗。
3. 除掉。例:洗冤;洗耻;清洗;洗掉。
4. 像水洗净一样地杀光或抢光。例:洗劫;洗城。
5. 冲洗胶卷、照片。例:洗像;洗印。
6. 洗礼。例:受洗;领洗。
7. 把扑克、麻将等牌经过掺和整理,改变原来排列的顺序。例:洗牌。

二、书写技法

1. 三点水窄而且短,"先"部宽而且长。
2. 左右两部分联系紧密,三点水的提指向"先"部第一撇的起点。

三、规范提示

"洗"字是三点水旁,不要和两点水的"冼"混淆。

四、课件参考

1. 如下图所示,在第三笔提和第四笔撇之间画一个箭头,以示左右两部分联系紧密。
2. 如下图所示,在字的上下轮廓各画一条虚线,以示字形左紧右松,同时两条虚线角度对称。

3. 如下图所示,在竖和第二横的连接点画一个白点,引导学生观察,这个白点是字的高度的中点。

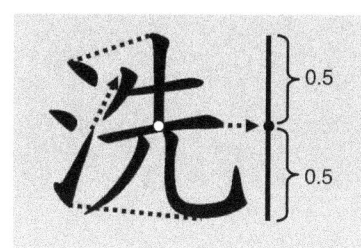

一、字理分析

"下"字甲骨文和西周金文以"—"作为标志,用一短横放在"—"之下来表示"下"。

本义:位置在低处的。例:下部;下游;下边;下面;下层。还可以作状语,意思是"向下面"。例:下达;下行;下降。

引申为:

1. 等次或品级低的。例:下等;下级;下品;下策。
2. 次序或时间在后的。例:下次;下午;下半年。
3. 由高处到低处。例:下山;下楼;下车。
4. 降落。例:下雨;下雪;下霜。
5. 去,到(某个处所)。例:下乡;下地;下车间。
6. 放入。例:下种;下面条。

二、书写技法

1. 横比较长,左边低,右边高。
2. 竖从横的中点稍偏左的位置起笔,和横长度相等。
3. 点写在字的中间偏上的位置。

三、规范提示

因为竖不是最后一笔,所以要写成垂露竖,不要写成悬针竖。

四、课件参考

如下图标出字高度的黄金分割点,便于学生掌握笔画的位置。

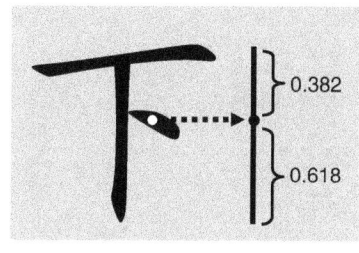

先（xiān）

一、字理分析

𠦒（甲骨文）——𠂉（西周金文）——兂（小篆）——先（楷书）

"先"字甲骨文从止从人，表示走在人前。

本义：在前面的。例：先进；先例；领先。

引申为：

1. 副词，表示某一事件或行为发生在前。例：他比我先到；你先说。
2. 祖先，上代。例：先人。
3. 暂时。例：先放一放。
4. 对死者的尊称。例：先父；先烈。

二、书写技法

1. 第一撇比较短。第一横从第一撇的中点起笔，比较短。
2. 竖写在横的中间，上半部分长，下半部分短。第二横稍长。
3. "儿"部的撇和竖弯钩距离较近。
4. 整体上边窄，下边宽，内紧外松，左紧右松。

三、规范提示

"儿"部的撇和竖弯钩不要连在一起。

四、课件参考

如下图所示，在竖和第二横的连点画一个白点，这个点就是字的高度的中心。

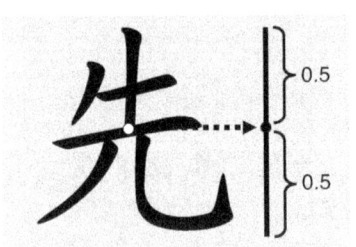

现（xiàn）

一、字理分析

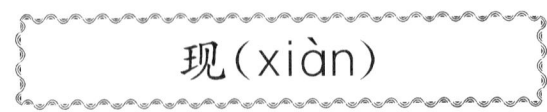

"现"字从玉见声。类推简化为"现"。

本义：玉光。这个意义已不使用。

引申为：

1. 显露，出现。例：显现；昙花一现。
2. 此刻，目前。例：现行；现存；现状；现代。
3. 副词，当时，临时。例：现编现唱。
4. 当时就有的。例：现钞；现货。
5. 现金。例：兑现；贴现。

二、书写技法

1. 左半部分较为窄小，右半部分较为宽大。
2. 左右两部分联系紧密。

三、规范提示

左半部分的末笔是提，不是横。

四、课件参考

1. 如下图所示，在字的上下轮廓各画一条虚线，以示字形左紧右松，同时两条虚线角度对称。
2. 如下图所示，标出字的高度的黄金分割点，帮助学生掌握笔画的位置。

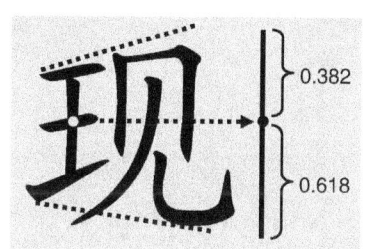

一、字理分析

"向"字甲骨文、金文都像一座带有窗户的房子之形。后来增加构件作"嚮"。简化为"向"。
本义：朝北开的窗户。例：《诗·豳风·七月》："塞向墐户"。
引申为：

1. 方向。例：志向；风向。
2. 对着。例：向阳；面向；相向。
3. 偏袒。例：偏向；老乡向老乡。
4. 介词，意义相当于"朝""往"。例：向东；向上。

假借为：

时间副词,意义相当于"向来"的"向"。

二、书写技法

1. 撇的起点与三个横的中点竖直对齐。
2. 三个横距离相等。
3. 四个竖距离相等。

三、规范提示

字的左上角是竖出头,不是撇出头。

四、课件参考

1. 如下图左图,在撇的起点、三个横的中点各画一个白点,再画一个箭头,以示它们竖直对齐。
2. 如下图右图标出字的高度的中点,便于学生掌握笔画的位置。

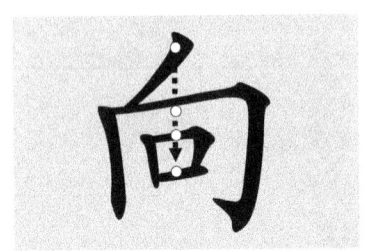
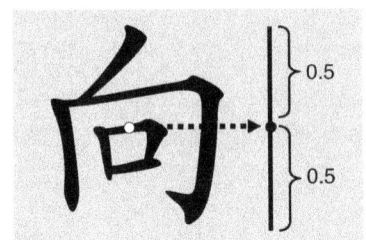

小（xiǎo）

一、字理分析

"小"字甲骨文像沙尘类小物状。

本义：在体积、面积、数量、力量、强度等方面不及一般或不及比较对象,跟"大"是反义词。例：小河；小桥；小草。

引申为：

1. 短时间的。例：小坐；小住几天。
2. 副词,稍微。例：小试；小有名气。

二、书写技法

1. 竖钩正直。
2. 两个点角度对称,长度相近,和竖钩的距离相等,位置稍偏下。

三、规范提示

左侧的点要写成向右上回锋的垂点,不要写成撇,以便和右侧的点相互呼应。

四、课件参考

1. 展示下面的图片,引导学生观察,"小"字的第二笔写成出点和写成撇对于字形的影响,从而理解笔画之间的联系。

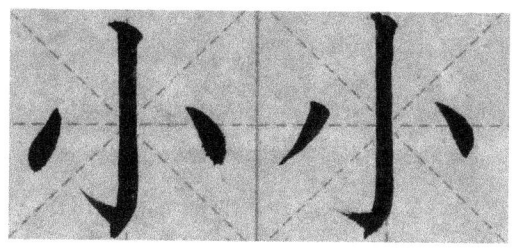

2. 如下图所示,从左侧的点的起点向右画一条水平线,这条线处在字的中点偏上的位置,可以把字黄金分割。

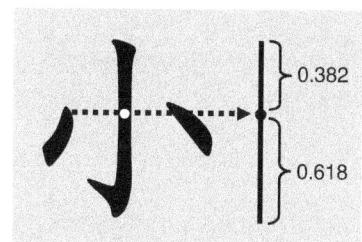

校（xiào 或 jiào）

一、字理分析

栿（小篆）——校（楷书）

从木交声。

本义：古代刑具,枷械的统称。读作"jiào"。例：荷重校。

假借为：

1. 比较,较量。例：校场。
2. 比较不同文本,改正文字上的错误。例：校订；校勘；校对；校样；点校。
3. 学校。读作"xiào"。例：校址；校庆；校园。
4. 军衔名。读作"xiào"。例：少校；大校；将校。

二、书写技法

1. 木字旁比较窄,"交"部稍宽。
2. 左右两部分联系紧密。

三、规范提示

木字旁的末笔缩短为点。

四、课件参考

如下图所示,在"交"部的第一点、横的中点和撇、捺的交点各画一个白点,再画一个箭头,以示三者竖直对齐。

一、字理分析

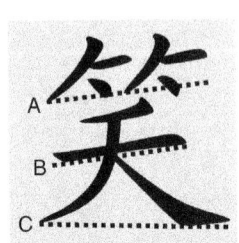（小篆）——笑（楷书）

"笑"字从竹,夭声。有人认为,人笑时,身体往往弯曲,与竹子被风吹而弯曲相似。

本义:因喜悦而开颜或出声。例:笑容;欢笑。

引申为:

1. 讥笑,嘲笑。例:见笑;五十步笑百步。
2. 希望接受赠物的敬辞。例:笑纳;笑领。

二、书写技法

1. 竹字头比较扁。
2. "夭"部也比做单字时扁。
3. 上下两部分重心对正,距离较近。

三、规范提示

"夭"部的第一笔是撇,不是横。

四、课件参考

1. 如下图左图画出三条虚线,A 代表字上边的宽度,B 代表字中间的宽度,C 代表字下边的宽度。按照上紧下松的结构原则,A 短 C 长;按照内紧外松的原则,B 比 A 和 C 短。
2. 如下图右图标出字的高度的黄金分割点的位置,帮助学生掌握笔画的在字中的位置。

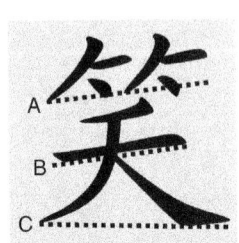 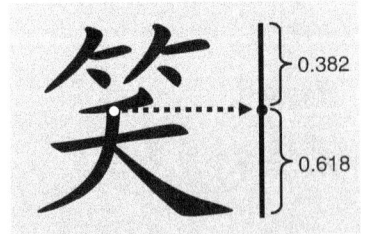

一、字理分析

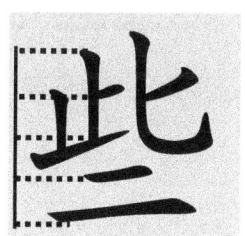（小篆）——些（楷书）

从此从二。

本义：用在名词前面表示不确定的量。例：一些；少些；这些；某些。

引申为：

用在形容词或部分动词后面，表示一个微小的量。例：再快些；好些了。

二、书写技法

1. "此"部左边小，右边大，笔画之间距离匀称。
2. "二"部第一横短，第二横长。

三、规范提示

1. 左上的"止"部末笔是提，不是横。
2. 右上的"匕"部的撇不能出头。

四、课件参考

如下图标出横向笔画之间的距离，引导学生观察并在书写时做到距离相近。

一、字理分析

或（金文）——（小篆）——心（楷书）

"心"字金文像心脏之形。

本义：心脏。例：心肺；心跳；心率；心室。

引申为：

1. 思维器官。例：用心；留心；心灵手巧；心领神会。
2. 思想，感情。例：心意；心烦意乱；心情。
3. 思虑，图谋。例：有口无心；心计。

4. 心地。例:好心人;心声;心迹;变心。

5. 事物的中央。例:中心;菜心。

6. 哲学术语,指主观意识。例:唯心。

二、书写技法

1. 第一笔是垂点,写完后向右上带,引出卧钩。
2. 卧钩的起点和垂点的起点水平对齐。
3. 第一点的位置最低,第二点的位置最高。

三、规范提示

1. 第一笔垂点不要写成撇。
2. 卧钩不要写成竖弯钩或者斜钩。

四、课件参考

1. 展示下面的图片,让学生讨论哪个字写得好看,并说明理由。然后公布答案:第二个"心"字的第一笔写成了撇,和下一笔的联系不够紧密,所以必须把第一笔写成垂点,笔画的右端向右上带。

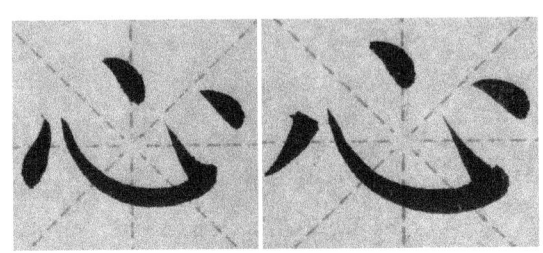

2. 如下图在三个点的上方标上文字,强化学生的记忆:第一个点位置最低,第二个点位置最高,第三个点位置居中。

兴(xīng 或 xìng)

一、字理分析

"兴"字甲骨文像四手各执抬盘之一角而兴起之形。后来增加"口"构件变为"从同从舁"的

会意字。简化为"兴"。

本义：兴起。读作"xīng"。例：百废俱兴；兴办；兴利除弊。

引申为：

1. 兴盛，流行。例：时兴；复兴。
2. 起来，起。例：夙兴夜寐。
3. 兴致，兴趣。读作"xìng"。例：高兴；助兴；雅兴。

二、书写技法

1. 三个点角度平行。
2. 两个撇角度平行。
3. 点和撇角度对称。
4. 点和撇都指向横的中点，联系紧密。

三、规范提示

最后一笔是点，不要写成捺。

四、课件参考

如下图所示，在横的中点画一个白点，再画几个箭头，以示其他笔画都指向这个白点，这样笔画之间联系紧密，浑然一体。

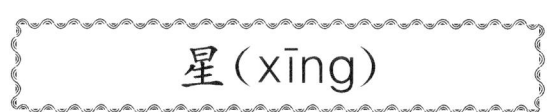

一、字理分析

"星"字甲骨文像群星罗列。后增加示音构件"生"，简化为"星"。

本义：夜晚天空中能闪烁发光的天体。例：星罗棋布；月明星稀。

引申为：

1. 宇宙间能发光或反射光的天体。例：恒星；行星。
2. 细碎或细小的东西。例：火星儿；吐沫星儿。
3. 明星。例：笑星；歌星。

二、书写技法

1. 横平竖直。

2. 六个横之间距离相等。
3. 六个横长度不同,中间的短,上下的长,最下边的最长。
4. "日"部的两竖分别向左右倾斜,角度对称。

三、规范提示

"日"部中间的短横只和左侧的竖相连,不和右侧的竖相连。

四、课件参考

1. 如下图所示,在"日"上下两横的中点、"生"中三个横与竖的三个交点各画一个白点,五个白点竖直对齐,保证字形匀称、重心平稳。
2. 如下图所示,在字的左右轮廓画上虚线,以示字形上紧下松,左右对称。

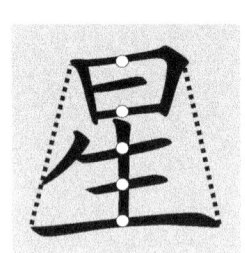

行(xíng 或 háng)

一、字理分析

 (甲骨文)—— (金文)—— (小篆)—— 行(楷书)

"行"字甲骨文、金文像十字路口,表示"四通的道路"。
本义:四通的道路,读作"háng"。
引申为:
1. 行列。例:成行;双行。
2. 排行。例:行三。
3. 行业。例:内行;同行;在行;改行。
4. 某些营业机构。例:商行;银行;车行。

由本义"四通的道路"引申为(以下读作"xíng"):
1. 行走。例:步行;人行道;日行千里。
2. 旅行或跟旅行有关的。例:行装;行程;行踪。
3. 流动性的,临时性的。例:行商;行营。
4. 流通,推行。例:行销;发行;风行。
5. 做,办。例:举行;执行;试行;行医。

二、书写技法

1. 两个撇的起点竖直对齐,第一撇短,第二撇长。
2. 竖对准第一撇的中点。

3. 字的左右两部分长度相等,右半部分位置偏下。

三、规范提示

竖不是最后一笔,所以要写成垂露竖,不要写成悬针竖。

四、课件参考

1. 如下图左图,在两个撇的起点画一条线,以示两个撇的起点竖直对齐。
2. 如下图中图,在第一撇的中点画一个白点,从竖的起点向上画一个箭头,引导学生观察,竖对准第一撇的中点。
3. 如下图右图,在字的上下各画一条虚线,引导学生观察,这个字的右半部分位置偏下,两条虚线角度平行,说明这个字的左右两部分长度相等。

  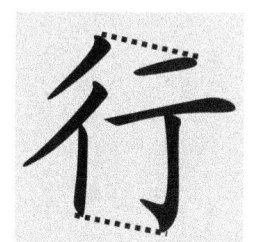

学(xué)

一、字理分析

"学"字甲骨文字形像小孩双手持爻在室内学习之形。后变异简化为"学"。

本义:学习。例:勤学苦练;学知识;学文化。

引申为:

1. 仿照。例:鹦鹉学舌;说学逗唱。
2. 学校。例:上学;入学;大学;中学。
3. 学问,知识。例:品学兼优;真才实学;治学。
4. 学术,学说。例:科学;国学;汉学;西学。
5. 学科。例:物理学;经济学;哲学;文字学。

二、书写技法

1. 两个点角度平行,三个横角度平行。
2. 第五笔横钩和末笔横的宽度相同。
3. 各部分结构比较均匀。

三、规范提示

前三笔为点、点、撇,和"尖"字的字头、"党"字的字头都不同,不要混淆。

四、课件参考

1. 如下图左图画出横虚线,以示各部分比较匀称。
2. 如下图右图标出字的高度的黄金分割点。

 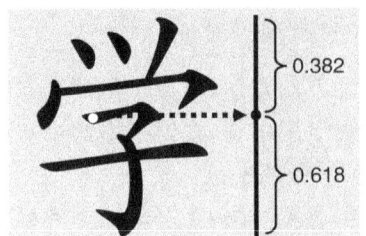

一、字理分析

从雨彗声。简化为"雪"。
本义:从云中降落的白色结晶体,多为六角形。例:下雪;雪花;鹅毛大雪。
引申为:
颜色或光彩像雪的。例:雪白;雪亮。
假借为:
洗掉(耻辱、仇恨、冤枉)。例:雪耻;雪恨;昭雪;洗雪。

二、书写技法

1. 五个横的中点竖直对齐。
2. 竖写在中间。
3. 四个点长度相等,排列匀称。
4. 上半部分宽,下半部分窄。

三、规范提示

1. 第二笔是垂点,不要写成竖或者斜点。
2. 第三笔是横钩,不要写成横折弯钩。

四、课件参考

如下图左图写一个下半部分比雨字头宽的"雪"字,再画出虚线,标出 A、B,引导学生观察。如果简单地把上紧下松的结构规律理解为上边窄,下边宽,那么就会写成下面图示中左边的写法,这种写法显然不美观,因为图形 A 的面积远远小于图形 B 的面积。字形匀称就是指字内的空白面积大致相等。正确的写法如下图中的右图,图形 A 的面积和图形 B 的面积相近,图形 B 的面积稍大,即为上紧下松。

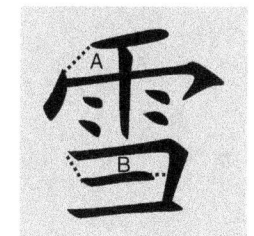

一、字理分析

（西周金文）—— 说文古文 —— （小篆）—— 牙（楷书）

"牙"字金文字形像上下相错之形，《说文》说解为"牡齿也"。

本义：大牙，臼齿。例：《六书故·人四》："口有齿有牙。齿当唇，牙当车。"

引申为：

1. 牙齿。例：牙膏；牙刷；拔牙；镶牙。
2. 象牙。例：牙筷；牙章；牙雕。
3. 形状像牙齿的东西。例：马路牙子。

二、书写技法

1. 横很短。
2. 竖折的竖部短，横部长。
3. 因为竖钩的左侧有竖折的竖部和撇，所以竖钩的位置稍偏右。这样各部分的面积比较接近，字形匀称。

三、规范提示

字的左上角不要封口。

四、课件参考

1. 如下图画一条虚线，这条虚线连接横的起点、竖折的左端和撇的末端，这样三点一线，便于掌握笔画的长度和位置。
2. 如下图画一个白点，以示它是字的高度的黄金分割点。

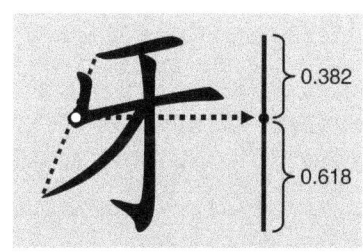

一、字理分析

Y（甲骨文）——羊（金文）——羊（小篆）——羊（楷书）

"羊"字甲骨文像羊头之形。
本义：羊。例：山羊；绵羊；羚羊。

二、书写技法

1. 点和撇角度对称，点稍短，撇稍长。
2. 横中间的距离相等，中点竖直对齐，第二横最短，第三横最长。

三、规范提示

"羊"字的前五笔只有撇一个笔画是动态的出尖儿的笔画，所以最后一笔竖用悬针竖写法，以产生动静、收放对比。

四、课件参考

1. 如下图在字的左右轮廓各画上一条虚线，以示字形上紧下松，左右对称。
2. 如下图标出字的高度的黄金分割点。

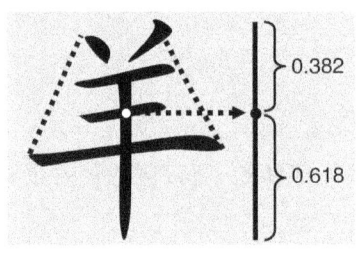

一、字理分析

（甲骨文）——或（金文）——陽（小篆）——陽（繁体楷书）——阳（简体楷书）

从阜从易，易亦声。"易"的甲骨文作" "，像太阳高高升起的样子。整字像太阳照耀着山崖。后来重造简化字"阳"。

本义：日光，太阳。例：向阳；夕阳；阳历；阳光。
引申为：
1. 太阳照射到的地方，山南水北。例：阳面；沈阳（沈水之北，沈水即今浑河）；衡阳（在衡山之南);洛阳(在洛河之北)。

2. 显露的,表面的。例:阳奉阴违。
3. 凸起的。例:阳文。
4. 我国古代哲学名词,与"阴"相对。例:阴阳。
5. 关于活人与人世的。例:阳世;阳间;还阳。
6. 带正电的。例:阳离子;阳极。
7. 男性生殖器。例:阳痿;壮阳。

二、书写技法

1. 左耳刀的竖的长度是横撇弯钩的高度的两倍。
2. "日"部不要写得太大,其内部的空白面积比左耳刀内部的空白面积稍大即可。

三、规范提示

1. 第一笔是横撇弯钩。
2. 左侧的竖要写成垂露竖,不要写成悬针竖。
3. "日"部中间的短横只和左侧的竖相连,不和右侧的竖相连。

四、课件参考

1. 如下图左图,标出 A、B、C、D,引导学生观察,A、B、C、D 的面积接近,即为字形匀称;处在左边的 A、B 面积稍小,处在右边的 C、D 面积稍大,即为左紧右松。
2. 如下图右图标出字的高度的黄金分割点。

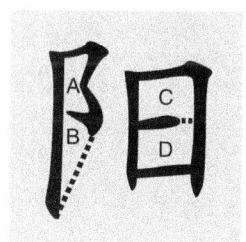
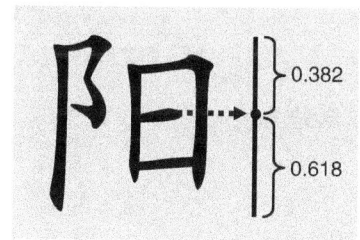

一、字理分析

樣(小篆)——樣(繁体楷书)——样(简体楷书)

从木羕声。简化为"样"。
本义:橡果,即栎果。这个意义已不使用。
假借为:
1. 物体的形状。例:样子;样式;模样;花样。
2. 人的模样或神情。例:变样儿;瞧他那样儿。
3. 用来作标准的东西。例:样品;样本;榜样;鞋样儿。
4. 事物发展的情况或趋势。例:照这样儿;看样子。

5. 量词,用于事物的种类。例:三样东西;样样都行。

二、书写技法

1. 木字旁稍窄,"羊"部稍宽。
2. 木字旁的横右半部分短,点也很短,这是结构内紧的体现。
3. 木字旁的竖是垂露竖,"羊"部的竖是悬针竖,一收一放。

三、规范提示

木字旁的第四笔是点,不要写成捺。

四、课件参考

如下图标出字高度的黄金分割点。

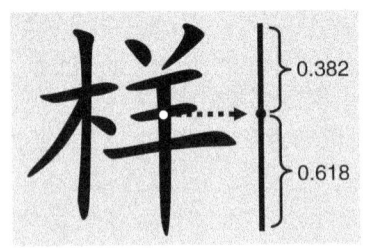

一、字理分析

（金文）——（说文古文）——（小篆）——要（楷书）

"要"字小篆中间像人形,两旁像两手叉腰之形。简化为"要"。

本义:人体胯上胁下部分。后来写作"腰"。

腰是身体的重要部位,因此引申为:

1. 主要的内容。读作"yào"。例:摘要;纲要;扼要。
2. 重大。例:要事;要职;要紧;次要。

假借为:

1. 想,希望。例:若要人不知,除非己莫为。
2. 盼望得到或保有。例:你要这本书吗?
3. 索取。例:要账;要饭。
4. 要求,请求。例:他要小李陪她去。
5. 需要。例:这件衣服要多少钱?坐车要一个半小时。
6. 应该。例:说话要简明扼要。
7. 将要。例:他下月要来。
8. 连词,表示假设。例:明天要下雨,我就不去了。
9. 求。读作"yāo"。例:要求。
10. 有所仗恃或强行要求,胁迫。读作"yāo"。例:要挟。

二、书写技法

1. 四个横的中点竖直对齐,距离相等。四个横的长度不同。
2. 女字底很宽扁,左右基本对称,撇点的上边出头很短,右下出头较长。

三、规范提示

上半部分不要写成"西"。

四、课件参考

1. 如下图左图所示,在四个横的中点、撇和点的交点各画一个白点,引导学生观察,这五个白点竖直对齐,字的重心就稳定;这五个白点距离相等,字形就匀称。
2. 如下图中图画出三条虚线,引导学生观察,女字底的横被分成三段,中间的一段短,即为内紧;左右两段都长,即为外松。
3. 如下图右图标出女字底的撇分成两段,引导学生观察,处于字的内部的那段短,处于字的外部的那段长,即为内紧外松。

一、字理分析

爺(繁体楷书)——爷(简体楷书)

从父耶声。简化为"爷"。
本义:父亲。例:爷娘。
引申为:
1. 祖父。例:爷爷;舅爷。
2. 对于父辈或老年男子的尊称。例:老大爷;李爷爷。
3. 旧时对主人或尊贵者的称呼。例:县太爷;少爷;老爷。
4. 对神佛等的称呼。例:老天爷;财神爷;土地爷。

二、书写技法

1. 撇和点角度对称。
2. 撇和捺角度对称。
3. 横折钩的横和撇、捺的末端对齐。

三、规范提示

1. 最上边是八字头,不要写成人字头。
2. 下半部分和硬耳刀"阝"不同。

四、课件参考

如下图在横折钩和竖的连点画一个白点,这个白点就是字的高度的中心。

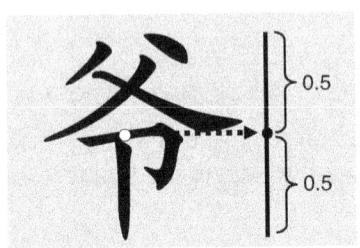

一、字理分析

"也"字西周金文像古代洗涤所用盥器之平视形。
本义:古代洗涤所用盥器,即匜。后来写作"匜"。
假借为:
语气词、副词。例:君者,舟也;我也去。

二、书写技法

1. 横折钩的横部长而斜,竖部短而斜。
2. 竖的上半部分长,下半部分短。
3. 竖弯钩的竖部稍短,横部长。
4. 横折钩和竖的交点是字的黄金分割点。

三、规范提示

竖不是最后一笔,不要写出尖儿。

四、课件参考

1. 如下图左图和中图所示,在横折钩和竖的交点画一个白点,无论是横着看还是竖着看,这个白点都是字的黄金分割点,这也是结构左紧右松、内紧外松的表现。

2. 如下图右图所示画出竖虚线,引导学生观察,处于字的内部的B和C都短,处于字的外部的A和D都长,这就是字的内紧外松结构规律的体现;而处于字的左边的A比处于字的右边的D短,这就是字的左紧右松结构规律的体现。

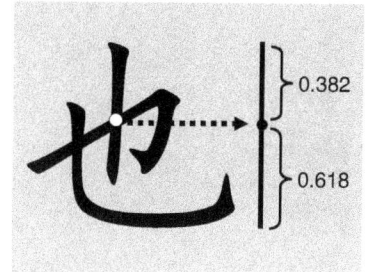 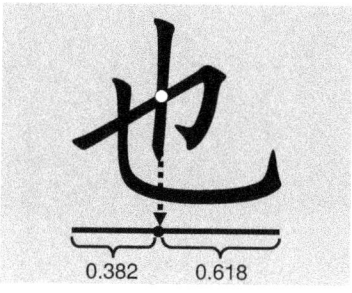 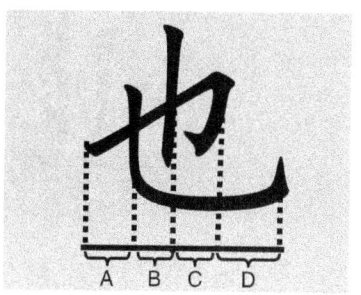

业（yè）

一、字理分析

"业"字说文古文字形像古代乐器架子横木上的大版，刻如锯齿状，用来悬挂钟、鼓、磬等。

本义：古代乐器架子横木上的大版。这个意义已不再使用。

假借为：

1. 行业。例：工业；农业；林业。
2. 佛教语。例：业障。
3. 已经。例：业已。

由"行业"引申为：

1. 职业。例：就业；业余。
2. 学业。例：毕业；结业。
3. 事业。例：功业；创业；业绩。
4. 产业，财产。例：家业；业主。

二、书写技法

1. 点和撇角度对称，点稍短，撇稍长。
2. 两个竖都向外倾斜，角度对称，左竖稍短，右竖稍长。
3. 横被分成三段，中间最短，右边最长。

三、规范提示

点不和其他笔画相连。

四、课件参考

1. 如下图左图所示，横被分成三部分，处在内部的 B 最短，处在外边、右边的 C 最长，即为内紧外松、左紧右松。
2. 如下图右图所示，点的起点处在字的中间偏上一点的位置，即字的高度的黄金分割点。

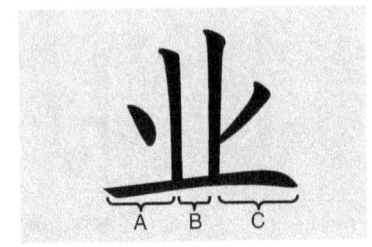 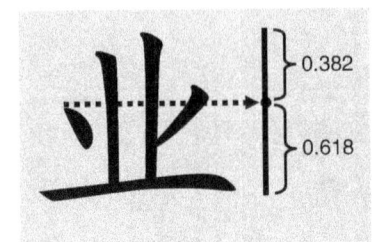

叶（yè 或 xié）

一、字理分析

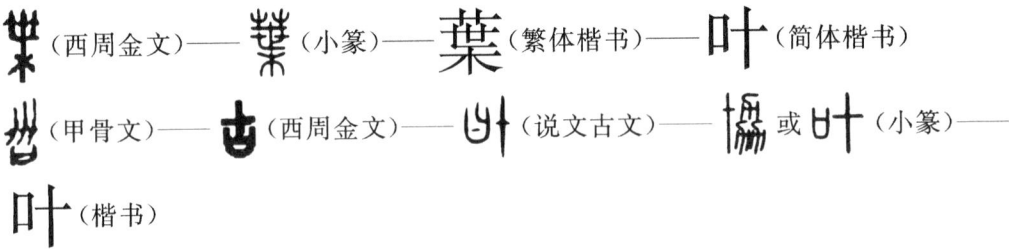

"叶"有两个来源，即"叶"和"葉"。为了区别，分别称之为"叶$_1$""叶$_2$"。

"叶$_1$"甲骨文字形像三耒合力并耕之形，该字还有"从十从口"的异体字形。后来两种异体字的记录职能发生分化，其中"从十从口"的字形成为表示诗律术语的专门用字。

"叶$_2$"金文字形像树叶之形。到小篆，字形增加了表义构件"艸"，后简化为"叶"。

"叶$_1$"本义：和谐，融洽。读作"xié"。例：叶句；叶韵。

"叶$_2$"本义：树叶。读作"yè"。例：叶柄；叶绿素。

引申为：

形状像叶子的东西。例：百叶窗；千叶莲；叶轮。

二、书写技法

1. "口"部形体较小，在字中的位置稍偏上。
2. "十"部的横很短，竖很长。

三、规范提示

"十"部的竖要写成悬针竖。

四、课件参考

如下图在"口"部的中心画一个黑点，这个黑点在字中的位置稍偏上，即字的高度的黄金分割点。

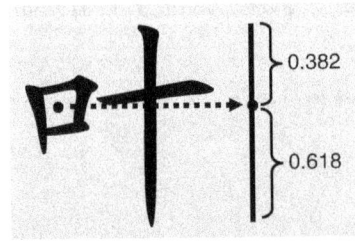

页（yè）

一、字理分析

（金文）——葉 或 箕（小篆）——葉 或 頁（繁体楷书）——页（简体楷书）

"页"字金文像树上多叶之形。小篆增加艹或竹构件，本义是叶子。后借用本义为"头"的"頁"字记录其引申义。简化为"页"。

本义：叶子。后简化为"叶"。

引申为：

1. 张（指纸）。例：活页；册页。

2. 量词，旧时单面印刷的书本中的一张纸，现在一般指两面印刷的书本中的一张纸的一面。例：页码；页眉；页脚。

二、书写技法

1．第一横比较长。

2．第一撇从第一横的中点起笔。

3．竖和横折的竖部角度平行。

4．第二撇的起点和第一横的中点竖直对齐。

5．点和第二撇角度对称，末端水平对齐。

三、规范提示

最后一笔是点，不要写成捺。

四、课件参考

1. 如下图左图画出两个白点，以示第二撇的起点和横的中点竖直对齐。同时，第二个白点，也就是第二撇的起点是这个字的黄金分割点。

2. 如下图右图画出括号，标出 A、B、C，引导学生观察，处在中间的 B 最短，处在外边的 A 和 C 长，这就是内紧外松。

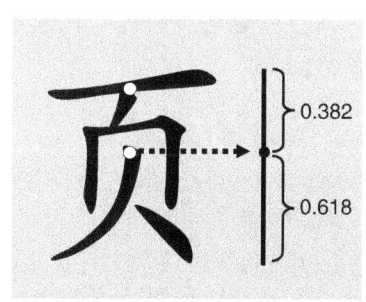 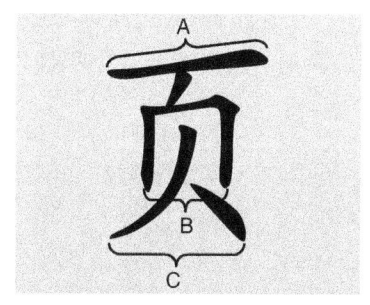

一、字理分析

━（甲骨文）━ ━（金文）━ 弋（说文古文）━ 一（小篆）━ 一（楷书）

本义：最小的正整数，即数字一。例：一加一等于二。

引申为：

1. 全，满。例：一生；一脸汗；一屋人；一身正气。

2. 相同，一样。例：清一色；心口不一；一视同仁。

3. 专一。例：一心一意。

4. 每，各。例：一队十人；一人一份。

5. 动词，统一，划一。例：《孟子·梁惠王上》："'孰能一之?'对曰：'不嗜杀人者能一之。'"

6. 中国古代哲学概念，指天地未开时的原始混沌之气；也指万物的本源"道"。例：《说文解字》："惟初太始，道立于一，造分天地，化成万物。"

二、书写技法

1. 左边低，右边高。
2. 两边粗，中间细。
3. 比较长。
4. 整体稍弯。

三、规范提示

"一"字左低右高，与水平线之间有一个5°左右的夹角。

四、课件参考

1. 在屏幕上展示放大的"一"字，引导学生观察，"一"两边粗，中间细，是内紧外松规律的体现。

2. "一"字左边低，右边高，这是因为在古人的观念里，水往低处流，所以上升、爬坡意味着安全，所以横的右边高就给人以积极乐观的心理感受，就是美的。

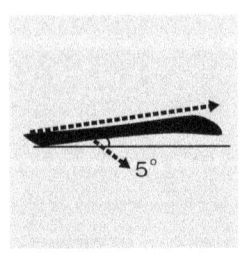

衣（yī 或 yì）

一、字理分析

㐰（甲骨文）——㐱（金文）——㲋（小篆）——衣（楷书）

"衣"字甲骨文像上衣襟衽左右掩覆之形。

本义：上衣，泛指衣服。读作"yī"。例：内衣；大衣；丰衣足食。

引申为：

1. 包在物体外面的一层东西。例：炮衣；糖衣；笋衣。
2. 穿（衣服）。读作"yì"。例：衣布衣；解衣衣我。

二、书写技法

1. 点和捺角度平行。撇和撇角度平行。撇和捺角度对称。
2. 因为竖提的左边只有撇，而右边有撇和捺，所以竖提在字中的位置要偏左一些。

三、规范提示

第二撇和捺相连，不是交叉。

四、课件参考

1. 如下图，竖提和撇的连点是这个字高度的中点。

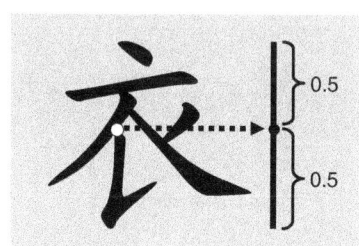

2. 展示孔子画像，给学生讲解左衽、右衽的区别：汉族人的传统服装是左边片包住右片，叫右衽；部分少数民族的服装则是右片包住左片，叫左衽。《论语·宪问》："微管仲，吾其被发左衽矣。"意思是如果没有管仲，我们就要衣服左衽，披散头发，沦陷于异族人的统治。

一、字理分析

醫（小篆）——醫（繁体楷书）——医（简体楷书）

从酉殹声。酉像酒坛形，表示酒，酒可以用来治病。简化为"医"。
本义：医生。例：神医；庸医；牙医。

引申为：
1. 治疗。例：医治；医疗；头痛医头，脚痛医脚。
2. 防治疾病的科学或工作。例：学医；从医；医科大学。

二、书写技法

1. "矢"部的捺缩短为点。
2. "矢"部处在中间，所以它的宽度比"匚"部的两个横都窄，即内紧外松。

三、规范提示

笔顺是先写横，再写"矢"部，最后写竖折。

四、课件参考

如下图标出字的中心，便于学生掌握笔画的位置。

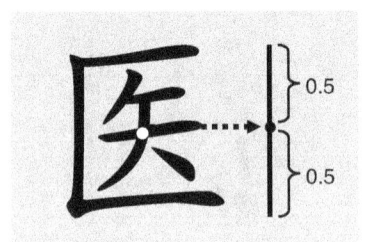

一、字理分析

 或 （甲骨文）—— 或 （金文）—— 已（小篆）—— 以（楷书）

"以"字甲骨文像古代农具耜之形，后增加"人"旁，表示人使用农具。
本义：用，使用。例：《楚辞·屈原·涉江》："忠不必用兮，贤不必以。"

引申为：
1. 介词，意义相当于"用，拿，凭借，仗恃"。例：以少胜多；晓之以理。
2. 依照，按照。例：以次；以音序排列。
3. 因，因为。例：不以人废言。

假借为：

1. 连词，表示目的。例：以正视听。
2. 用在方位词前组成合成方位词或方位结构，表示时间、数量和界限。例：以前；以上；以后。

二、书写技法

1. 笔画之间联系紧密。
2. 整体上边窄，下边宽，左边短，右边长。

三、规范提示

不要把竖提写成撇折。

四、课件参考

1. 如下图左图，竖提的末端指向点，点的末端指向撇，笔画之间的联系很紧密。
2. 如下图右图，最后一笔和第一笔的起点相互联系，首尾呼应。

   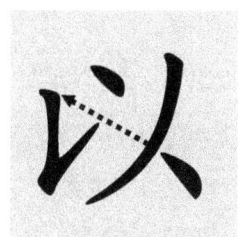

一、字理分析

![甲骨文]—![金文]—![小篆]—因（楷书）

"因"字甲骨文像人躺在席子上。

本义：依靠，凭借。例：因地制宜；因势利导。

引申为：

1. 沿袭。例：因循；陈陈相因。
2. 原因。例：因果；因由。
3. 因为。例：因病请假。

二、书写技法

整体基本对称，稍微左短右长，上窄下宽。

三、规范提示

"大"部的末笔是点，不要写成捺。

四、课件参考

如下图所示画五个黑点,以示"大"部每个笔画和字框之间的距离都相近。

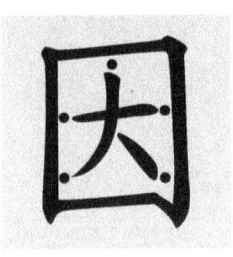

阴(yīn)

一、字理分析

㿑(金文)——䧪(小篆)——陰(繁体楷书)——阴(简体楷书)

"阴"字小篆字形从阜从云今声。后来重造简化字"阴"。

本义:云层密布,不见或少见太阳。例:多云转阴;阴天;阴雨;阴云。

引申为:

1. 日光照不到的地方。例:树阴;背阴。
2. 山北水南。例:江阴;淮阴;山阴。
3. 隐蔽的,不外露的。例:阴沟;阳奉阴违。
4. 阴险,不光明正大。例:阴谋;阴毒。
5. 生殖器,有时指女性生殖器。例:阴茎;阴道。
6. 凹下的。例:阴文。
7. 我国古代哲学名词,与"阳"相对。例:阴爻。
8. 古代指太阴,即月亮。例:阴历。
9. 跟鬼神有关的。例:阴间;阴魂。
10. 带负电的。例:阴极;阴离子。

二、书写技法

1. 左半部分稍窄,右半部分稍宽。
2. 左右两部分长度相近。
3. 左右两部分联系紧密。

三、规范提示

1. 左耳刀的竖要写成垂露竖,不要写成悬针竖。
2. "月"部的两个短横只和左边的撇相连,不和右边的竖相连。

四、课件参考

1. 如下图左图画出竖虚线,引导学生观察 B＜A＜C,即结构的内紧外松、左紧右松。

2. 如下图右图标出字的高度的黄金分割点,该点在"月"部两横之间。

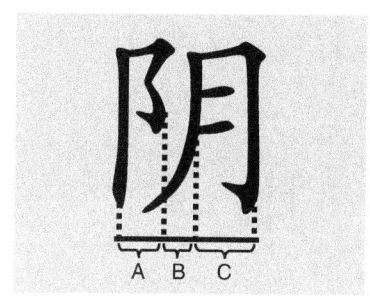
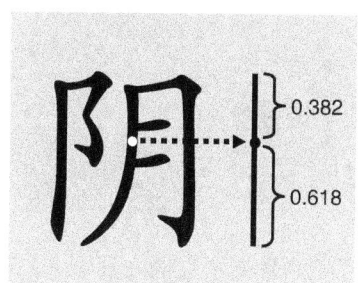

一、字理分析

(甲骨文)——(西周金文)——(秦公钟)——(小篆)——音(楷书)

"音"与"言"最初字形相同,都是"舌"上加"一"。后来"音"字在"言"字下部的"口"构件中附加一个小横,以别于言。

本义:声音。例:音律;音乐;口音。

引申为:

1. 消息。例:音信;佳音。
2. 音节。例:单音词;双音词。

二、书写技法

1. 除"日"部中间的短横外,其余横的中点竖直对齐。
2. 点和撇角度对称。
3. "日"部的两个竖角度对称。

三、规范提示

"日"部中间的短横只和左侧的竖相连,不和右侧的竖相连。

四、课件参考

如下图所示,在第一点的中点和第一、二、三、五横的中点分别画上白点,引导学生观察,这五个白点竖直对齐,就可以保证字的重心稳定。第二横的中点同时还是字高度的黄金分割点。

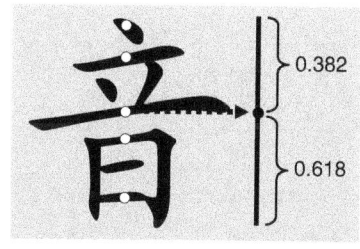

用（yòng）

一、字理分析

甲(甲骨文)——用(西周金文)——用(小篆)——用(楷书)

"用"字甲骨文像有柄之桶形，左像桶体，右像其把手。
本义：桶。后来写作"桶"。
因桶本是日常用器，因而引申为：
使用。例：用具；用力；用兵。
由引申义"使用"再引申为：
1. 费用。例：用项；家用。
2. 用处。例：功用；有用。
3. 需要（多用于否定句）。例：不用开灯。

二、书写技法

1. 撇、竖、竖之间距离基本相等。
2. 三个横之间的距离也基本相等。
3. 字形整体上窄下宽，左短右长，内紧外松。

三、规范提示

中间的两个短横和左右都不相连。

四、课件参考

1. 如下图左图标出圆形、正方形、三角形，引导学生观察，正方形所指的处在中间的笔画最短，三角形所指的处在右边的笔画最长，这就是结构的内紧外松、左紧右松。
2. 如下图右图标出字高度的黄金分割点。

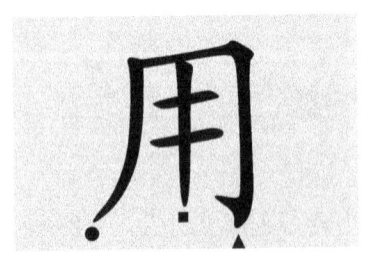 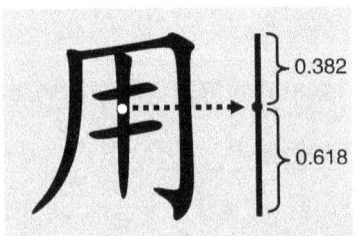

有（yǒu）

一、字理分析

"有"字小篆从手持肉。

本义：表示存在。例：有无；屋内有人。

引申为：

1. 领有或具有。例：有罪；有本领。
2. 表示具有某种性质。例：有三层楼那么高。
3. 表示领有某种东西多或时间长。例：这可有年头了；数他有钱。
4. 表示发生或出现。例：情况有变化；有点儿低烧。
5. 表示不定指。例：有人这么说。
6. 用在某些词的前面，组成表示客气的套语。例：有请；有劳。

二、书写技法

1. 撇的起点和横的中点竖直对齐。
2. 四个横之间的距离相等。
3. "月"部窄长，略微上窄下宽，左短右长。

三、规范提示

1. "月"部的第一笔是竖，不要写成撇。
2. "月"部的两个短横只和左侧的竖相连，不和右侧的竖相连。

四、课件参考

1. 如下图左图所示，在撇的起点、第一横的中点、横折钩的横部的中点各画一个白点，这三个白点要竖直对齐。
2. 如下图中图所示画出六条虚线，引导学生观察，处于字的内部的B、C、D稍短，长度相等，处在字的外部的A、E稍长，这就是字形在匀称基础上的变化。
3. 如下图右图所示，竖和撇的连点在字的中间稍偏上的位置，即字高度的黄金分割点。

 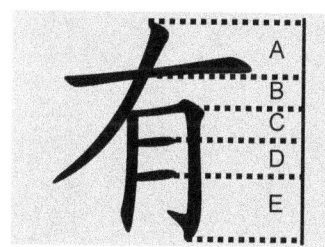 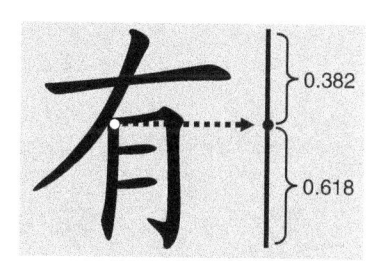

又（yòu）

一、字理分析

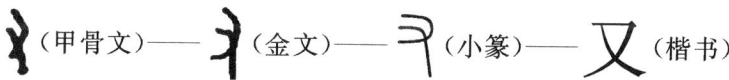

古文字形像右手之形。手本来有五指，只画出三个是因为古代以三为多。

本义：右手。后来写作"右"。

假借为：

1. 副词,表示某种动作或情况重复或继续。例:又见面了;又来了。
2. 副词,表示某种情况同时存在。例:又唱又跳;又哭又笑。
3. 副词,表示意思上更进一层。例:纯而又纯。
4. 副词,表示另外有所追加、补充。例:工资之外,又发了奖金。
5. 副词,表示整数之外又加零数。例:三又三分之一。

二、书写技法

1. 撇和捺角度对称,交点稍偏上。
2. 整体上边窄,下边宽,左边短,右边长。

三、规范提示

左上角不封口。

四、课件参考

如下图所示在撇和捺的交点画一个白点,标出捺的上下两段的长度比例,帮助学生理解上紧下松和黄金分割。

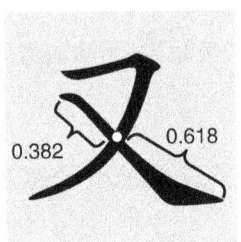

一、字理分析

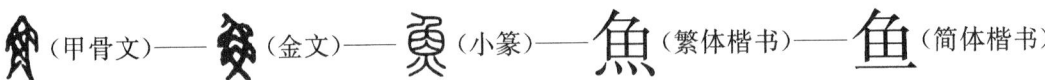

"鱼"字甲骨文像鱼之形。简化为"鱼"。
本义:水中脊椎动物。例:鲤鱼;草鱼;带鱼。

二、书写技法

1. 撇的起点、横折撇的末端、所有横的中点竖直对齐。
2. 五个横之间的距离基本相等。
3. 横的长度不同,处在内部的短,处在外部的长。
4. 撇和横折撇的撇部角度平行。
5. "田"部的左右两竖角度对称。

三、规范提示

"田"部中间的短横和左右两竖都不相连。

四、课件参考

1. 如下图左图画出五个白点,这五个白点竖直对齐,以保证字的重心稳定。
2. 如下图右图所示,横折和竖的连点是这个字高度的黄金分割点。

 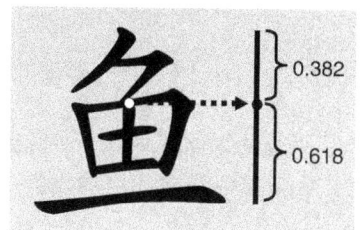

羽(yǔ)

一、字理分析

"羽"字甲骨文像鸟羽之形。
本义:羽毛。例:鸟羽;羽扇;羽翼;羽毛球。
引申为:
1. 翅膀。例:振羽。
2. 量词,用于鸟类。例:一羽信鸽。
假借为:
古代五音之一。例:宫商角徵羽。

二、书写技法

1. 横折钩的横部比较短,竖部稍长。
2. 点比较短,提稍长。
3. 点和提角度对称。点和提的位置稍偏上。
4. 左右两部分距离较近,联系紧密。

三、规范提示

提不要和横折钩相连。

四、课件参考

如下图所示,在点和提之间画上黑点,引导学生观察这里就是字的高度的黄金分割点。

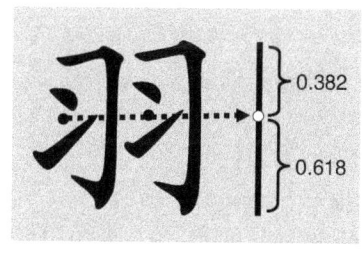

雨（yǔ 或 yù）

一、字理分析

⺲（甲骨文）—— ⾬（金文）—— ⾬（说文古文）—— 雨（小篆）—— 雨（楷书）

"雨"字甲骨文像雨滴纷纷下降之形。

本义：从云层中降向地面的水滴。读作"yǔ"。例：下雨；雨水；雨露；春雨。

引申为：

下（雨、雪等）。读作"yù"。例：雨雪。

二、书写技法

1. 第一横长短适中。
2. 左右两侧的竖角度对称，左侧的稍短，右侧的稍长。
3. 四个点排列均匀。

三、规范提示

中间的竖不是最后一笔，所以要写成垂露竖，不要写成悬针竖。

四、课件参考

1. 如下图左图所示，"雨"字中右边的第一个点的起笔处是整个字高度的黄金分割点。
2. 如下图右图所示，画出圆点、正方形和三角形，以示内紧外松、左紧右松。

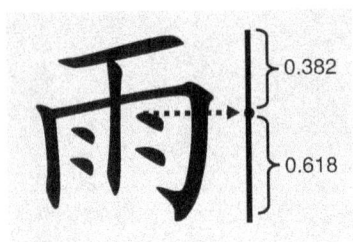

语（yǔ）

一、字理分析

𧥺（金文）—— 語（小篆）—— 語（繁体楷书）—— 语（简体楷书）

从言吾声。类推简化为"语"。

本义：议论，谈论。例：笑语；耳语；絮语。

引申为：

1. 说的话。例：花言巧语；语气；语句；话语。
2. 语言。例：语文；汉语；书面语；语法。
3. 代替语言表达意思的动作或信号。例：手语；旗语；灯语。

4. 特指俗语、谚语、成语或古书中的话。例：语云；语曰。
5. 诗、文或谈话中的字词句。例：一语道破；语病；引语。
6. 比喻鸟虫等鸣叫。例：鸟语花香；燕语莺啼。

二、书写技法

1. 言字旁比较窄。
2. "吾"部稍宽。
3. 左右两部分联系紧密。

三、规范提示

"吾"部的第一笔不要写成撇。

四、课件参考

1. 如下图左图，引导学生观察字的右半部分的横画之间的距离，做到字形匀称。
2. 如下图右图，标出字的高度的黄金分割点。

 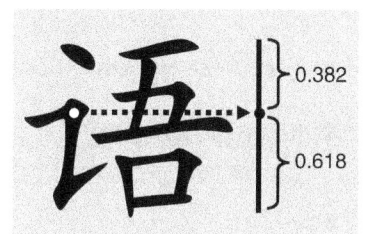

元（yuán）

一、字理分析

𠆢（商金文）——𠀘（甲骨文）——丌（西周金文）——兀（小篆）——元（楷书）

"元"字商金文像一个侧面站立的人形，突出其头部。
本义：脑袋。例：元首（喻指国家最高领导人）。
引申为：
1. 为首的，居首的。例：元帅；元勋；状元；元老；元恶；元凶。
2. 开始的，第一的。例：元旦；元月；元年；纪元。
3. 主要的，根本的。例：元素；元音；元气。

二、书写技法

1. 第一横短，第二横稍长。
2. 撇和竖弯钩中间的距离较小，这样才能做到结构内紧。
3. 竖弯钩的最低点是整个字的最低点。

三、规范提示

撇和竖弯钩不要相连。

四、课件参考

第二横和撇的连点在字的中间偏上一点的位置,即字的高度的黄金分割点。

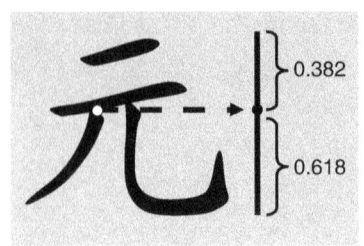

一、字理分析

"月"字甲骨文像月牙之形。

本义:月亮,月球。例:花好月圆;月光;新月。

引申为:

1. 计时单位,一年分为十二个月。例:正月;腊月;五月。
2. 每个月的。例:月刊;月薪。
3. 形状像月亮那样圆的。例:月饼;月琴。

二、书写技法

1. 撇的上半部分正直。
2. 横折钩的横部很短,竖部较长。
3. 两个短横在字中的位置稍偏上。

三、规范提示

两个短横只和左侧的撇相连,不和右侧的竖相连,即左紧右松。

四、课件参考

1. 如下图左图,引导学生理解结构的松紧。
2. 如下图右图,字的高度的黄金分割点在两个短横之间的位置。

 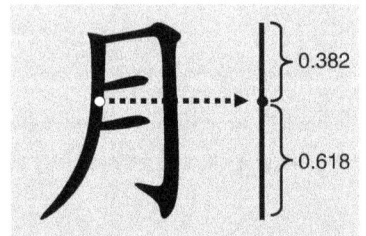

一、字理分析

—— 或 ![] —— 雲（小篆）—— 雲（繁体楷书）—— 云（简体楷书）

—— 或 ![] —— 云（楷书）

"云"有两个来源，即"雲"和"云"，为了区别，分别称之为"云$_1$""云$_2$"。

"云$_1$"甲骨文像云气回环之形。本义就是"云气"。后增加表义构件"雨"，汉字简化时又减省"雨"构件。

"云$_2$"是个假借字，它借用了本义为"云气"的"云"字来记录义为"说"的语词"云"。

"云$_1$"本义：云气。例：彩云；云端；云霞。

"云$_2$"被假借记录"说"义。例：人云亦云；不知所云。

二、书写技法

1. 第一横短，第二横长。
2. 两个横的中点竖直对齐。
3. 撇提从第二横的中点起笔，点也对准第二横的中点，其角度和撇部平行。

三、规范提示

第一笔是横，不要写成撇。

四、课件参考

1. 如下图所示，在两个横的中点各画一个白点，以示二者竖直对齐。
2. 如下图所示，第二个白点就是字高度的黄金分割点。

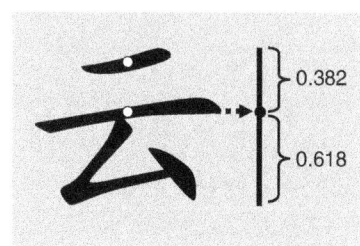

再（zài）

一、字理分析

—— —— 再（小篆）—— 再（楷书）

"再"字甲骨文和金文由"鱼"和"二"两个构件组成,构意为两条鱼。

本义:数词,两次;第二次。例:《史记·孙子吴起列传》:"而田忌一不胜而再胜";《左传·庄公十年》:"一鼓作气,再而衰,三而竭。"

引申为:

1. 重复,继续,又一次。例:再版;再接再厉;再见;再三。
2. 表示一个动作发生在另一个动作之后。例:吃完饭再走。

二、书写技法

1. 横平竖直,横竖垂直。
2. 横之间的距离基本相等。
3. 四个横中处于字的内部的第二、第三横短,处在下面的第四横最长,这是内紧外松、上紧下松结构规律的体现。
4. 三个竖的距离也基本相等。

三、规范提示

中间的短横和左右两边都不相连。

四、课件参考

1. 如下图左图,在四个横的中点画上白点,以示这四个横的中点竖直对齐。第三横和竖的交点是这个字高度的黄金分割点。
2. 如下图中图所示,标出五条虚线,以示内紧外松。
3. 如下图右图所示,标出五条虚线,以示内紧外松、上紧下松。

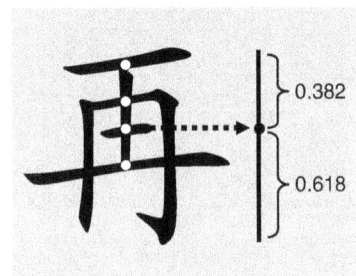 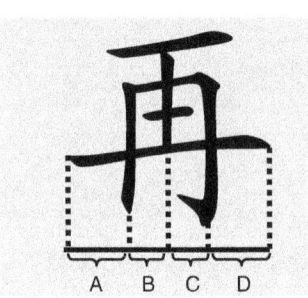 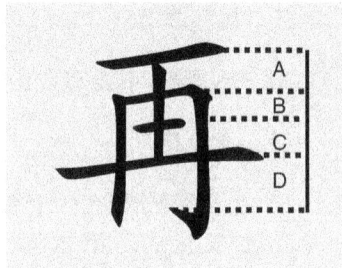

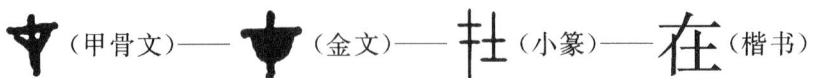

在(zài)

一、字理分析

屮(甲骨文)— 屮(金文)— 𤰔(小篆)— 在(楷书)

"在"字甲骨文、金文借用"才"字,到小篆增加表义构件"土"成为从土才声的形声字。变异为"在"。

本义:在,存在。例:父母健在;在世;人在阵地在。

引申为:

1. 处在某个地点或位置。例:在场;在座;在教室。
2. 留在,属于。例:在职;在位;在野。

3. 在于，取决于。例：谋事在人，成事在天；事在人为；贵在坚持。

4. 副词，正在。例：他在看书；红旗在飘扬。

5. 介词，引进动作行为的有关时间、处所、范围和条件等。例：在教室看书。

二、书写技法

1. 第一横稍长。
2. 撇从第一横的中点的正上方起笔。
3. "土"部竖的上下两部分长度相等。

三、规范提示

最偏下的笔画是第一竖，不是第三横。

四、课件参考

1. 如下图，撇的起点和第一横的中点竖直对齐。
2. 引导学生观察，撇和左边的竖的交点是这个字高度的中点。

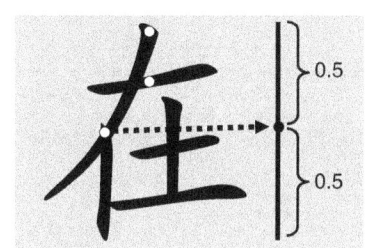

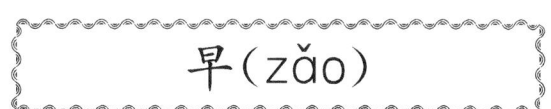

一、字理分析

早（小篆）——早（楷书）

从日在甲上。变异为"早"。

本义：早晨。例：起早；清早；早饭；早市。

引申为：

1. 比某一时间靠前。例：早走半小时；早来 10 分钟。
2. 副词，表示很久以前。例：早就知道了；早就解决了。
3. 时间靠前的。例：早期；早年；早春；早稻。
4. 早晨见面时互相问候的话。例：您早！

二、书写技法

1. 第一、第三、第四横的中点竖直对齐。
2. 四个横之间距离相等，其中第二、第三横短，第四横最长。
3. "日"部上边宽，下边窄。
4. 末笔竖上半部分短，下半部分长。

三、规范提示

1. "日"部中间的短横只和左侧的竖相连,不和右侧的竖相连。
2. 末笔写成悬针竖。

四、课件参考

如下图画三个白点,并引导学生观察它们竖直对齐。第三个白点是这个字的高度的中点。

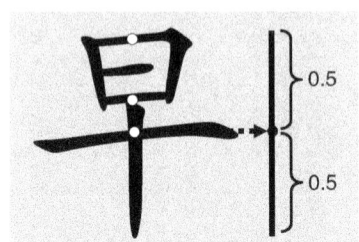

一、字理分析

从立占声。

本义:直立不动。例:站岗;站立;罚站;站票。

引申为:

停下,停留。例:不怕慢,就怕站;站住!

假借为:

1. 陆路交通线上设置的固定停车地点。例:火车站;北京站;终点站。
2. 为开展某项工作而建立的工作点。例:防疫站;气象站。

二、书写技法

1. 左半部分稍短,右半部分稍长。
2. 左右两部分联系紧密。

三、规范提示

"立"部的末笔由横变为提。

四、课件参考

如下图画出字的高度的中心。

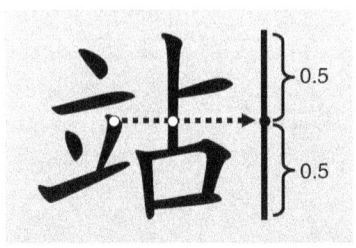

找（zhǎo）

一、字理分析

从手从戈。

本义：划船。这个意义写作"划"。

假借为：

1. 寻求，觅取。例：找人；找东西。
2. 退有余，补不足。例：找零；找补。

二、书写技法

1. 左半部分稍窄，右半部分较宽。
2. 左右两部分联系紧密。
3. 整体上窄下宽，左紧右松，内紧外松。

三、规范提示

"戈"部的横不要写成撇。

四、课件参考

1. 如下图所示，在字的上下轮廓各画一条虚线，以示这个字左右两部分高度相等，水平对齐。
2. 如下图所示，竖钩的第二段的中点是字的高度的黄金分割点，"戈"部的横的起点也是字的高度的黄金分割点。

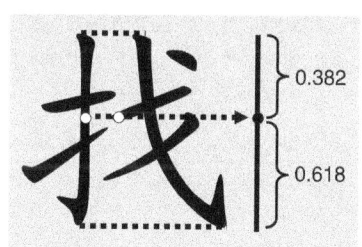

这（zhè）

一、字理分析

从辶从言。简化为"这"。

本义：迎接。这个意义已不使用。

假借为：

1. 代词。指示较近的时间、地方或事物。例：这个；这些；这里；这方。

2. 表示众多事物,不确指某人或某事物。例:这也想要,那也想要。

3. 这时候。例:这就走。

注意:口语里"这"单用或者后面直接跟名词时,读"zhè";"这"后面跟量词或数词加量词时,常读作"zhèi",例:这程子;这阵儿;这些。

二、书写技法

1. "文"部左右对称,重心稳定。

2. 走之比较宽扁。

三、规范提示

1. 先写"文"部,后写走之。

2. "文"部的末笔写成点,不要写成捺。

四、课件参考

1. 如下图左图所示,在"文"字的第一点的中点、横的中点、撇和第二点的交点各画一个白点,这三个白点竖直对齐。

2. 如下图右图所示,"辶"的横部在字的高度的黄金分割点。

 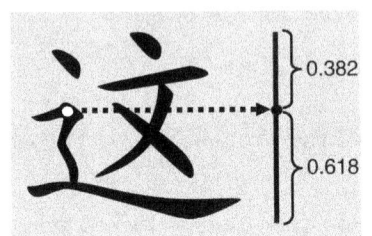

一、字理分析

桑(金文)——眞(小篆)——眞(繁体楷书)——真(简体楷书)

《说文解字》将"真"的小篆字形说解为"仙人变形而登天也,从匕从目从ㄴ。八,所乘载也"。本义:道家所说的得道成仙的人。例:真人;修真。

引申为:

1. 精,淳。例:返璞归真。

2. 真实。例:真心;真假。

3. 的确,实在。例:真好;真快。

4. 清楚确实。例:真切。

5. 人的肖像,事物的形象。例:写真;传真。

二、书写技法

1. 整体字形左右基本对称。

2. 六个横之间的距离基本相等。

三、规范提示

中间的三个短横只和左侧的竖相连,不和右侧的竖相连。

四、课件参考

1. 如下图左图画出三个白点,这三个白点竖直对齐,字的重心就稳定。
2. 如下图右图指示出字的高度的中点。

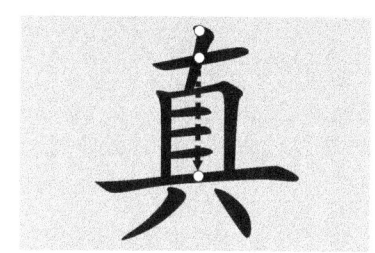 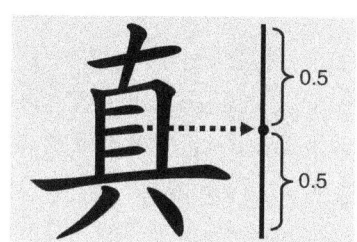

正(zhèng 或 zhēng)

一、字理分析

"正"字甲骨文像脚朝着某个既定的地方行进。
本义:方向或位置不偏不斜,位置在中间。读作"zhèng"。例:正北;正中。
引申为:
1. 合乎一定标准或规范的。例:正楷;正体;正品;正规;正式。
2. 正直的,正当的。例:义正辞严;正派。
3. 纯而不杂。例:颜色正;正红。
4. 摆正。例:正正车把。
5. 使思想行为端正。例:正人先正己。
6. 把错误的改为正确的。例:正音;正字。
7. 作为主题的。例:正副;正文。
8. 正面。例:正反。
9. 自然科学中大于零或失去电子的。例:正数;正极。
10. 恰在某时点或时段的正中。例:正午。
假借为:
正月。读作"zhēng"。例:新正。

二、书写技法

1. 第一横长短适中。

2. 长竖从第一横的中点起笔。

3. 第二横写在长竖的中点。

4. 短竖的起点和第一横的起点竖直对齐。

5. 第三横被两个竖分成三段,中段最短,右段最长。

三、规范提示

第二横不要写成撇或者点。

四、课件参考

1. 如下图左图,指示出字的中点。

2. 如下图中图,指示出短竖和第一横的起点竖直对齐。

3. 如下图右图,第三横被分成 A、B、C 三段,处于中间的 B 段最短,处于右边的 C 段最长,代表内紧外松,左紧右松。

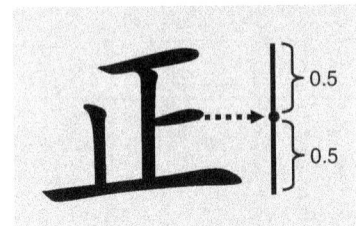  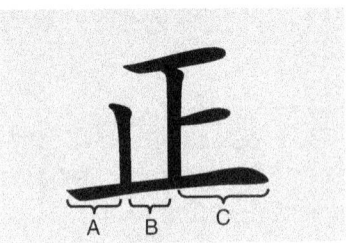

知(zhī)

一、字理分析

知(小篆)——知(楷书)

《说文解字》:从口矢声。段玉裁注:"识敏,故出于口者疾如矢也。"意思是知道的事物可以脱口而出。

本义:知识。例:求知欲;真知灼见。

引申为:

1. 知道,了解。例:明知故问;温故而知新。

2. 使知道,使了解。例:告知;通知;知会。

3. 知己。例:新知;知友。

4. 主管,主持。例:知县;知府。

二、书写技法

1. "矢"部的第一撇稍短。第一横从第一撇的中点偏下的位置起笔。第二横稍长,位置偏左偏上。第二撇的起点和第一撇的起点竖直对齐。点比较短,位置偏上。

2. "口"部的上沿在"矢"部的两个横之间,同时它在整个字的高度的中点。

三、规范提示

1. "矢"部的第二撇上边不要出头。

2. "矢"部的点不要写成捺。

四、课件参考

1. 如下图左图,在两个撇的起点各画一个白点,以示这两个撇的起点竖直对齐。
2. 如下图右图,以示"口"部的上沿在"矢"部的两个横之间,同时它在整个字的高度的中点。

 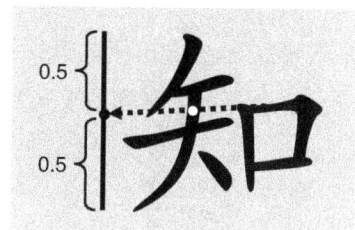

3. 如下图左图,指示出第二横的内紧外松、第二撇的内紧外松。
4. 如下图右图,标出字的松紧变化。

 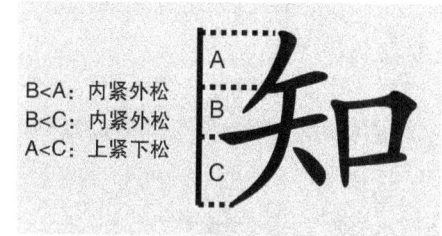

一、字理分析

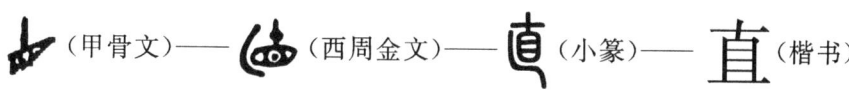

"直"字甲骨文像目光凝聚于一直线之形。

本义:直视。

引申为:

1. 直线的。例:笔直;伸直。
2. 跟地面垂直的。例:直升机。
3. 公正的,正义的。例:正直;理直气壮。
4. 直爽,直接。例:直性;心直口快。

二、书写技法

1. 撇的起点和第一、第二、第六横的中点竖直对齐。
2. 左右两竖稍斜,角度对称。
3. 横之间的距离基本相等。
4. 整个字上紧下松,左紧右松,内紧外松。

三、规范提示

中间的三个短横只和左侧的竖相连,不和右侧的竖相连。

四、课件参考

1. 如下图左图,在三个横的中点、斜竖的起点各画一个白点,只有这四个白点竖直对齐,字的结构才重心稳定。

2. 如下图右图,标志出横之间的距离,这些横之间的距离基本相等,字形就匀称。

 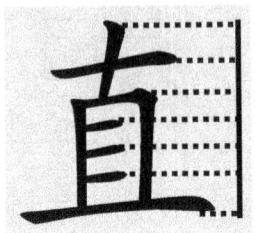

3. 如下图左图,引导学生观察,"直"字中间的三个短横只和左侧的竖相连,不和右侧的竖相连,即为左紧右松。

4. 如下图右图,引导学生观察,处于上边的横(A)比处于下边的横(D)短,就是上紧下松;处于中间的横(B、C)短,处于外边的横(A、D)长,就是内紧外松。

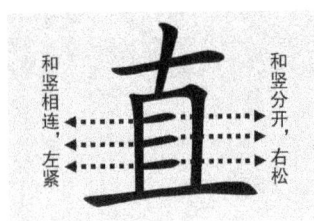 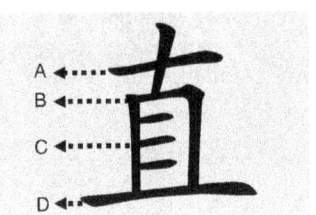

5. 了解字的松紧变化之后,还要让松紧达到科学的比例。如下图左图所示,引导学生理解黄金分割,进而把握横的长度比例。

6. 如下图右图所示,引导学生观察、把握斜竖的长度比例,A∶B=1∶0.618。

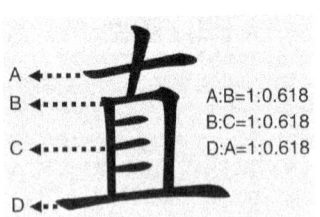 

一、字理分析

只(小篆) —— 祇/只(楷书)/衹 —— 只(简化字)

"只"有两个来源,即"隻"和"只",为了区别,分别称之为"只₁""只₂"。

"只₁"甲骨文像手持一只鸟形,本义是"单独的"。楷书字形作"隻",简化为"只"。

"只₂"《说文解字》说解为"语已词也,从口,象气下引之形"。读作"zhǐ"。

"只₁"本义:单独的。读作"zhī"。例:只身;片言只语。

引申为:

用于某些成对东西的一个,或用作动物、器具和船只的量词。例:两只手;两只耳朵;两只老虎;一只船。

"只₂"本义:语气词。例:《诗经·鄘风·柏舟》:"母也天只,不谅人只。"

假借为:

副词,表示"仅限于某个范围"。例:只得;只好;只有。这个用法的"只"典籍中曾写作"祇""衹",后又简化为"只"。

二、书写技法

1. "口"部上宽下窄,左右对称。
2. 撇写在"口"部的左下角的正下。
3. 点写在"口"部的右下角的正下。
4. 撇和点长度相等,角度对称。

三、规范提示

"口"部的左上角、左下角是竖出头,右下角是横出头。

四、课件参考

1. 如下图左图画出箭头,以示撇和点的起笔位置。
2. 如下图右图,以示字的宽窄比例。

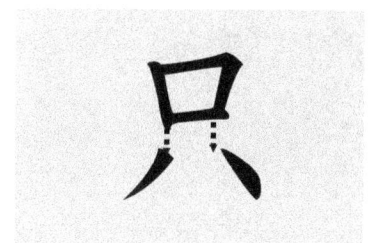
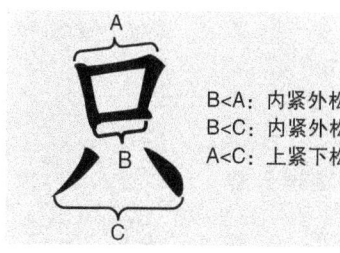

B<A:内紧外松
B<C:内紧外松
A<C:上紧下松

中(zhōng 或 zhòng)

一、字理分析

中 或 中(甲骨文) —— 中(西周金文) —— 中(小篆) —— 中(楷书)

"中"字甲骨文字形像在一竖直的杆子中间做标记，表示"方位在中央"。
本义：方位在中央。读作"zhōng"。例：中间；中央；华中；居中。
引申为：

1. 中国。例：中文；中外。
2. 在范围内，内部。例：家中；心中；山中。
3. 位置或等级在两端之间的。例：中年；中秋；中锋；中指；中学；中型。
4. 适合。例：中看；中听；中用。
5. 正对上，恰好合上。读作"zhòng"。例：中选；打中；猜中。
6. 受到，遭到。读作"zhòng"。例：中毒；中暑；中弹。

二、书写技法

1. "口"部比较宽扁，左右对称。
2. 长竖写在"口"部的中间，位置稍偏下。

三、规范提示

"口"部的左上角、左下角是竖出头，右下角是横出头。

四、课件参考

如下图标出各部分长度，以示字的结构比例。

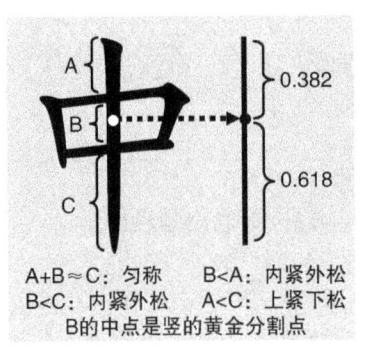

竹（zhú）

一、字理分析

古文字形像竹叶下垂之形。
本义：竹子。例：竹林；竹笋；竹竿；竹板。

二、书写技法

1. 撇的倾斜角度约为75°。
2. 横从撇的中点偏下的位置起笔。
3. 整个字左半部分稍小，右半部分稍大。

4. 左右两部分距离较近,联系紧密。

三、规范提示

1. 左侧的竖要写成垂露竖。
2. 左侧的横不要写成横钩。

四、课件参考

1. 如下图左图画出四个白点,以示竖、竖钩的起点分别和上面的撇的起点竖直对齐。
2. 如下图右图,第二横和第二撇的连点是这个字的高度的黄金分割点。

 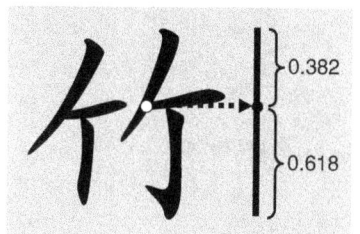

一、字理分析

坐(小篆)——主(楷书)

"主"字小篆字形像灯中火炷之形,中间的短竖线像灯芯,其余部分像灯碗。
本义:灯芯。后来写作"炷"。
假借为:

1. 拥有权力或财产的人,处于支配地位的人。例:房主;地主;君主。
2. 旧时使用仆役的人。例:奴隶主;主仆关系。
3. 邀请并接待客人的人。例:喧宾夺主;东道主;宾主。
4. 负主要责任。例:主事;主考;主讲。
5. 主张,决定。例:主战;自主。
6. 主见,见解。例:主意;六神无主。
7. 预示出现某种结果。例:左眼跳主财,右眼跳主灾。
8. 自身的,出于自身的。例:主观;主动。
9. 当事人。例:失主;雇主。
11. 基督教徒对上帝、伊斯兰教徒对真主的称呼。
12. 最基本的,最突出的。例:主力;主角。

二、书写技法

1. 点和三个横的中点竖直对齐。
2. 三个横距离相等,长度不同,第二横最短,第三横最长,即内紧外松、上紧下松。

三、规范提示

点不和第一横相连。

四、课件参考

1. 如下图左图画出四个白点,这四个白点竖直对齐,字形就重心稳定。
2. 如下图中图画出四条虚线,以示字形匀称。
3. 如下图右图画出白点,以示字的黄金分割点在第一、第二横之间。

 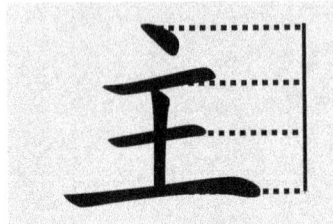 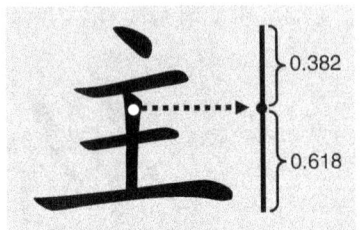

住(zhù)

一、字理分析

从人主声。

本义:停止,站住。例:两岸猿声啼不住。

引申为:

1. 暂时留宿或长期定居。例:住宿;住宅;住址。
2. 停息,止住。例:住手;住口。
3. 用在动词后面作补语。例:停住;闲不住。

二、书写技法

1. 单人旁稍窄,"主"部稍宽。
2. 左右两部分距离较近。

三、规范提示

单人旁的竖要写成垂露竖,不要写成悬针竖。

四、课件参考

如下图所示,"住"字整体结构左窄右宽,左长右短。单人旁中撇与竖的连点是整个字高度的黄金分割点。

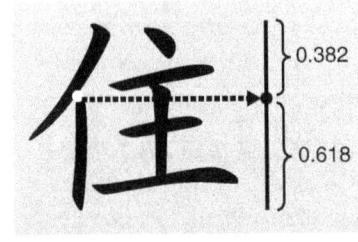

桌（zhuō）

一、字理分析

从木卓省声。
本义：桌子，几案。例：书桌；课桌；饭桌。
引申为：
量词，用于以桌数论的人数或饭菜。例：五桌人；八桌酒席。

二、书写技法

1. 横平竖直，横竖垂直。
2. 横之间距离相等。
3. 撇和捺角度对称。

三、规范提示

1. "曰"部的短横只和左侧的竖相连，不和右侧的竖相连。
2. 木字底的竖不要写成竖钩。

四、课件参考

1. 如下图左图画出虚线，以示横之间距离相等。
2. 如下图右图画出字的中点。

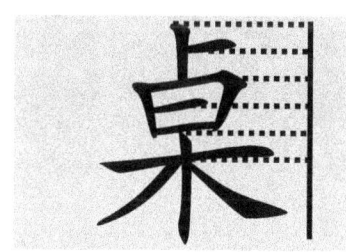 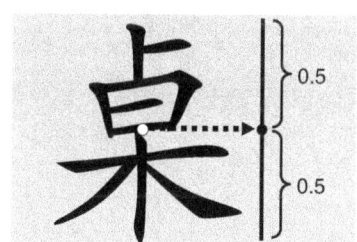

着（zhuó 或 zháo 或 zhāo 或 zhe）

一、字理分析

从目，另一构件构意不明。
读作"zhuó"时的意义包括：
1. 接触，挨上。例：附着；着陆；不着边际。
2. 使接触或附着别的事物。例：着手；着眼；着色；着墨。
3. 下落。例：着落。
4. 穿。例：穿着；着装。
读作"zháo"时的意义包括：
1. 接触。例：着地；着水；着雨。
2. 受到，进入。例：着凉；着魔；着急；着慌。

3. 进入睡眠状态。例：一躺下就着。
4. 燃烧，发光。例：点火就着；点着。
5. 用在动词后面，表示有了结果或达到了目的。例：睡着；猜着；找着。

读作"zhāo"时的意义包括：

1. 放置，搁入。例：着点儿酱油。
2. 着数。例：着法。

读作"zhe"时主要用作表示时态的助词。例：看着；听着；说着。

二、书写技法

1. 点和短撇角度对称，点短撇长。
2. 七个横之间距离相等。

三、规范提示

下部的"目"字中间的两个横画与左边的竖画相连，不与右边的竖部相连。

四、课件参考

1. 如下图左图，画出字的左右侧轮廓，引导学生做到两条斜线角度对称，字形才稳定。
2. 如下图右图，画出字的高度的黄金分割点。

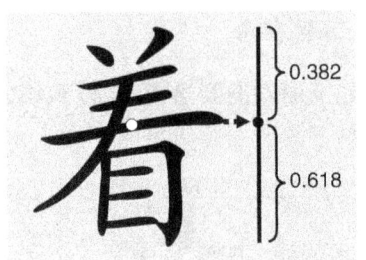

一、字理分析

古文字形像小孩子之形。

本义：孩子，包括儿女，后来专指儿子。例：子孙；子息；子嗣；母子。

引申为：

1. 人的通称。例：女子；学子。
2. 古代特指有学问的男人，是男子的美称。例：孔子；孟子；墨子；老子。
3. 古代贵族五等爵的第四等爵位。例：子爵；公侯伯子男。
4. 尊称对方。例：以子之矛，攻子之盾。
5. 图书分类种的第三类。例：经史子集。

6. 动物的幼崽。例：虎子；蚕子；鱼子。
7. 幼小的，稚嫩的。例：子猪；子鸡；子姜。
8. 植物的子实。例：瓜子；松子；莲子。
9. 小而硬的颗粒状物。例：棋子；石头子；枪子；子弹。
10. 派生的，从属的。例：子公司；子母钟；子城；子金。
11. 铜钱，钱。例：一个子儿都没有。

二、书写技法

1. 横折撇的末端和横折撇的横部的中点竖直对齐。
2. 横的位置稍偏上。

三、规范提示

横折撇和弯钩相连，弯钩出头。

四、课件参考

1. 如下图左图，在横折撇的横部的中点、长横的中点和弯钩的最低点各画一个白点，这三个点竖直对齐，字就重心稳定。
2. 如下图右图，在弯钩和横的交点画一个白点，这个点就是字的高度的黄金分割点。

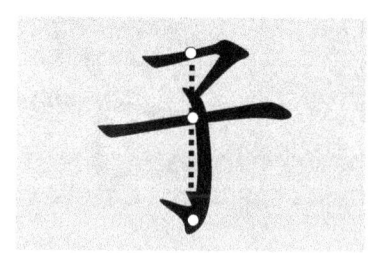 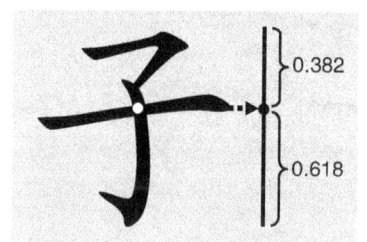

一、字理分析

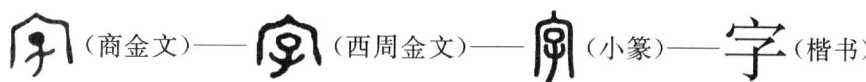

"字"字甲骨文从宀从子，表示在屋内育儿之形。《说文解字》说解为"乳也。从子在宀下。子亦声"。

本义：哺育，生育。例：《诗经·大雅·生民》："诞寘之隘巷，牛羊腓字之。"
引申为：
1. 许嫁。例：待字。
2. 治理，教育。例：《金史·温敦兀带传》："充女直字学生，学问通达。"
3. 孳乳，进而特指由独体字孳乳而成的合体字。例：独体为文，合体为字。
4. 文字。例：汉字；识字。
5. 字音。例：字正腔圆；咬字清楚。
6. 字体。例：篆字；美术字。

7. 书法作品。例：字画。

8. 词，字眼。例：一字不落。

9. 字据。例：立字。

10. 特指与名相配而另起的别名。例：岳飞字鹏举。

二、书写技法

字头稍窄，"子"部较宽。

三、规范提示

1. "宀"的第一个点不与第三笔横钩相连。

2. "宀"的第二个点与第三笔横钩相连。

四、课件参考

1. 如下图左图，画出五个白点，这五个白点竖直对齐，可以保证字的重心比较稳定。

2. 如下图中图，画出字高度的中心。

3. 如下图右图，标出字的松紧变化，处于字的中部的 B 较短，处于字的下边、外边的 C 最长，这就是内紧外松、上紧下松。

 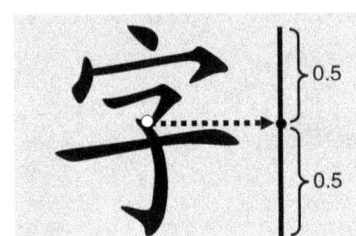 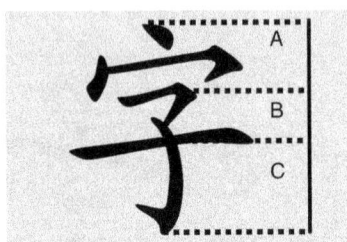

自（zì）

一、字理分析

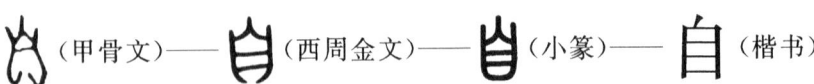

"自"字甲骨文像鼻子的形象。

本义：鼻子。后来增加示音构件写作"鼻"。

引申为：

自己。例：自动；自卫；自尊。

假借为：

1. 副词，自然，当然。例：自不待言。

2. 介词，从，由。例：自此；自古。

二、书写技法

1. 四个横画之间的距离相等。

2. 撇的起笔处对准第一横的中点。

三、规范提示

中间的两横只和左竖相连,不和右竖相连。

四、课件参考

1. 如下图左图画出三个白点,以示撇的起点和"目"部的中间对齐。
2. 如下图右图画出五条横虚线,引导学生观察,A=D,B=C,即字形匀称;B<A,C<D,即内紧外松。

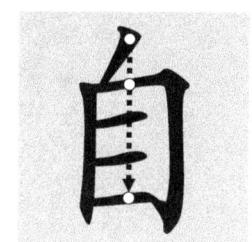 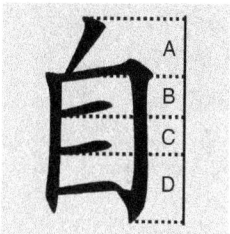

一、字理分析

ⵣ(甲骨文)——ⵣ(金文)——ⵣ(小篆)——走(楷书)

甲骨文中"ⵣ"构件是一个前后摆动两臂的人形,像人奔跑的样子;下面的"ⵣ"构件像脚之形,提示上面的行为与脚有关,整个字形凸显奔跑的构意。

本义:跑。例:走马观花;奔走相告。

引申为:

1. 步行。例:行走;走路;朝前走。
2. 运行,移动;挪动。例:月亮走,我也走;表不走了。
3. 离开,去。例:车走了;他走了。
4. 人去世。例:这么年轻就走了。
5. 来往。例:有走动;走亲戚;走得近。
6. 通过。例:走这个门吧。
7. 漏出,泄露。例:走气;走风;说走嘴了。
8. 改变或失去原样。例:走形;走样;走调;走味儿。

二、书写技法

1. 横平竖直,横竖垂直。
2. 横之间的距离相等。
3. 撇稍短,捺稍长。

三、规范提示

这个字有两个竖,不要连成一笔。

四、课件参考

1. 如下图左图画出虚线,引导学生观察,处于字的内部的 B、C、D 长度相等,都稍短;处于字的外部的 A、E 则稍长,这就是内紧外松。
2. 如下图中图标出字高度的中心。
3. 如下图右图标出撇两段的长度,以示处于字的内部的 A 段短,处于字的外部的 B 段长,即为内紧外松。

作（zuò 或 zuō）

一、字理分析

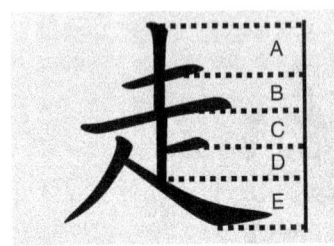（甲骨文）——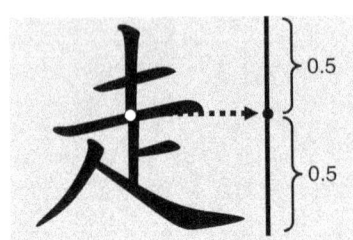（西周金文）——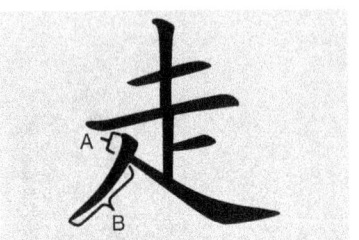（中山王壶）——作（小篆）——作（楷书）

"作"字甲骨文字形像做衣之初仅成领襟之形。后来增加"亻"作"作"。

本义：制作。读作"zuò"。例：作俑。

引申为：

1. 从事某种活动。例：创作;写作。
2. 装。例：作态。
3. 发作。例：作呕;作怪。
4. 写作。例：著作;作曲。
5. 作品。例：佳作;杰作。
6. 作坊。读作"zuō"。例：石作。

注意：抽象意义词语、书面语色彩较重的词语,特别是成语,往往用"作";具体东西的制造往往用"做"。

二、书写技法

1. 单人旁比较窄比较短,"乍"部稍宽稍长。
2. 左右两部分距离较近,联系紧密。

三、规范提示

两个竖都写作垂露竖。

四、课件参考

1. 如下图左图画出虚线,引导学生观察,A＝D,B＝C,字形匀称,B＜A,C＜D,内紧外松。
2. 如下图右图画出字高度的中心。

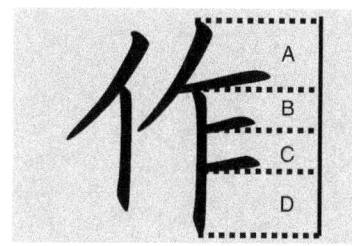 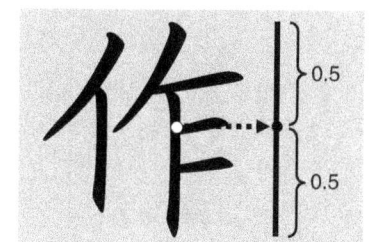

一、字理分析

凶（说文古文）——坐（小篆）——坐（楷书）

"坐"字说文古文像二人对坐土上。

本义：人的止息方式。古人坐姿是膝盖着地，臀部压在脚后跟上。例：席地而坐；正襟危坐；请坐；静坐。

引申为：

1. 获罪，定罪。例：连坐；反坐。
2. 掌管，主持。例：坐庄；坐江山。
3. 乘坐。例：坐火车；坐飞机；坐船。
4. 背对着某一方向。例：坐北朝南。
5. 放在炉火上。例：坐水；坐锅。
6. 形成。例：坐病；坐胎。
7. 瓜果等结出果实。例：坐瓜；坐果。
8. 物体下沉或后移。例：无后坐力炮。
9. 介词，引进动作行为原因。例：停车坐爱枫林晚。

二、书写技法

1. 撇和点角度对称。
2. 横和竖角度垂直。
3. 字整体左右基本对称。

三、规范提示

"人"部的第二笔是点，不要写成捺。

四、课件参考

1. 如下图左图画出虚线，以示字的纵向分割匀称。
2. 如下图右图画出虚线，以示字的横向分割匀称。

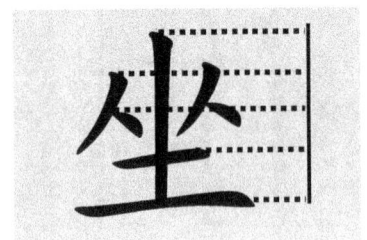 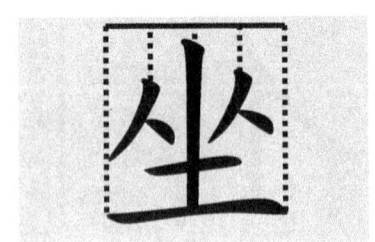

做（zuò）

一、字理分析

本义：干。从事某种工作或进行某种活动。例：做事；做实验；做买卖。

引申为：

1. 制造。例：做饭；做家具。
2. 写作。例：做文章；做诗。
3. 举办。例：做满月；做寿。
4. 充当。例：做媒人；做秘书。
5. 联姻。例：做亲家。
6. 用作。例：做纪念；做封面。
7. 装出。例：做作；做样子；做鬼脸。

二、书写技法

1. 三部分都比较窄，其中反文旁最宽。
2. 三部分中"古"部最短。
3. 三部分距离较近，联系紧密。

三、规范提示

单人旁的竖是垂露竖，不要写成悬针竖。

四、课件参考

如下图，单人旁的撇和竖的连点、"古"部的横和竖的交点都处在字的中间偏上的位置，即字高度的黄金分割点。

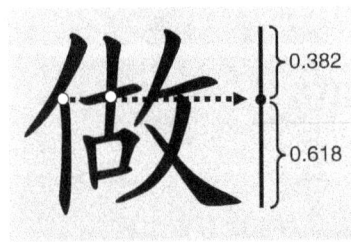